教师口语

(修订版)

主　编　赵林森
副主编　李　康　王天敏
　　　　刘　宏　张颖丽

河南大学出版社

图书在版编目(CIP)数据

教师口语/赵林森著. -开封:河南大学出版社,
1996.9(2015.8 重印)
ISBN 978-7-81041-358-9

Ⅰ.①教… Ⅱ.①赵… Ⅲ.①汉语-口语-教材 Ⅳ.①H193.2
中国版本图书馆 CIP 数据核字(2000)第 14938 号

责任编辑	王兴业
封面设计	四朋设计工作室

出版发行	河南大学出版社
	地址:郑州市郑东新区商务外环中华大厦 2401 号　邮编:450046
	电话:0371-86059713(营销部)
排　版	河南大学出版社印务公司
印　刷	郑州市智丰印刷厂
版　次	2004 年 7 月第 2 版　　印　次　2015 年 8 月第 13 次印刷
开　本	890mm×1240mm　1/32　印　张　11.5
字　数	288 千字　　　　　　　印　数　40501-42500 册
定　价	25.00 元

(本书如有印装质量问题,请与河南大学出版社营销部联系调换)

目 录

前言 …………………………………………………………… (1)
再版前言 ……………………………………………………… (3)
总论 …………………………………………………………… (1)
  第一节 口语和口语表达 ……………………………… (1)
    一、口语 ………………………………………………… (1)
    二、口语表达 …………………………………………… (5)
  第二节 教师口语课的任务 …………………………… (10)
    一、贯彻国家语言文字政策 …………………………… (10)
    二、培养现代社会合格教师 …………………………… (11)
    三、提高全国人民文化素质 …………………………… (12)
  第三节 教师口语的特征 ……………………………… (13)
    一、规范性 ……………………………………………… (13)
    二、教育性 ……………………………………………… (14)
    三、科学性 ……………………………………………… (16)
    四、艺术性 ……………………………………………… (16)
  第四节 教师口语训练原则 …………………………… (18)
    一、"外功"与"内功"结合 …………………………… (18)
    二、"听说"与"读写"结合 …………………………… (19)
    三、"理论"与"实践"结合 …………………………… (20)
    四、"训练"与"检测"结合 …………………………… (21)

第一章　语音训练 ……………………………………… (23)
第一节　音素 ……………………………………… (24)
一、声母训练 …………………………………… (24)
二、韵母训练 …………………………………… (35)
三、声调训练 …………………………………… (47)
第二节　音节 ……………………………………… (51)
一、音节的结构 ………………………………… (51)
二、音节的拼写 ………………………………… (52)
第三节　音变 ……………………………………… (55)
一、变调训练 …………………………………… (55)
二、轻声训练 …………………………………… (57)
三、儿化训练 …………………………………… (58)
四、语气词"啊"的音变训练 …………………… (59)
附录 ………………………………………………… (61)
一、《普通话异读词审音表》修订稿摘要 ……… (61)
二、多音多义字用法举例 ……………………… (65)
三、区别词义的轻声词举例 …………………… (70)
四、区别词义的儿化词举例 …………………… (73)
五、常见形近音异字举例 ……………………… (76)
六、常见容易读错的字举例 …………………… (78)
第四节　呼吸共鸣 ………………………………… (82)
一、呼吸训练 …………………………………… (82)
二、共鸣训练 …………………………………… (85)
第五节　吐字归音 ………………………………… (88)
一、吐字归音的要求 …………………………… (88)
二、吐字归音的主要方法 ……………………… (89)
附录
一、国家语委普通话培训测试中心

普通话水平测试样卷……………………………………（103）
　　二、国家语委普通话水平测试等级标准………………（107）
第二章　基础训练……………………………………………（109）
第一节　思维训练……………………………………………（109）
　　一、思维轨迹训练………………………………………（110）
　　二、思维品质训练………………………………………（119）
第二节　心理训练……………………………………………（129）
　　一、克服心理障碍………………………………………（131）
　　二、自尊自信……………………………………………（135）
　　三、真诚热情……………………………………………（140）
　　四、宽容果敢……………………………………………（143）
第三节　修辞训练……………………………………………（146）
　　一、语音调节……………………………………………（150）
　　二、态势配合……………………………………………（170）
　　三、语境把握……………………………………………（176）
　　四、技巧运用……………………………………………（180）
第三章　综合训练……………………………………………（189）
第一节　朗读与朗诵…………………………………………（189）
　　一、朗读与朗诵的意义…………………………………（189）
　　二、朗读与朗诵的基本要求……………………………（190）
　　三、朗读与朗诵的技巧…………………………………（194）
第二节　解说…………………………………………………（215）
　　一、解说的意义…………………………………………（215）
　　二、解说的基本要求……………………………………（216）
　　三、解说的种类…………………………………………（217）
　　四、解说综合训练………………………………………（220）
第三节　讲故事………………………………………………（224）
　　一、讲故事的特点………………………………………（224）

二、讲故事的基本要求 …………………………………（225）
　　三、讲故事训练 …………………………………………（227）
　第四节　演讲 ………………………………………………（235）
　　一、演讲的意义 …………………………………………（235）
　　二、演讲的基本要求 ……………………………………（237）
　　三、演讲的分类及其训练 ………………………………（241）
　　四、即兴演讲及其训练 …………………………………（253）
　第五节　交谈 ………………………………………………（261）
　　一、交谈的意义 …………………………………………（261）
　　二、交谈的基本要求 ……………………………………（262）
　　三、交谈分类训练 ………………………………………（271）
　第六节　论辩 ………………………………………………（277）
　　一、论辩的意义 …………………………………………（277）
　　二、论辩的基本要求 ……………………………………（278）
　　三、论辩的方法及训练 …………………………………（280）
　　四、竞赛性论辩 …………………………………………（289）

第四章　专业训练 ……………………………………………（295）
　第一节　教学口语 …………………………………………（295）
　　一、教学环节用语训练 …………………………………（296）
　　二、适应学科特色训练 …………………………………（311）
　第二节　教育口语 …………………………………………（317）
　　一、教育口语的特点和要求 ……………………………（317）
　　二、教育口语类型 ………………………………………（324）
　　三、适应教育对象训练 …………………………………（333）
　　四、适应教育语境训练 …………………………………（336）
　第三节　交际口语 …………………………………………（342）
　　一、教师交际口语的特点和要求 ………………………（343）
　　二、教师交际口语训练 …………………………………（345）

前　言

　　国家教委决定在全国各级师范院校开设"教师口语"课,这是师范教育教学改革的一项重大举措。根据国家教委颁布的《师范院校教师口语课程标准》精神,结合我省高等师范院校口语教学实际需要,我们组织编写了这本《教师口语》教材。

　　本教材由5部分组成。第一部分"总论",讲述口语的性质、特点、功能,口语表达的特征、标准,口语训练的原则、要求等,旨在从理论上提高学生对"教师口语"的认识,为本教材的科学训练奠定基础。第二部分"语音训练",讲述普通话音素、音节、音变等基本知识,对学生进行普通话语音的强化训练,促使学生在普通话语音方面尽早达标过关,为各种口语表达创造条件。第三部分"基础训练",讲述各种口语表达必备的素养和能力,如思维品质、心理素质、修辞能力,旨在强化学生口语"内功"和"外功"的基本训练,为各种口语表达奠定坚实基础。第四部分"综合训练",讲述朗读、演讲、交谈、论辩等各种口语形式的特征和基本要求,使学生通过综合训练,掌握各种口语表达形式的基本要领,全面提高自己的口语素养和能力,为参加各种口语交际活动和从事教学教育工作积蓄实力。第五部分"专业训练",讲述教师的教学、教育、交际用语,目的是加强教师职业口语的基本技能训练,培养学生适应教师工作需要的口语素养和能力,使学生成为现代社会需要的合格教师。

　　整个教材内容是一种塔形结构。"语音训练"和"基础训练"是分层递增的基础,"综合训练"和"专业训练"是分层递进的提高。

从教师口语角度讲,"综合训练"又是"专业训练"的基础,"专业训练"是整个教学训练的目标和归宿。因此,只要"语音训练"、"基础训练"、"综合训练"等各个环节完成任务,"专业训练"就只是一个联系实际的问题,必将水到渠成,自然贯通。

　　教师口语是一门新兴边缘学科,又是一门实践性很强的关系到人的素质、能力提高的训练课。因此,在编写中我们强调、突出了训练。我们提出了"四结合"的训练原则(见"总论"),力图为口语教师提供一套比较科学实用的训练教材。训练设计力求系统科学,有梯度,有力度;重视讲与练的对应性,注意训练的可操作性。训练形式灵活多样,不拘一格。需要什么,就练什么;需要在什么地方练,就在什么地方练。有些章节,训练安排较多,不可能都在课堂上进行。教师可以精选一部分指导学生在课堂上练,其余让学生在课前课后自练。我们认为口语教学的重点,应落实到学生的有效训练上。只有让学生有科学的习题可以练,喜欢练,达到了训练标准,口语教学才能达到预期目标,完成教学任务。

　　口语,是一种无限广阔的信号系统,可以表达无所不包的物质世界和精神世界。口语,可以反映一个人的各种素质、修养和能力。口语教育,实际上是人的素质能力的综合教育。因此,"教师口语"教学研究,包括内容很广,涉及问题很多。"教师口语"课建设,是一个长期而浩大的工程。要保证教学质量,提高教学水平,我们深感必须建立科学的理论体系和科学的训练体系。应该说,这项工作还只是刚刚开始。本教材想在加强科学训练方面做一点探索和尝试,但由于能力所限,加上为满足教学需要,仍是应急之作,粗疏之处显而易见,衷心欢迎读者、专家批评指正!

编　者
1996.7.8

再 版 前 言

《教师口语》出版8年了。为适应教学需要,根据出版社要求,我们对本书进行了修订。修订重点及目标是:充实理论,优化实例,完善体系,强化社会实践,突出科学训练。

《教师口语》再版,说明社会看重教师口语。

上世纪90年代初,有人对某大城市教师口语应用现状调查,发现70%以上教师教学、教育口语不合格。如,有的教师讲课南腔北调,语音不清,学生听不懂,上课成无效劳动;有的教师读课文有口无心、少气无力,或大喊大叫、噪音刺耳,使学生反感听觉受罪;有的教师与学生谈话恶声恶气,或冷嘲热讽,使学生身心受伤害,甚至走上绝路,等等。可见,教师口语的素养能力,与学校教学效果和教育质量有直接关系。近年来,有不少中青年教师"口语"观念转变,由原来"重文轻语"(重视书面语,轻视口语),转变为喜爱教师口语,自觉学习训练教师口语,并认为这是做合格教师的必要条件,是提高教师素养能力的必由之路和突破口。这是社会时代的进步。从他们身上,我们可以看到中国教师的成熟和中国教育发展的希望。

《教师口语》一版再版,说明在全国师范院校开设"教师口语"课,符合形势需要,符合教育规律,是明智之举。

1991年,原国家教委颁布"《教师口语》课程标准",要求全国师范院校开设"教师口语"课。十多年教学实践证明,这门课确实可以提高教师的素养、能力,可以大面积、大幅度提高教学水平和教学质量。在全国各级各类师范院校普遍开设"教师口语"课,从工作范围、社会影响、历史意义等方面看,都可称我国教育改革的重大善举和盛事。在新千年国家教育改革深入发展节节胜利年代,能为"教师口语"教材改革与建设做一点实际工作,我们深感荣幸和欣慰。

《教师口语》再版,说明"教师口语学"研究势在必行,前景光明。要开好"教师口语"课,必须加强"教师口语学"研究,必须建立"教师口语学"的科学理论体系,这已成为近年来广大口语教学研究工作者的共识。"口语学",是一门实用性最强、涉及面最广、古老而又年轻的边缘学科;是一门与现代信息科学技术有密切关系、与各种科学技术有直接联系的领先学科;是一门与人类活动共存、与社会进步同行、永远充满生命活力的学科。"教师口语学"作为"口语学"分支,必须在"口语学"理论指导下,探讨"教师口语"自身发展的内在规律,开拓"教师口语"实际应用的广阔前景。

口语是智能的核心,是智慧的标志。口才是现代社会人才的必备条件。"口语学"是现代社会人才必备的知识素养。"教师口语学"是现代优秀教师必备的思想工具和智能武器。我们相信,随着时代进步,"口语学"和"教师口语学"会越来越受到重视;我们期望,《教师口语》通过教学实践不断改进,与时俱进,日臻完善;更期望,"教师口语"课在未来教学中,为培养高质量合格教师、高水平现代社会人才,显示应有功能,发挥更大作用。

本书初版撰稿人有:王天敏、刘宏、李康、李信潢、张丽珍、张颖丽、李勤策、赵林森、耿红岩、钱越。再版修订,由赵林森、李康负责。王兴业同志为本书初版再版辛勤操劳,填漏补拙,功不可没。对出版社给本书的关爱扶持,我们深表感激和敬意。

编 者
2004年6月8日

总　论

第一节　口语和口语表达

一、口语

(一) 口语是人类生存发展的条件

人为万物之灵,灵就灵在会说话、会制造和使用工具。自然界有许多动物,它们的生理机能,有些方面比人强得多,但在大自然生存竞争中,都被人征服了。如今,为了保持生态平衡,许多濒临灭绝的凶禽猛兽,还需要人类特加保护。人之所以能超越一般动物并主宰世界,就因为人类掌握语言。

斯大林说:"语言帮助人们从动物界划分出来,结合成社会。语言随着社会的产生而产生,发展而发展,灭亡而灭亡。……没有语言,人类就无法生存,社会就会崩溃。"(斯大林《马克思主义与语言学问题》)这里所讲的"语言",就是指口语。因为,口语是人类的标志。没有口语,就不会有人类。

本世纪初,不少社会学家曾在一些高等动物中进行实验,试图教它们说话。例如,1920年印度发现两个"狼孩",有人把它们收养起来,教它们说话。1933年,英国社会学家也曾专门训练黑猩猩说话。但最后的结论是,再聪明的动物都不能掌握人的语言。

因为它们缺少人类特有的思维器官和口语机能。

当前,世界正处在新技术革命的伟大时代,口语信息技术,已成为现代科技的核心和人类发展进步的标志。例如,电脑通信、语音机器人、语音打字机等口语信息技术的应用,使口语交际如虎添翼,使人类社会生活发生了惊天动地的神奇变化。在现代国际社会激烈竞争中,在使用高科技武器的现代战争中,口语信息技术,更具有惊人的魔力和威力。因此,我们可以毫不夸张地说:没有现代化的口语信息技术,就没有现代化的社会。口语不仅是人类赖以生存的重要条件,也是人类面向现代文明进步发展的重要条件。

(二)口语是社会知识信息的载体

口语之所以能对人类生存发展起决定作用,就因为它是联系社会的纽带,是社会知识信息的载体。

人们生活在同一世界,彼此都有千丝万缕的联系。马克思说:"社会是人们交往作用的产物。"人类社会史,就是人与人之间的交往史。在社会交往中,人们正是依靠语言,才得以建立密切联系,传递知识信息,从而增智慧,长见识,建友谊,添能力。

作为知识信息载体,口语同书面语比较,有以下显著特点:

第一,历史时间长。书面语言,最多只有几千年的历史;口语,从人类出现那一天起就已存在,已有几十万年的历史。

第二,使用范围广。书面语言,只限于识字人使用;口语,则可以在全民族通用。从使用时间上看,一个人可以一天不写、不读,但却很难一天不说、不听。据统计,一般人每天使用口语"听"和"说"的时间,约占75%;而使用书面语言"读"和"写"的时间,仅占25%。

第三,辅助手段多。书面语言只能依靠文字符号表意,听不到说话人的声音,看不见说话人的表情,往往难以理解,还容易误解。如:

①"他干了一天活。"(是说干得多,还是说干得少?)

②"他要改良品种。"(是需要"改良"的"品种",还是要对"品种"进行"改良"?)

③"妈妈看见女儿笑了。"(是妈妈笑了,还是女儿笑了?)

④"她是去年生的小孩。"(是说"她"是"小孩",还是说"她"生了"小孩"?)

⑤"这个人谁都不认识。"(是说"这个人"不认识别人,还是说别人不认识"这个人"?)

以上例句,从字面上看,有的词义不明,有的结构不定,脱离具体语境就不好理解。如果用口语表达,根据一定语境,靠说话人的语音、语调、态势等多种手段,则可把思想感情表达得真真切切、清清楚楚,毫不含糊。正如法国艺术家泰纳所说:"人的喜怒哀乐,一切骚扰不宁、起伏不定的情绪,连最微妙的波动、最隐蔽的心理,都能用声音直接表达出来,而且表达的正确、细微、有力,都无与伦比。"(《艺术哲学》)著名语言学家赵元任也说:"一般文字,不论用汉字写,还是用某种拼音写,都不能把语音特征全写出来。因此,在书面上可以有难以辨别的情况,但是在实际说话里是没有疑问的。"(《汉语口语语法》)

第四,交流信息快,表达效果强。书面语交往,是间接表达,单向传递;口语交际,则是直接表达,双向交流。随着现代通信技术的广泛应用,口语以其传递信息迅速高效,越来越受到人们的重视。在现代社会交往中,开关一按,交际对象便可声像俱现,近在眼前。这种快捷程度,是任何书面语传递方式都难以与之相比的。

从使用效果上看,书面语传递知识信息是抽象的、静态的,只有书写的文字符号;口语传递知识信息则是具体的、动态的,是人的言语活动,有声、有形、有情。一篇文章,很难有成千上万的人同时看;一次讲话(包括电视讲话),却可能有成千上万的人同时听。书面语表达,不能立即听到读者反应;口语表达,可以直接看到听众反响。一篇成功的演讲,往往会立即引起听众思想共鸣,产生强大的社会效应。在古代,所谓"秀才不出门,便知天下事";今天,即使不是"秀才",只要通晓口语,便可通过广播电视,知天下事,识天下人,观天下景,察天下情,明天下理。

总之,口语在社会交际方面的主体地位和快捷、高效作用,是书面语言不可代替,也无法与之相比的。

(三)口语是个人智慧才能的标志

口语不仅是一种开口发音的生理活动,更重要的是一种思维活动、心理活动和社会活动。口语表达,是一个人思维能力、心理状态、语言素养、知识水平、思想面貌、性格特征等各方面修养和能力的综合反映。

爱因斯坦说:"一个人的智力发展和他形成概念的方法在很大程度上是取决于语言的。"(《爱因斯坦文集》)口语能力,不仅决定于一个人的智力,还能直接反映一个人的各种修养和能力。

口语,可以反映一个人的思想水平和政治才干。古今中外,许多有作为的政治家,大都口才超群。正是这种非凡的智慧和口才,才使他们在历史上成就了一番事业,名垂千古。如,战国时,烛之武退秦师;"三国"时,诸葛亮舌战群儒;辛亥革命时,孙中山反清演讲;西安事变时,周恩来对张杨官兵的演讲;林肯的《葛底斯堡演讲》;邱吉尔在二战时的演讲……都充分反映了这些政治家高深的思想文化素养和卓越的社会活动才能。

口语,还能反映一个人的知识素养和心态个性。如,1972年尼克松访华,周总理接见时说:"您从大洋彼岸伸出手来和我握手,我们已经二十五年没有见面了。"这句话,语言形象,态度友好,风格高雅,显示了一位大国领导人的气质和风度。江青接见尼克松时第一句话却说:"你为什么从前不来中国?"后来,基辛格在评论中说:"江青的话缺乏幽默感,表现出她那令人不悦的好战态度。"

(基辛格《领袖们》)面对同一对象,两种不同的言语,反映了两人不同的思想修养、文化素养、气质风度和性格特征。

口语,还能反映一个人的聪明才智和应变能力。如马克·吐温同霍夫曼的一段对话:

马克·吐温发表《竞选州长》小说后,纽约州州长霍夫曼见到他,气势汹汹地说:"马克·吐温,你知道世界上什么东西最坚固吗?什么东西最锐利吗?我告诉你,我防弹轿车的钢板最坚固,我手枪里的子弹最锐利。"马克·吐温微微一笑说:"先生,我了解的跟您不一样啊!我说,世界上最坚固、最厚实的是您的脸皮,而最锐利的还是您的胡须。您的脸皮那么厚,可你的胡须居然能刺破它长出来,还不锐利吗?"

霍夫曼声色俱厉,却外强中干。马克·吐温巧接话题,机敏应变,巧妙回击霍夫曼的挑衅,充分显示了这位幽默作家的智慧才华。如果没有高深的思想文化修养和机敏的思维应变能力,马克·吐温就不可能在紧急关头反击得这么快捷、巧妙、有力。

人们常说:"言为心声,文如其人。"什么样的人,说什么样的话。口语,能够表现无所不包的物质世界和精神世界,也能反映一个人的各种修养、素质和能力。

总之,口语同人类生存、社会发展、个人成才,都有直接关系。口语教学旨在提高人的素质,推动社会进步,促进人类文明。因此,口语教学事业,是一项事关个人、社会和人类的极其重要的事业,也是一项最有发展前途的不朽的事业。

二、口语表达

(一)口语表达的含义

口语表达,是人们在社会交往中运用口语的一种综合性的社会实践活动。它包含五种组织要素：主体——表达者,对象——听者或听众,手段——口语、态势语,语境——时间、场合,内容——思想感情信息。关键要素,是"主体——表达者"。因为"手段"和"内容"是依附于主体的条件,"对象"和"语境"也要靠"主体"把握调节。

　　口语表达,是一种复杂的社会现象。从客体方面讲,它可以反映社会和自然界无所不包的问题;从主体方面讲,它可以反映表达者的各种修养、素质、能力。一个人的发音技能、思想修养、文化水平、语言素养、思想品质、心理素质等,都将直接影响口语表达的质量和水平。因此,在口语教学中,要提高学生的口语表达能力,必须重视全面提高学生的整体素质。既要加强学生语音、态势等方面的"外功"训练,更要重视学生思维、心理等方面的"内功"训练。

　　口语教学的最高目标是：提高人的素质,开发人的潜能,改善人际关系,实现人生价值。只有提高人的整体素质,开发人的潜能,才能真正有效地提高一个人的口语表达能力和水平。

(二) 口语表达的特征

1. 信息载体的流动性——以声传意

　　口语的物质基础是声音。声波作用于人的听觉器官,看不见、摸不着,稍纵即逝。有人比喻语音是"过时不候的流动列车"。口语表达的基本特征,就是以语音为信息载体,以声传意,连续吐发。

　　人的听觉捕捉信息的能力比视觉弱,听觉对外界信息感知记忆的时间也比较短。据统计,一般声音信号,只能在大脑停留7—8秒钟就自然消失。这就要求表达者的语音,不仅要正确准确,还要达到一定的响度、清晰度、流畅度。因为任何语音毛病,如方音、错音、杂音、噪音、过强、过弱等,都会直接影响口语表达效果。

2. 思维与表达的同步性——即席表达

　　书面语表达,思维在先,表达在后,可以先想再写,想好再写;

口语表达,必须现想现说,想到就说。口语表达是将思维加工成果立即转化为有声语言的过程。这种转化过程,几乎是同步的。思维加工(即内部语言编码)是口语表达的根基和前提,它直接决定着口语表达的质量和效率。当思维加工——内部语言编码赶不上口语表达的速度时,就会出现不正常的停顿,形成语流中断,语病迭出,影响表达效果。这就要求口语表达者,必须具有开阔、敏捷的思维能力,既能迅速进行思维加工和内部语言编码,又能快速进行声音转化和外部语言表达。

3. 表达过程的临场性——双向交流

口语表达的主体(说者)和对象(听者)处于同一时间空间环境。口语表达既要受现场环境各种因素的影响,又要受听者反馈信息的制约。整个口语表达过程,实际上是说者和听者双向交流、复杂多变、相互影响的过程。这就要求表达者必须具有能够适应语境变化的较好的心理素质和较强的临场应变能力。

4. 表达手段的综合性——态势配合

口语表达是靠有声语言和态势语言的合力来完成的。一方面要靠一定语句的语音语调叙事说理,这是口语表达的主要手段;另一方面还要靠态势语言的眼神、手势、身姿辅助口语表情达意。态势语言对口语有重要的补充、强化和渲染作用。

口语表达,由于态势语言的配合便成为有声、有形、有景、有情的综合性的立体的信息图景。态势配合,为口语表情达意提供了优越条件,开辟了广阔天地。它是口语表达的优势所在,同时也为口语表达增加了难度。许多不敢说话或害怕演讲的人,大都因为不善于使用态势语言,不善于态势配合。

以上四点——"以声传意"、"即席表达"、"双向交流"、"态势配合",便是口语表达区别于书面语表达的主要特征。

(三) 口语表达的要求

1. 基本层次要求——准确明白

在社会交往中,每个人都必须准确明白地表达自己的思想感情,使对方一听就懂,不费解不误解,能接受。这是口语表达实现人际沟通的起码标准。具体要求:

(1) 语音准确流利

发音标准:吐字清晰,不带方音,避免误读;语句规范,不加词、不掉词、不重复、不中断,干净利落,自然流畅;语调、语气符合语言实际;音高、音量适合语言环境及表达需要。

(2) 中心明确清晰

口语表达,必须言之有物,言之有据,言之有理。介绍情况、说明问题、陈述见解,都必须有中心,有重点,有条理。讲述复杂的问题,能理清头绪,一层一层地说,重点突出,层次清晰,使人一听就清楚明白,能解决问题。

(3) 态势自然得体

在口语交际中,能正确使用态势语言。目光亲切自然,手势准确适度,举止大方有礼。能根据不同交际对象和语境调节态势动作,以增强口语的表现力,增加双方的理解沟通。各种态势运用,既符合表达者的个性特征,又适合交际对象和语言环境。

2. 较高层次要求——巧妙感人

这是在基本层次要求基础上的发展与提高。这种要求,是指表达者具有较高的口语素养和功力,能为自己所表达的内容找到一种最佳言语形式,实现内容与形式的完美结合。能在各种场合工于修辞,善于应变;能把话说得机智巧妙,不仅使人明白,更使人信服感动,具有较强的感召力和艺术魅力。具体要求:

(1) 节奏自如优美

这种口语表达,不仅语音准,而且节奏美。对语音的轻重、高低、快慢、长短,善于进行巧妙处理,能使语调感情富于起伏变化,做到强弱交错、张弛有致,构成鲜明的口语节奏旋律。能根据话题和语境需要,运用各种表达手段,造成一种特有的气势氛围。或大声疾呼,如排山倒海;或轻声慢语,如涓涓细流;或声沉语缓,似黑云压城;或谈笑风生,似山花烂漫……能把听者带入一种优美的意境,不仅使人信服感动,还能给人以美的享受。

(2) 说理雄辩动人

这种表达,不仅善于叙事,更善于说理。表达者思想深刻,善于用事实、知识的力量和逻辑的雄辩征服听众。看问题入木三分,有独到见解;发表评论高人一筹,使人耳目一新。说理时,能旁征博引,纵横捭阖,逻辑严密,幽默风趣,所向无敌。在论辩中,驳论头头是道,使对手哑口无言;立论条条有理,使听众心服口服;攻,能火力迅猛,所向披靡;守,可壁垒森严,无懈可击。

(3) 应变巧妙机敏

较高层次要求:表达者思维敏捷,随机应变,反应快速,能在最短时间准确捕捉信息,组织语句,即席表达,出口成章。对现场意外变化或突如其来的诘难,能处变不惊,从容机敏,巧妙应对,化险为夷。在语言形式上,用词考究,修辞精巧,或简洁直言,或设喻类比,能妙语联珠,蕴含哲理,警策动人。口语风格或平实朴素,或委婉清丽,或豪迈奔放,或幽默风趣,能超凡出众自成一体,富有艺术魅力。

总之,基本层次要求和较高层次要求,是一个统一的互相联系的阶梯。较高要求是在基本要求基础上的发展和提高。在口语教学中,必须结合实际循序渐进,逐步提高。口语表达作为一种艺术,其较高层次要求像一座看不到顶点的山峰,需要每个人用毕生精力积极进取,向更高的目标攀登。

〔训练〕

1. 你对口语的性质、特点如何理解？请联系实际谈谈自己的体会和认识。

2. 口语与书面语有哪些区别？

3. 口语表达的要求标准是什么？你对"基本层次要求"和"较高层次要求"的标准划分如何理解？

第二节　教师口语课的任务

张志公先生说："语文教学要培养听说读写能力，这一点在道理上大概不会有多少人反对。但是在语文教学实践中，却往往是重读写而轻听说。听话、说话的训练与阅读、写作的训练比较起来，没有周密的计划，也没有严格的要求，处于一种放任自流、听其自然的状态。……今天的时代，不容许我们对口头语言训练放任自流听其自然。必须采取有效措施，来提高青少年的听说读写能力。否则，就不能适应社会发展的需要。"(《山西教育》1979年第4期《谈口头语言训练问题》)

为了适应社会需要，加强教学改革，1993年国家教委决定：在全国各级师范院校开设"教师口语"课。这是我国师范教育改革的一项大举措。

国家教委师范司颁布《师范院校"教师口语"课程标准》，明确规定了课程性质和目的任务。

教师口语课的基本任务是：

一、贯彻国家语言文字政策

"语言文字规范化""推广全国通用的普通话"，是我国的一项基本国策。1986年，全国语言文字工作会议，把"做好现代汉语规范化工作,大力推广和普及普通话",作为当前语言文字工作的首要任务。

推广民族共同语,直接关系国家的统一、民族的团结、政治、社会的稳定和经济文化事业的发展。但是,长期以来推广普通话工作,一般宣传多,具体措施少,进展缓慢,效果很不理想。

毛主席说:"语言这东西,不是随便可以学好的,非下苦功不可。"推广和普及普通话工作,归根到底还是一个教学问题。

国家教委决定,把"教师口语"列为全国师范院校的一门必修课,这是贯彻国家语言文字政策的一项有力措施。"教师口语"把普通话基础训练列为重要教学内容,这就使推广普及普通话工作落到了实处。只要全国各级师范院校开好"教师口语"课,就可以源源不断为各类学校输送普通话合格的教师,可以为在全国所有学校和整个社会推广普及普通话创造良好条件,奠定可靠基础,从而使推普工作形成良性循环的运转机制,促使我国语言文字规范化工作健康快速发展。

二、培养现代社会合格教师

口语是教师"传道、授业、解惑"的重要工具,是合格教师的必要条件。前苏联教育家苏霍姆林斯基说:"教师的语言修养,在很大程度上决定着学生在课堂上脑力劳动的效率。"(《教师口语训练手册》)

合格教师的口语,不应该是不规范的方言土语,更不应是粗俗的大白话。它应该既符合民族共同语的规范标准,又具有丰富的文化底蕴和感人的艺术魅力。它应该具有哲学语言的深刻、数理语言的严谨、群众语言的通俗、艺术语言的优美。只有这样的口语,才能适应教学教育工作需要,才能完成"人类灵魂工程师"的光荣使命。只有经过刻苦学习,掌握规范标准的教师口语,才能成为现代社会的合格教师。

当前,我国教学改革的重点,是加强对学生实践技能的训练。口语能力,是一项最重要的实践技能,它是一个人智能和整体素质的反映。人的大脑,因为接受语言信号刺激才得以发展。一个人接受语言信息越多,交流信息越丰富,大脑就越灵活越发达。因此,教师口语训练,实际上也是一种开发人的大脑潜能的素质教育训练。"教师口语"课,就是要从口语训练入手,全面提高学生的素质能力,使学生真正掌握口语,会表达,善交际,成为适应现代社会需要的合格教师。

三、提高全国人民文化素质

语言文字的使用状况,是一个人文化素养的标志,也是一个国家民族文明程度的标志。我国号称文明古国、礼仪之邦,但在许多场合,有些人说话很不文明。如"国骂"不绝于口,"粗话"、"脏话"、"空话"、"假话",还在污染着社会风气。有时,素昧平生,因几句恶骂便拳脚相加,甚至动刀动斧,酿成人命官司的事,也屡见不鲜。至于在一般交际场合,在群众集会中,善于说话,能把话说得准确、得体、巧妙、精彩的,更不多见。这种现象,从表面上看,是个说话问题,实际上乃是一个人的文明意识和文化素质问题,也是一个国家民族的文明程度和文化水平问题。

张志公先生曾说:"善于说话不是一件简单的事。有思想,有丰富的知识,有敏捷而致密的思维能力,有丰富的语言材料的储备,有敏捷的驾驭语言的能力,有丰富的社会经验,知道在什么场合用什么样的语言是得体的、效果好的、有力量的,如此等等,这是善于说话需要具备的条件。"(《教师口语训练手册》)

由此可见,一个人要善于说话,善于同各种人进行成功的言语交际,就必须提高自己各方面的素质、修养和能力,必须经过严格科学的教学训练。"教师口语"课,就是要通过严格的教学训练,提高师范生的文明意识、文化素质,提高师范生的口语交际能力。如果每个学生,在各种场合都能把话说得准确、有效、优美、得体,这对于提高全民族的文化素质、文明程度,对于促进社会精神文明建设,都将产生积极的推动作用和深远影响。因此,重视"教师口语"教学训练,提高每个人的口语修养和能力,是一项利己利人、利国利民,功在当代、造福未来的根本大计。

〔训练〕
1. 你对教师口语课的任务如何理解?
2. 联系实际谈谈为什么要学习教师口语。

第三节 教师口语的特征

教师口语同其他口语比较,具有规范性、教育性、科学性、艺术性等基本特征。这些特征也是教师口语教学训练的目标要求。

一、规范性

教师为人师表,教师的一言一行都应成为学生的榜样。因此,教师口语必须符合汉语规范标准,具有规范性。

首先,语音要规范。教师口语必须符合普通话语音标准。如果教师语音不准,吐字不清,读错字音,就会破坏表情达意的物质基础,直接影响表达效果,甚至会以讹传讹,谬种流传。

其次,语句要规范。教师口语用词造句要合乎逻辑语法,表意要准确严密,对学生有示范作用。如周总理在日内瓦会议上的一段讲话:

"我们认为美国的侵略行为应该被制止,亚洲的和平应该得到保证,亚洲各国的独立和主权应该得到尊重,亚洲人民的权利和自由应该得到保障,对亚洲各国的内政干涉应该停止,在亚洲各国的外国军事基地应该撤除,驻在亚洲各国的外国军队应该撤走,日本军国主义的复活应该防止,一切经济封锁和限制应该取消。"

这段话不仅语法正确、逻辑严密,修辞也恰切有力。三组同义词:"制止""停止""防止"、"保证""保障"、"撤除""撤走""取消",使用贴切,表意准确严密。可以作为教师口语用词选句的范例。

此外,态势语也必须规范,教师口语的态势要准确、自然、得体,恰切表情达意。一些不规范的态势毛病,不仅会影响正常的口语表达,还会对学生造成不良影响,损害教师自身形象。

教师口语的规范性是教师职业的基本要求。只有规范的教师口语,才能履行教师的各种职责,才能对学生产生潜移默化的良好影响,才能使教师口语达到更高的层次和水平。

二、教育性

教师的职责是教书育人。教师口语的教育性,主要表现在它所表达的思想内容必须健康向上,对学生成长有积极影响。

教育事业是爱的事业。教师必须关心爱护学生,理解尊重学生。对学生教育必须满腔热情,充满爱心。做学生思想工作,不但要注意语言技巧,更要饱含真情。只要对学生一片真心,就会引起学生心理共鸣,产生巨大的感召和激励作用。如有位教师刚接"差班"班主任工作时的一段讲话:

"同学们,我对在座的诸位并不了解。为了避免先入为主的偏见,我不曾向你们初一时的班主任了解过每个学生的情况。因此,你们初一的表现——好或者差,从今天起,就随着前任班主任的卸任而成为历史了。现在,我对你们的了解,犹如面对着63张白纸。然而,一张白纸好画最新最美的图画。对此,我充满信心。同学们,作为班主任,我真诚地希望自己能成为你们可亲近的大朋友。作为大朋友,你们的愿望、意见和要求,你们的欢乐和不满,等等,都可以坦率地对我说。我将尽最大努力,认真对待和答复你们提出的每一个问题。同学们,我坚信只要我们共同不懈地努力,我们班就一定会变成一个全新又美好的集体。"(《教师语言艺术》)

由于这位老师理解爱护学生,讲话与学生心理相容,工作十分顺利。不久,便摘掉了"差班"的帽子。这就是爱心教育的力量。

教师口语的教育性还体现在,把思想教育渗透在专业教学中,通过专业知识的深入讲解,对学生产生潜移默化的影响。如一位教师讲《黄河颂》的导语:

"黄河,源远流长,曲折蜿蜒。我们勤劳的祖先就在这黄河流域生活。黄河象征着中华民族悠久的历史,象征着我们伟大的祖国。它是我们民族的光荣和骄傲。但是,1937年日本侵略者的铁蹄踏进了这块土地。在这民族危亡的关头,中国共产党领导的全国人民积极抗日,保卫祖国。在这种形势下,人民音乐家冼星海谱写了以保卫黄河为主题的《黄河大合唱》。《黄河颂》是其中的一首诗歌。诗中赞美我们祖国的伟大和坚强,鼓舞了全国人民战胜日本侵略者的决心和信心。直到今天,每一个经历过抗日战争的人,每一个了解这段历史的人,每一个热爱祖国的人,只要一读到这诗句,一唱起这歌曲,就无不感到心情激动,热血沸腾,从而激发出强烈的民族自豪感和对祖国的无比热爱之情。同学们,我们今天就来学习这一令人振奋、令人鼓舞的作品——《黄河颂》。"(《教师语言艺术》)

这段热情洋溢的导语,通过介绍作品的时代背景和现实意义,激发了学生的爱国热情和学习兴趣,是突出教师口语的教育性对学生进行思想教育的范例。

三、科学性

教师的重要职责是传授科学知识。教师口语的科学性,主要是指讲述内容科学,讲解方法科学。所讲内容、概念要明确,判断要准确,推论要正确。要言之有理,言之有据,符合实际,合乎逻辑。如一位教师讲《马关条约》时说:

《马关条约》,清政府赔款2.3亿两白银。当年,日本年国民收入7000万两白银;当年,清政府年国民收入8000万两白银。中国人民就是不吃不喝,也要三年才能还清。

这段讲解,数据确凿,推论严密,使赔款数目价值令人触目惊心,深深印在学生脑海里,经久难忘。这就是教师口语科学性的威力。

教师口语的科学性还表现在,教学方法必须符合学科特点,符合内容要求,符合学生实际,不能带盲目性或主观随意性。如有位小学教师在讲"天花板"一词时,想用启发式教学,便问一位学生:"你头上是什么?"学生答:"头发。"又问:"头发上面呢?"回答:"帽子。"这时,老师急了,厉声问道:"帽子上面是什么?"学生又惊又怕地伸手摸摸帽顶是一个小洞,便答道:"老鼠咬的窟窿。"于是,引起哄堂大笑。可见,教学方法和提问不科学,不仅不能取得预期效果,还会闹笑话。

四、艺术性

教师是人类社会文明和真善美的信使,教师口语必须具有艺术性和艺术美。

教师口语的艺术性主要表现在，内容与形式巧妙结合，表达别致新颖，符合审美标准；语言具有吸引力、说服力、感染力，富有艺术魅力。如，一位教师讲修改文章的一段话：

"同学们，大家常常写文章，可什么是文章呢？旧版《辞海》上说：'绘图之事，青与赤谓之文，赤与白谓之章。'人的脸皮有青有赤也有白，可见，每个人的脸皮就是一篇天生的文章。（笑声）古今中外，许多女同胞都是非常讲究修改'文章'的。（大笑）你们看，她们每天晨起梳妆，对着镜子，用奥琪增白蜜反复'揣摩'涂抹，再用高级胭脂、唇膏精心'润色'，（大笑）还要用特制的眉笔仔细修改'眉题'。甚至，连标点符号也毫不含糊——非要用手术刀将'单括号'（单眼皮）改为'双括号'（双眼皮）不可。（笑声，掌声）你们看，这是何等的严肃认真、高度负责的态度呀！我们每个人都有自己的文章，要使自己的文章出类拔萃，成为'真由美'（真优美），不在'修'字上下一番功夫行吗？（笑声）何其芳同志说：'修改文章是写作的一个重要部分'，看来，这是一条至理名言哪！"

这位老师讲修改文章的重要性，不是简单地就事论事，而是先引经据典谈什么是"文章"，接着自然而巧妙地与女同胞梳妆联系起来，类比新颖别致，幽默风趣，耐人寻味，使学生颇受启发，久久难忘。这就是教师口语艺术性的表达效果。

又如一位中学老师是这样讲"简易方程"的：

"同学们，今天我们做一个数学游戏。你们现在每个人心里都想一个数，然后加上2，乘以3，得出积减去5，再减去你们原来想好的那个数。好了，只要你把最后的结果告诉我，我就能立刻猜出你原来想好的那个数。"游戏开始了，同学们纷纷举手。学生甲说："我的最后结果是15。"老师回答："那么，你原来的数是7，对吗？"学生高兴地说："对！"学生乙说："我的结果是37。"老师答："那么，你原来的数是18吧？""非常正确!"同学们兴趣盎然,精神大振。大家忙问:"老师,您是怎么知道的? 快告诉我们方法吧!"老师不慌不忙地说:"这方法就是'简易方程',学好这一章,猜谜的方法就会了。"

这位教师用猜谜游戏法导入新课,以巧妙新颖的表达形式吸引学生,使学生以极大的兴趣投入比较枯燥的数学课学习。这种引人入胜的教学方法,正是教师口语艺术性的魅力。

〔训练〕

1. 为什么说教师口语具有"规范性"、"教育性"、"科学性"、"艺术性"等特点?

2. 你对教师口语特点如何理解?

第四节 教师口语训练原则

一、"外功"与"内功"结合

口语表达需要多种基本功。要提高口语能力,既要重视语音、语调、节奏、态势等"外功"的修养训练,又要重视思想、知识、思维、心理等"内功"的修养训练。

"外功"与"内功"是集于表达者一身的统一整体。"内功"是内在基础,"外功"是外在条件。在口语实践中,基础要雄厚、扎实,条件要齐备、过硬,二者缺一不可。

教师口语,如果缺乏过硬的"外功",即使满腹经纶,只能是茶壶里煮饺子,有口倒不出;如果缺乏扎实的"内功",只能像苍白的月光,缺乏生命活力和感人力量。因此,教师口语训练,必须"内功""外功"并重。

事实上，口语表达的"外功"与"内功"互为表里，不可分离。在语言形式的"外功"训练中，就有思想内容的"内功"训练，在思想内容的"内功"训练中，也离不开语言形式的"外功"训练。

因此，在各种口语训练中，既要从提高学生思想水平、思维能力、心理素质的角度，强化学生语音、语调、态势等表达技能的训练，又要从提高学生语音、语调、态势表达技能出发，强化学生思想、思维能力和心理素质的训练。应做到"外功"与"内功"训练紧密结合，互相照应，协调发展，同步提高。

二、"听说"与"读写"结合

听、说、读、写，是语文教学的四项基本功。"听说"，使用口语；"读写"，使用书面语。口语是书面语的基础，书面语是口语的表现形式，"听说"与"读写"本应受到同等重视，在教学中互相促进，同步提高。但由于我国传统语文教学只重"读写"，忽视"听说"，形成一条腿走路，致使许多中小学学生"听说"能力偏低，"读写"能力也难以有效提高。

语文教学实验证明："说"，可以促"写"；"写"，可以带"说"。只有"听说"训练与"读写"训练结合，两条腿走路，才符合语文教学自身发展规律，才能全面有效地提高学生听说读写能力。

从口语教学角度讲，要提高口语表达水平，也必须使"听说"同"读写"训练密切配合。因为，书面语源于口语，又高于一般口语。口语训练，如能注意从优秀的书面语中吸取营养，借鉴书面语中丰富的词汇、精练的句式、严密的条理，依据优秀的书面语作品进行强化训练，必将大大增强口语的表现力。理想的口语，决不是一般粗浅的大白话，它应有丰富的文化底蕴、优美的修辞文采，应是生动高雅、情理俱佳的语言精品。对表达者来说，这就必须有书面语言的修养和功力，就得从提高书面语言的读写能力做起。有位出色的电视节目主持人说："会说,必须会写。"这是经验之谈,很有道理。

在口语教学训练中,必须使"听说"与"读写"训练有机结合,相得益彰。要充分发挥口语和书面语各自的特长和优势,使学生的听、说、读、写能力互相促进,协调发展,全面提高。

三、"理论"与"实践"结合

"理论"要与"实践"结合,这是尽人皆知的道理。但对口语教学来说,无论从教材建设还是从教学实施等方面看,要完全贯彻落实,都有相当难度。如果说口语教学的理论与实践结合同其他学科有一些区别的话,那就是,这种"理论"应该更精要,更有用,更有针对性;这种实践训练,要有力度,有梯度,更系统,更严格;这种"理论"与"实践"的结合,应该更紧密,更科学,更有效。

"教师口语"课,从"基础训练"到"综合训练",到"专业训练",每一章节都安排有一定的"知识点"和"训练点"。要贯彻理论与实践结合的原则,在教学中就要注意"知识点"与"训练点"的有机结合,做到有讲有练,精讲多练,突出科学训练,而且要使学生容易练,喜欢练,自觉练,从而有效提高自己的口语实践能力。

"教师口语"的"理论"与"实践"结合,还应包括课内与课外结合。要充分发挥口语应用广泛的优势,把口语教学活动扩展到学生实际生活的各种活动中去,让学生在口语实际交往中体验理论,强化技能,提高水平。

"教师口语",是一门新兴的边缘学科,又是一门实践性很强的技能训练课。如何建立这门学科的科学理论体系和训练体系,是一个亟待研究解决的重大课题。我们应当在教学中不断总结,不断实践,逐步建立一种适合汉语特点和师范院校实际的科学理论体系和训练体系,以不断提高教学质量,提高学生口语理论水平和实践能力。

四、"训练"与"检测"结合

"教师口语",重在培养学生的口语实践能力。每个教学环节,都必须安排足够的训练硬件。各种训练必须目标明确,要求具体,形式灵活,便于操作。

在重视训练的同时,对每一阶段的训练效果,必须采用一定方式进行检测。"训练",解决知识转化问题,是口语教学的重要组成部分;"检测",解决训练落实的问题,是口语教学的重要环节。如果只有"训练"没有"检测",就难以保证达到教学要求,完成教学任务。通过"检测",可以及时发现问题,弥补疏漏;可以及时看到成绩,总结经验。"检测"是监督教学活动、保证教学活动顺利进行的重要手段。

检测,要有量化标准,有科学程序,要作及时反馈。

检测方式:可以让学生自己检测,也可以由老师或其他人检测;可以通过提问考察;可以进行出题考试;也可以通过某项活动进行综合分析评定。方式方法,可灵活多样。

正如种田不能只知耕耘不问收获一样,口语教学也不能只搞"训练"不懂"检测"。在口语教学中既要重视科学训练,又要重视阶段检测。这样就可以把教学活动纳入规范化的科学管理规程,保证全面完成教学训练任务。

〔训练〕

1. 口语学习应遵守哪些基本原则?
2. 你打算怎样学习和掌握教师口语?

〔训练检测〕

一、目标要求

1. 了解口语的性质、特点,提高对口语学习的认识。

2. 掌握口语表达的层次标准和学习训练方法,自觉提高教师口语的素养和能力。

二、方法步骤

1. 就口语的性质、特点、"层次要求"和教师口语重要性等问题,组织一次小组讨论。讨论前要做好准备,写出发言提纲。

2. 在小组讨论的基础上,推荐代表在班上发言。

3. 教师根据讨论发言情况评定学习成绩。

第一章 语音训练

语音是口语的物质基础。各种口语表达,语音必须正确清晰。如果语音不合要求,口语的效果和水平都将无从谈起。

口语语音训练,必须以普通话作标准。普通话,就是以北京语音为标准音,以北方话为基础方言,以现代典范的白话文著作为语法规范的现代汉民族共同语。

《中华人民共和国宪法》规定:"国家推广全国通用的普通话。"新时期,我国语言文字工作的首要任务是:"做好现代汉语规范化工作,大力推广和普及普通话。"

当前,国家推广和普及普通话的方针是:"大力推行,积极普及,逐步提高。"目标要求是:"在本世纪内,努力做到:第一,各级各类学校采用普通话教学,普通话成为教学语言;第二,各级各类机关进行工作时使用普通话,普通话成为工作语言;第三,广播(包括县以上广播台、站)、电视、电影、话剧使用普通适,普通话成为宣传语言;第四,不同方言区的人在公共场合交往基本使用普通话,普通话成为交际语言。"

推广普通话,是我国一项重要的基本国策。它可以消除方言隔阂,促进社会交往,有利于国家统一、民族团结、教育发展、科技进步和国际交往,是一项促进社会发展进步,利国利民,功在当代,利在千秋的根本方针。

我国是一个多种方言流行的国家。汉语方言与普通话的差别,主要表现在语音方面。因此,普通话的教学训练,主要是语音训练。

普通话语音,包括音素、音节、音变三部分。音素是语音的最小单位,分元音、辅音两类。元音发音不受口腔阻碍,辅音发音受口腔阻碍。音节是语音的基本结构单位,又称自然单位。音变指音节的连读变化,又称语流音变。音素、音节、音变,是一个由小到大、由分到合的结构系统。要掌握普通话语音,就必须强化语音基础训练。

第一节 音 素

一、声母训练

声母是音节前边的辅音音素。普通话有 21 个声母。

普通话声母表

发音方法 发音部位	塞音		塞擦音		擦音		鼻音	边音
	清音		清音		清音	浊音	浊音	浊音
	不送气	送气	不送气	送气				
双唇音(上唇/下唇)	b 玻	p 坡					m 摸	
唇齿音(上齿/下唇)					f 佛			
舌尖中音(舌尖/齿龈)	d 得	t 特					n 讷	l 勒
舌根音(舌根/软腭)	g 哥	k 科			h 喝			
舌面音(舌面/硬腭)			j 基	q 欺	x 希			
舌尖后音(舌尖/硬腭前)			zh 知	ch 吃	sh 诗	r 日		
舌尖前音(舌尖/上齿背)			z 资	c 雌	s 思			

（一）双唇音：b、p、m

b（双唇不送气清塞音）、p（双唇送气清塞音）：发音时，双唇紧闭，然后突然打开。b，不送出气流；p，有显著气流送出。

　　　　bùbīng　bìbào
b——步兵　　壁报

　　　　pīngpāng　pīpàn
p——乒乓　　批判

〔训练〕

　　　bào　　pào　　　　bǔ　　pǔ
1. 发报——发炮　　补写——谱写

　　bí　　pí　　　　bǎo　　pǎo
　鼻子——皮子　　饱了——跑了

　　bābǎi　biāobīng　bèn　běipō
2. 八百　标兵　奔　北坡，

　　pàobīng　bìngpái　běibiān　pǎo
　炮兵　　并排　　北边　　跑。

　　pàobīng　pà　bǎ　biāobīng　pèng
　炮兵　　怕　把　标兵　　碰，

　　biāobīng　pà　pèng　pàobīng　pào
　标兵　　怕　碰　炮兵　　炮。

　　　pú　　bù　　　pú　　pí　bù　　pú
3. 吃 葡萄 不 吐 葡萄 皮，不吃 葡萄 倒 吐

　　pú　pí
　葡萄 皮。

m（双唇浊鼻音）：发音时，双唇紧闭，鼻腔通气，声带颤动。

　　　　měimǎn　míngmèi
m——美满　　明媚

〔训练〕

1. 一盆（pén）面（miàn），一盆（pén）饼（bǐng），面盆（miànpén）饼盆（bǐngpén）并排（bìngpái）放。面盆（miànpén）不敢碰（pèng）饼盆（bǐngpén），饼盆（pǐngpén）怕（pà）把面盆（mǐànpén）碰（pèng）。

2. 面（miàn）前面铺（miànpù）门（mén）朝南，门（mén）上挂着棉布（miánbù）棉（mián）门（mén）帘。

（二）唇齿音：f

f（唇齿浊擦音）：发音时，下唇靠近上齿，气流从中挤出，磨擦发音。

f—— 丰富（fēngfù） 方法（fāngfǎ）

〔训练〕

1. 房（fáng）前粉（fěn）菊放（fàng）清香，风（fēng）来芬芳（fēnfāng）复芬芳（fēnfāng）。

2. 粉红（fěnhóng）墙上画（huà）凤凰（fènghuang）画（huà）红（hóng）凤凰（fènghuáng），画（huà）黄（huáng）凤凰（fènghuang），画（huà）花（huā）凤凰（fènghuang），画（huà）粉红（fěnfóng）粉（fěn）黄（huáng）花（huā）凤凰（fènghuang）。

（三）舌尖中音：d、t、n、l

d（舌尖不送气清塞音）、t（舌尖送气清塞音）：发音时，舌尖抵住上齿龈，然后突然离开。d 不送出气流，t 有显著气流送出。

    dàodé diàndēng
d——道德 电灯

    tuántǐ tàntǎo
t——团体 探讨

〔训练〕

   dūn tūn   dào tào
1. 蹲下——吞下 河道——河套

   dú tú   dù tù
  读书——图书 肚子——兔子

    dā tǎ tǎ   dā dā tǎ
2. 白石 搭 白塔，白塔 白石 搭，搭 好 白石塔，

   tǎ dà
  白塔 白 又 大。

n（舌尖浊鼻音）：发音时，舌头抵住上齿龈，鼻腔通气，声带颤动。

l（舌尖浊边音）：发音时，舌尖抵住上齿龈，气流从舌头两边出来，声带颤动。

    niúnǎi nánnǚ
n——牛奶 男女

    lǐlùn lǎoliàn
l——理论 老练

〔训练〕

   nán lán   nǚ lǚ
1. 男子——篮子 女客——旅客

　　　　nǎonù　　lǎolù　　　ní　　　lí
　　　恼怒——老路　黄泥——黄梨

　　　liúniàn　　liúliàn　　niú　　liú
　　　留念——留恋　牛油——流油

　　　　niúláng　niánnián　liàn　liúniáng　liúniáng　nián
2. 牛郎　年　年　恋　刘　娘，刘　娘　年

　　nián　niàn　niúláng
　　年　念　牛郎。

　　　　　liǎng　　　　liǎngliàng　　lún
3. 场　两边有　两辆　四轮　大　马车，

　　　　　lā　nǎ　liǎngliàng　lā　nǎ　liǎngliàng
　　你爱拉　哪　两辆　拉　哪　两辆。

　　　lǎolóng　nǎonù　nào　lǎonóng　lǎonóng　nùnǎo
4. 老龙　恼怒　闹　老农，老农　怒恼

　　nào　lǎolóng　　lóng　nù　nóng　nǎo　nóng　gèng
　　闹　老龙。　龙　怒　农　恼，农　更

　　nù　nóng　nǎo　lóng　nù　lóng　pà　nóng
　　怒，农　恼　龙　怒，龙　怕　农。

(四)舌根音:g、k、h

　g(舌根不送气清塞音)、k(舌根送气清塞音)：发音时,舌根抵住软腭,然后突然打开。g不送出气流,k有显著气流送出。

　　　　gǎigé　gǒnggù
　g——改革　巩固

　　　　kuānkuò　kěkào
　k——宽阔　可靠

〔训练〕

　　　gàn　　　kàn　　　　gōng　　　kōng
1. 干完——看完　办公——半空

第一章 语音训练

　　　　gǒu　　　kǒu　　　guàng　　kuàng
　　大 狗——大 口　　游 逛——油 矿

　　　gēge kǒu kě kǒu kě hē kěke kěke kěkǒu kě
2.　哥哥 口 渴,口 渴 喝 可可。可可 可口,可

　　kǒu kě　　kě
　　口 可 解渴。

　h(舌根清擦音):发音时,舌根接近软腭,气流从中挤出,摩擦发音。

　　　　　huānhū　huāhuì
　　h——欢 呼　花 卉

〔训练〕

　　　huā　　fā　　　hóng　　féng
1.　开 花——开发　姓 洪——姓 冯

　　　hūn　　fēn　　　huāng　　fāng
　　昏 乱——纷 乱　荒 地——方 地

　　　fēng　　huī fēi huī fēi huā　　huā　　huī
2.　风 吹 灰 飞,灰 飞 花 上 花 堆 灰。

　　　huā　　fēng　　fēi　　fēi
　　花 在 风 里 飞 又 飞。

　　　ge　　　huà　　ge　　huā huóhá
3.　一个 胖娃娃,画 了 三个 大 花 活 蛤蟆;三

　ge　　　huà　　　ge　　huā huóhá　　huà
个 胖娃娃 画不出 一个 大 花 活 蛤蟆。画不

　　　ge　huā huóhá　　　ge
出一个 大 花 活 蛤蟆 的 三个 胖娃娃,真

　　　huà　ge　　huā huóhá　　　ge
不如 画了 三个 大 花 活 蛤蟆 的 一个 胖

娃娃。

(五)舌面音:j、q、x

　　j(舌面不送气清塞擦音)、q(舌面送气清塞擦音):发音时,舌面前贴住前硬腭,然后稍微离开,摩擦发音。j不送出气流,q有明显气流送出。

j——积极　经济
　　　jī jí　jīng jì

q——亲切　请求
　　　qīnqiè　qǐngqiú

　　x(舌面清擦音):发音时,舌面接近前硬腭,气流从中挤出,摩擦发音。

x——虚心　学习
　　　xūxīn　xuéxí

〔训练〕

1. 揭开——切开　长江——长枪
　　jiē　　qiē　　jiāng　　qiāng

油鸡——油漆　精华——清华
　jī　　qī　　jīng　　qīng

大计——大气——大戏
　jì　　qì　　xì

2. 稀奇真稀奇,蟋蟀踩死大母鸡,气球碰
　xī qí　　xī qí　xī　　　　　　jī　qìqiú

坏大机器,蚯蚓身长七丈七。
　　　jī qì　qiū　　　　　qī　qī

(六)舌尖后音:zh、ch、sh、r

　　zh(舌尖后不送气清塞擦音),ch(舌尖后送气清塞擦音):发音

时,舌尖翘起抵住前硬腭,然后稍微离开,摩擦发音。zh 不送出气流,ch 有显著气流送出。

     zhèngzhì zhuózhuàng
 zh—— 政 治 茁 壮

     chuānchā chángchéng
 ch—— 穿 插 长 城

 sh(舌尖后清擦音)、r(舌尖后浊擦音):发音时,舌尖翘起,接近前硬腭,气流从中挤出,摩擦发音。sh,发音时声带不颤动;r,声带颤动。

     shénshèng shǐshī
 sh—— 神 圣 史 诗

     rěnràng róngrǔ
 r—— 忍 让 荣 辱

〔训练〕

   zhí chí zhǎng chǎng
1. 侄子——池子 工 长——工 厂

   zhǐ chǐ zhǎn chǎn
  竹纸——竹尺 斩掉——铲掉

   shāng xiāng shī xī
  商业——香液 诗人——昔人

   rè yè rǎn yǎn
  热风——夜风 染色——眼色

   chángchóng ràozhe zhuān zhuàn zhuàn
2. 长 虫 绕着 砖 堆 转 , 转 完

    zhuān zhuān
   砖 堆 钻 砖 堆。

   shì   shì shuō shì shì shuō shì
3. 故事 里 的 事,说 是 就 是,说 不 是

就不是。故事里的事，说shuō 是shì 也 不是shì,不是

也是shì,说shuō 不是shì 也是shì,是shì 也 不是。

（七）舌尖前音：z、c、s

z（舌尖前不送气清塞擦音）、c（舌头前送气清塞擦音）：发音时，舌头抵住上门齿，然后稍微离开，摩擦发音。z不送出气流，c有显著气流送出。

z——自尊zì zūn　总则zǒngzé

c——猜测cāicè　层次céngcì

s（舌尖前清擦音）：发音时，舌尖接近上门齿，气流从中挤出，摩擦发音。

s——思索sīsuǒ　诉讼sùsòng

〔训练〕

1. 水藻zǎo——水草cǎo　没做zuò——没错cuò

   扎腿zā——擦腿cā　易醉zuì——易脆cuì

   僧人sēng——生人shēng　不少shǎo——不扫sǎo

2. 四sì 是shì 四sì,十shí 是shì 十shí,十shí 四sì 是shì 十shí 四sì，四sì 十shí

   是shì 四sí十shí。谁shuí 说shuō "十shí 四sì"是shì "席细",就罚

   谁shuí 说shuō 十shí 四sì 个,谁shí sì 说shuō "四sì

shí　　shì　　　　　shuí shuō　sì shí
十"是"细席",就罚　谁　说　四十个

sì shí
四十。

3. sān shān chēng sì shuǐ sì shuǐ rào sān
三　山　撑　四　水,四　水　绕　三

shān sān shān sì shuǐ chūn cháng zhù sì
山。三　山　四　水　春　常　驻,四

shuǐ sān shān sì shí chūn
水　三　山　四　时　春。

〔方音辨正〕

河南话与普通话声母差别举例:

1."为人民服务"

豫西人读"为"、"务"等音时,气流受上齿下唇阻碍摩擦。普通话没有唇齿浊擦音[v]这个声母。跟[v]相对应的是"u"。如"武器"、"文化"、"完全"、"问题"等,豫西人学普通话,都要把[v]改成"u"。

2."小女孩儿捉小鸟儿"

河南大部分地区把舌尖鼻音"n"读成舌面鼻音[ɲ]。普通话没有舌面鼻音[ɲ]这个声母。如"爹娘"、"泥土"、"你们"等,都要把舌面鼻音改为舌尖鼻音。

3."大白鹅"

豫西有些地方读"鹅"时,在前面加了一个舌根浊擦音[ɣ]。又如"悲哀"、"欧洲"、"傲慢"、"恩情"等,都不能在前面加[ɣ],普通话没有这样的声母。

4."酒精"、"秋千"、"星星"

河南话把j、q、x读成z、c、s。z、c、s跟i、ü和i、ü开头的韵母拼合的音节叫"尖音"。普通话没有"尖音"。又如"聚集"、"情绪"、

"心情"、"先进"等,都应把 z、c、s 分别改为 j、q、x。

5. "耳朵"

在普通话里"耳"是零声母音节,豫西有的地方却在"er"前加了一个类似"l"的声母。又如"一二"、"儿子"、"而且"、"出尔反尔"等,都容易带"l"声母。发这些音,舌尖不能接触齿龈或硬腭。

6. "黄大爷的房子"

豫东、豫南一些地方,f、h 字音分类与普通话不一致。经常是普通话读"f",河南话读"h";普通话读"h",河南话读"f"。如:

　　开发——开花　　反复——欢呼
　　方地——荒地　　方法——谎话
　　纷乱——昏乱　　风发——红花

豫东、豫南人学普通话对这些音要注意分辨。

7. "四是四,十是十"

河南大部分地方都有 zh、ch、sh 与 z、c、s 声母字音相混现象。一般是把普通话的 zh、ch、sh 分别读成 z、c、s。如:

　　铡草——杂草　　主力——阻力
　　插手——擦手　　初步——粗布
　　诗人——私人　　商业——桑叶

正确区分这类字音是学习普通话的重点和难点。

有一部分字普通话读 z、c、s,河南话读 zh、ch、sh。如:

　　泽　择　责　则
　　策　册　测　侧　厕
　　涩　啬　色

这是特殊现象,需要死记。

8. "这是热茶"

豫东有些地方把 zh、ch、sh、r 分别读成 j、q、x、[y]。把"这是热茶"读成"jie xi ye qia"。又如:

　　转动——卷动　　锄地——去地

老鼠——老许　　好人——好银

类似这些字音,必须把 j、q、x、[y]分别改为 zh、ch、sh、r。

二、韵母训练

韵母是声母后边的音素。普通话有39个韵母:10个单韵母,13个复韵母,16个鼻韵母。按照发音特点,又可分开口呼、齐齿呼、合口呼、撮口呼四类。

普通话韵母表

种类 四呼	单韵母 10	复韵母 13	鼻韵母 16
开口呼 16	a 啊,o 喔,e 鹅, ê 诶,-i(后)诗韵, -i(前)思韵,er 儿	ai 哀,ei 诶, ao 熬,ou 欧	an 安,en 恩,ang 昂, eng 亨韵,ong 轰韵
齐齿呼 10	i 衣	ia 呀,ie 耶, iao 腰,iou 优	ian 烟,in 因, iang 央,ing 英, iong 雍
合口呼 9	u 乌	ua 蛙,uo 窝, uai 歪,uei 威	uan 弯,uen 温, uang 汪,ueng 翁
撮口呼 4	ü 迂	üe 约	üan 冤,ün 晕

(一) 单韵母

单韵母分舌面元音韵母、舌尖元音韵母、卷舌元音韵母三类。

1. 舌面元音韵母:a、o、e、ê、i、u、ü

舌面元音发音表

舌位\舌位前后唇形	前		央	后	
	不圆	圆		不圆	圆
高	i	ü			u
半高				e	o
半低	ê				
低			a		

a（舌面央、低、不圆唇元音韵母）：发音时，口张大，舌放平，舌位低，声带颤动，气息从喉间呼出。

     fā dá nǎ pà
 a——发达 哪怕

o（舌面后、半高、圆唇元音韵母）、e（舌面后、半高、不圆唇元音韵母）：发音时，口稍开，舌后部上升，声带颤动，气息从喉间呼出。o，唇形圆；e，唇形不圆。

     bó mó mó pò
 o——薄膜 磨破

     hé gé tè sè
 e——合格 特色

i（舌面前、高、不圆唇元音韵母）、ü（舌面前、高、圆唇元音韵母）：发音时，口稍闭，舌前部上升，声带颤动。i 唇形扁平，ü 嘴唇撮起呈圆形。

     bǐ jì lí qí
 i——笔记 离奇

第一章 语音训练

ü——区域 吕剧
　　　qūyù　lǚjù

u(舌面后、高、圆唇元音韵母)：发音时，舌后部上升，嘴唇合拢成一小圆孔，声带颤动。

u——互助 鼓舞
　　　hùzhù　gǔwǔ

ê(舌面前、半低、不圆唇元音韵母)：发音时，嘴唇展开，舌前部稍降，声带颤动。

ê——诶 憋 缺 靴
　　　ê　biē　quē　xuē

〔训练〕

1. 伯伯——车辙 婆婆——特色
　　bóbo　chēzhé　pópo　tèsè

　　破格——墨盒 河坡——刻薄
　　pògé　mòhé　hépō　kèbó

　　大鱼——大姨 名誉——名义
　　yú　yí　yù　yì

　　演剧——演技 你的——女的
　　jù　jì　nǐ　nǚ

2. 坡上 一只 大 白 鹅，坡下 一条 绿水 河。大
　　pō　yìzhī　dà　　é　pō　yì lù hé dà
鹅昂首 要渡 河，鹅 欢 人 笑 山河 乐。
　　é　　dù hé é　　　　　　hé lè

2. 舌尖元音韵母：—i(后)、—i(前)

—i[后](舌尖后元音韵母)、—i[前](舌尖前元音韵母)：—i(后)发音时，舌尖翘起靠近硬腭前端，气流通过窄缝而不发生摩

擦,声带颤动,唇形不圆。—i(前)发音时,舌尖前伸,靠近上齿背,气流通过窄缝而不发生摩擦,声带颤动,唇形不圆。

—i(后)——支持(zhīchí) 时事(shíshì)

—i(前)——自此(zì cǐ) 私自(sī zì)

〔训练〕

1. 字纸(zì zhǐ)——质子(zhì zǐ)——记几(jì jǐ)

   私事(sī shì)——失事(shī shì)——嬉戏(xī xì)

2. 狮子(shī zi) 山上(shān shang) 狮山寺(shī shān sì),山寺(shān sì) 门前 四(sì)
狮子(shī zi)。山寺(shān sì) 是(shì) 禅寺(chán sì),狮子(shī zi) 是(shì) 石狮(shí shī)。狮子(shī zi) 看
守(shǒu) 狮山寺(shī shān sì),禅寺(chán sì) 保护石狮子(shí shī zi)。

3. 卷舌元音韵母：er

发音时,舌尖向软腭卷起,舌位居中,声带颤动,唇形不圆。

er——儿(ér) 耳(ěr) 二(èr)

〔训练〕

1. 而立(ér lì)——日历(rì lì)——毅力(yì lì)

   日期(rì qī)——二期(èr qī)——遗弃(yí qì)

第一章 语音训练　39

2. 二̀ （èr）大娘 的 二̀ 儿̌ （èr ér）子，从 云南洱̌ （ěr）海湖 归来，带
了 二̀十二̀ （èr èr）斤 好木耳̌ （ěr）。

（二）复韵母

复韵母发音,要注意一个音向另一个音的自然滑动,其中一个音较响亮。复韵母包括前响复韵母、后响复韵母和中响复韵母三种。

1. 前响复韵母：ai、ei、ao、ou

ai——爱戴（àidài） 白菜（báicài）

ei——配备（pèibèi） 蓓蕾（bèilěi）

ao——高潮（gāocháo） 号召（hàozhào）

ou——欧洲（ōuzhōu） 收购（shōugòu）

〔训练〕

1. 分派（pài）——分配（pèi）　麦（mài）子——妹（mèi）子

　改（gǎi）了——给（gěi）了　考（kǎo）试——口（kǒu）试

　牢（láo）房——楼（lóu）房　稻（dào）子——豆（dòu）子

2. 北（běi）风 吹，雪花 飞（fēi），冬天 雪花 是 宝贝（bǎobèi），快
给（gěi）麦（mài）苗 盖上 被（bèi），多 收 麦（mài）子 好 几倍（bèi）。

2. 后响复韵母：ia、ie、ua、uo、üe

ia——　下架　　恰恰
　　　　xiàjià　　qiàqià

ie——　贴切　　结业
　　　　tiēqiè　　jiéyè

ua——　花袜　　挂画
　　　　huāwà　　guànhuà

uo——　硕果　　过错
　　　　shuòguǒ　　guòcuò

üe——　月缺　　约略
　　　　yuèquē　　yuēlüè

3. 中响复韵母：iao、iou、uai、uei

iao——　小鸟　　巧妙
　　　　xiǎoniǎo　　qiǎomiào

iou——　优秀　　牛油
　　　　yōuxiù　　niúyóu

uai——　摔坏　　怀揣
　　　　shuāihuài　　huáichuāi

uei——　归队　　水位
　　　　guīduì　　shuǐwèi

〔训练〕

1. 日夜——日月　　掘开——截开
　　yè　　yuè　　jué　　jié

　　确实——切实　　解决——确切
　　què　　qiè　　jiějué　　quèqiè

2. 崔粗腿 和 崔腿粗 比腿，不知是
　　cuī cūtuǐ　　cuī tuǐcū　　tuǐ

　　崔粗腿 比 崔腿粗 的 腿粗，还是
　　cuī cūtuǐ　　cū tuǐcū　　tuǐcū

```
cuī tuǐcū    cuī cūtuǐ    tuǐ cū
崔  腿粗  比  崔  粗腿  的  腿  粗。
```

（三）鼻韵母

鼻韵母，即带鼻音韵尾的韵母，它包括前鼻韵母、后鼻韵母两种。

1. 前鼻韵母：an、ian、uan、üan、en、in、uen、ün

```
            hànshān  tánpàn
an——        汗  衫   谈  判

            miánxiàn  jiǎnbiàn
ian——       棉  线    简  便

            guànchuān  wǎnzhuǎn
uan——       贯  穿     婉  转

            yuānyuán  quánquán
üan——       渊  源    全  权

            gēnběn  zhènfèn
en——        根  本   振  奋

            pīnyīn  qīnjìn
in——        拼  音   亲  近

            kūnlún  chūnsǔn
uen——       昆  仑   春  笋

            jūnyún  jūnxùn
ün——        均  匀   军  训
```

2. 后鼻韵母：ang、iang、uang、eng、ing、ueng、ong、iong

```
            dǎngzhāng  bāngmáng
ang——       党  章     帮  忙

            xiǎngliàng  xiǎngxiàng
iang——      响  亮      想  象

            zhuàngkuàng  shuānghuáng
uang——      状  况       双  簧
```

```
              fēngzhēng   zhěngfēng
eng ——       风 筝        整 风

              xìngmíng    píngdìng
ing ——       姓 名        评 定

              wēng        wèng
ueng ——      渔翁         蕹菜

              gōngnóng    cóngróng
ong ——       工 农        从 容

              xiōngyǒng   jiǒngjiǒng
iong ——      汹 涌        炯 炯
```

〔训练〕

```
      shēnchén     shēngchéng    mínxīn    míngxīng
1.   深 沉 ——    生 成         民 心 —— 名 星

     jīnyín      jīngyíng     yuānyuán    yānyán
     金 银 ——   经 营        渊 源 ——  咽 炎

     luàn       làn         lǒngduàn    lěngdàn
     乱 离 ——  烂 梨        垄 断 ——  冷 淡

     dōng      dēng        qián        quán
     冬 月 —— 登 月        前 头 ——  拳 头
```

```
      yán yuányǎn        yán yǎnyuán          yǎn
2.   严 圆 眼 和        严 眼 圆    比  眼,不 知

         yán yuányǎn         yán yǎnyuán         yǎn
     是 严 圆 眼  比       严 眼 圆   的  眼

     yuán       yán  yǎnyuán         yán  yuányǎn
     圆 ,还是 严 眼 圆     比  严  圆 眼·

         yǎn  yuán
     的 眼    圆 。
```

3. 洞庭山上一条藤，
　　dòngtíng　　　　　　téng

　藤条头上挂铜铃。
　téng　　　　　　tónglíng

　风吹藤动铜铃动，
　fēng　　téng　dòng　tónglíng　dòng

　风停藤停铜铃停。
　fēng　tíng　téng　tíng　tónglíng　tíng

〔方音辨正〕

河南话与普通话韵母差别举例：

1．"给脚上抹药"

河南话把"脚"、"药"读"jüo"、"üo"。"üo"与普通话中的"iao"韵母相对。类似"钥匙""牛角""嚼饭"等，都应把"üo"改为"iao"。

2．"学校里的乐队"

河南话把"学"、"乐"读作"xüo"、"üo"。这里，"üo"与普通话的"üê"韵母相对。类似"节约"、"山岳"、"正确"、"麻雀"、"简略"等，都应把"üo"改为"üe"。

3．"中国国旗"

河南人把"国"读成"guê"。这里的"uê"与普通话的"uo"韵母相对。其他如"或者"、"笨拙"、"说话"等，都应把"uê"改为"uo"。

4．"解放军上街"

河南话把"解"、"街"都读成"jiai"。"iai"与普通话"ie"韵母相对。其他如"鞋子"、"阶级"、"介绍"、"戒骄戒躁"等，都应把"iai"改成"ie"。

5．"火车"

"ê"在普通话中是一个特殊韵母，它不直接拼声母（ê和i或ü组成复韵母后才和声母相拼）。但在河南话中，却可以直接和声母相拼。

"车",河南人读"chê"。在这里,"ê"与普通话的"e"韵母相对。又如"刻苦"、"特别"、"道德"、"哲学"、"革命"、"舌头"等,都应把"ê"读成"e"。

6. "列宁"

河南人把"列"读成"lê"。在这里,"ê"与普通话的"ie"韵母相对。又如"打猎"、"排列"、"烈士"、"裂开"等,都应把"ê"改成"ie"。

7. "麦子"

河南人把"麦"读成"mê"。在这里,"ê"与普通话的"ai"韵母相对。又如"山脉"、"白色"、"百万"、"掰开"等,都应把"ê"改成"ai"。

8. "默哀"

河南人把"默"读成"mê"。在这里,"ê"与普通话中的"o"韵母相对。又如"压迫"、"伯父"等,都应把"ê"改成"o"。

9. "飞机起飞"

河南人把"飞"读成"fi"。普通话"i"不和"f"相拼,没有"fi"这个音,这里,"i"和普通话的"ei"韵母相对。又如"非常"、"浪费"、"肥肉"、"心肺"等,都应把"i"改成"ei"。

10. "宿舍"

河南人把"宿"读成"sü"。普通话"ü"韵母根本不和 z、c、s 拼,这里的"ü"与普通话的"u"相对。类似"严肃"、"风俗"、"满足"等,都应把"ü"改成"u"。

11. "锄地"

豫东人把"锄"读成"chuo","锄地"与"戳地"不分。这里的"uo"与普通话里的"u"相对。又如"数学"、"梳子"、"清楚"等,都应把"uo"改成"u"。

12. "钢笔"

河南人把"笔"读成"bei","钢笔"与"钢杯"不分。这里的"ei"与普通话的"i"相对。像"彼此"、"披衣"等,都应把"ei"改成"i"。

第一章 语音训练

13. "苏联"

河南人把"联"读成"luan"或"lüan","苏联"与"苏乱"不分。在这里,"uan"、"üan"与普通话的"ian"韵母相对。又如,"恋爱"不能读成"乱爱","收敛"也不能成"收乱"。

14. "龙亭"

河南人把"龙"作"liong"。在这里,"iong"与普通话"ong"韵母对应。又如"松树"、"荣誉"、"容易"等,都应把"iong"改成"ong"。

〔训练〕

"十三辙"是我国近代诗词、曲艺押韵的标准。熟读下列诗词,熟悉"十三辙"韵脚。

头一辙叫"发花",韵母落音都是 a(啊)。

"待到秋来九月八,我花开后百花杀。冲天香阵透长安,满城尽带黄金甲。" （黄巢《不第后赋菊》）

第二辙叫"梭坡",韵母包含 e(鹅)、o(喔)、uo(窝)。

"鹅鹅鹅,曲项向天歌。白毛浮绿水,红掌拨清波。"

（骆宾王《咏鹅》）

第三辙叫"乜 斜",韵母落音都是 ê(诶)。
    　　　miē

"千山鸟飞绝,万径人踪灭。孤舟蓑笠翁,独钓寒江雪。"
    　　　　　　　　　　　　　suō
（柳宗元《江雪》）

第四撤名"姑苏",韵母只含一个 u(乌)。

"锄禾日当午,汗滴禾下土。谁知盘中餐,粒粒皆辛苦。" （李绅《悯农》）

第五辙是"一七",韵母包含—i(日)、er(儿)、ü(迂)、和 i(衣)。

"君问归期未有期,巴山夜雨涨秋池。何当共剪西窗烛,却话巴山夜雨时。" （李商隐《夜雨寄北》）

"花落春天雨,春归鸟自啼。多情是蜂蝶,飞过粉墙西。" （朱淑贞《书窗即事》）

第六辙是"怀来",韵母包含 ai(哀)和 uai(歪)。

"长安回望绣成堆,山顶千门次第开。一骑(jì)红尘妃子笑,无人知是荔枝来。" （杜牧《过华清宫》）

第七辙是"灰堆",韵母包含 ei(诶)和 uei(威)。

"西塞山前白鹭飞,桃花流水鳜(guì)鱼肥。青箬笠,绿蓑衣,斜风细雨不须归。" （张志和《渔歌子》）

第八辙是"遥条",韵母落音都是 ao(熬)。

"春眠不觉晓,处处闻啼鸟。夜来风雨声,花落知多少。" （孟浩然《春晓》）

第九辙是"油求",韵母包含 ou(欧)和 iou(优)。

"故人西辞黄鹤楼,烟花三月下扬州,孤帆远影碧空尽,唯见长江天际流。"

（李白《黄鹤楼送孟浩然之广陵》）

第十辙是"言前",韵母收音都有 an(安)。

"日照香炉生紫烟,遥看瀑布挂前川。飞流直下三千尺,疑是银河落九天。" （李白《望庐山瀑布》）

第十一辙是"人辰",韵母包含 en(恩)、in(因)和 uen(温)、ün

(晕)。

"昨日入城市,归来泪满巾。遍身罗绮者,不是养蚕人。"　　　　　　　　　　（张俞《蚕妇》）

第十二辙是"江阳",韵母收音都有 ang(昂)。

"三日入厨下,洗手作羹汤。未谙姑食性,先遣小姑尝。"　　　　　　　　　　（王建《新嫁娘词》）

第十三辙是"中东",韵母 eng、ing(英)、ueng(翁)、ong、iong(雍)。

"横看成岭侧成峰,远近高低各不同。不识庐山真面目,只缘身在此山中。"　　　　　（苏轼《题西林壁》）

三、声调训练

声调是音节的高低升降变化。普通话有四个声调,即阴平、阳平、上声、去声,通称第一声、第二声、第三声、第四声。每个声调都有一定的调值,即高低升降的变化形式。描写调值一般采用"五度标记法"。四个声调的调号是"ˉ、ˊ、ˇ、ˋ"。

普通话四声表

调类	调值		例字
阴平	高平调	55	妈
阳平	中升调	35	麻
上声	降升调	214	马
去声	高降调	51	骂

〔训练〕

1. 两字同调

① High音——音箱——箱中——中心

② 和平——平常——常年——年轮

③ 选举——举手——手指——指导

④ 大会——会议——议事——事变

2. 四字同调

① 春天花开　江山多娇　珍惜光阴

② 人民团结　豪情昂扬　轮船直达

③ 党委领导　理想美好　请你指导

④ 创造记录　运动大会　胜利闭幕

3. 四声顺序

　　花红柳绿　山明水秀　风调雨顺

　　鸡鸣狗吠　轰雷闪电　英明果断

4. 四声逆序

　　万里长征　赤胆红心　暴雨狂风

　　忘我无私　爱我国家　凤舞龙飞

5. 四声比较

　　书法、抒发、复辟、伏笔、敷衍、赴宴、

　　通知、同志、统治、无理、武力、物理、

　　事实、史诗、实事、失事、逝世、实施、

　　石狮、失势、失实、时事、室湿、食柿。

6. 念绕口令

① 妈妈骑马，马慢妈妈骂马。
② 哥哥口渴，口渴喝可可；
　可可可口，可口可解渴。
③ 楼里吊刀，刀倒吊着。（快念三遍）
④ 小石和小史，俩人好争执。小石说"正直"应该读"政治"，小史说"整治"应该念"整枝"。两人争得面红耳赤，谁也没读准"正直"、"整治"、"政治"和"整枝"。
⑤ 黄猫毛短戴长毛帽，花猫毛长戴短毛帽，不知短毛猫的长毛帽比长毛猫的短毛帽好，还是长毛猫的短毛帽比短毛猫的长毛帽好。

〔方音辨正〕

河南话与普通话声调比较：

河南话，除豫北部分地区外，都是四个声调，跟普通话调类相同，都叫阴平声、阳平声、上声、去声。但调值（声调的实际读法）跟普通话不同。如：

调类＼调值　举例	普通话调值	开封话调值
阴平：春天花开	˥ 55	˧˩ 24
阳平：和平人民	˧˥ 35	˥ 41
上声：永远美好	˨˩˦ 214	˥ 44
去声：胜利万岁	˥˩ 51	˧˩˨ 312

只要掌握河南话与普通话四声的对应规律，河南人就可以从自己的口语中推知普通话大部分字音的声调。

由于古汉语入声字在河南话和普通话中分类规律不一样，对古入声字的读音，不能按一般声调对应规律去推，只能死记。如：

古入声字分类比较

普通话	河南话	例　　　字
阴平	阴平	逼殊猫峰锋戳
	上声	他它刊叔勘拥侵肤姑估珍纷租危微骄娇
	去声	糙相(互~)看(~守)应(~当)邹敦供(~给)
阳平	阴平	及级疾廷庭节执职博驳阁识福丛竹国足菊橘决觉掘伯隔格得德鼋籍值集琼球则答
	上声	而仍
	去声	娱愉
上声	阴平	甲久且血铁渴尺轨辱谷骨雪脚角笔北索百窄法塔柏挤给矢乙只(~有)撒讽
	阳平	蠢嘱
	去声	朽惹
去声	阴平	益譬密蜜力历立栗灭业叶日末质示誓视适释各不目木付鹿绿畏彻热渐入褥若洛络骆烙握括扩弱妇乐(快~)物袜腹复速畜虑蓄恤狱宿粟律月悦阅却略虐劣岳钥药确欲墨默特勒啬瑟涩策册测侧厕列烈裂猎肋迫客刻态吓麦踏腊辣纳涧差(~不多)色作间(~断)莫负勿鹄撒怯六簿爸肉
	阳平	室或必丽绍译
	上声	恰舍敛涉

第二节 音 节

音节是语音结构的自然单位。普通话有 400 多个基本音节,加上声调变化,共有 1200 多个。学习普通话语音,在掌握音素发音的基础上,就必须掌握音节结构规律和拼写规则,还应掌握普通话常用字(即音节)的正确读音。

一、音节的结构

普通话的音节,包含声、韵、调三种要素。韵母包括韵头、韵腹、韵尾三部分。韵头有三种:i、u、ü;韵尾有五种:i、u、o、n、ng;韵腹有十种(十个单元音都可作韵腹)。汉语的音节最多包含四个音素,最少有一个音素,每个音节都有韵腹和声调。

普通话音节结构表

结构 例字	声母	韵母			声调
		韵头	韵腹	韵尾	
学 xué	x	ü	ê		／
好 hǎo	h		a	o	∨
语 yǔ			ü		∨
音 yīn			i	n	—
口 kǒu	k		o	u	∨
会 huì	h	u	e	i	＼
讲 jiǎng	j	i	a	ng	∨
四 sì	s		-i(前)		＼
十 shí	sh		-i(后)		／
除 chú	ch		u		／
二 èr			er		＼

二、音节的拼合

(一) 音节配合

普通话音节,声母与韵母的配合有一定的规律。如:j、q、x 声母只跟齐齿呼、撮口呼的韵母相拼,不跟开口呼、合口呼的韵母相拼;g、k、h、zh、ch、sh、r、z、c、s 等,只跟开口呼、合口呼的韵母相拼,不跟齐齿呼、撮口呼韵母相拼;能跟四呼韵母相拼的,只有 n、l 两个声母。了解这些规律,有助于掌握普通话音节特点和基本发音。

普通话声韵配合简表

韵母 声母	开口呼	齐齿呼	合口呼	撮口呼
b p m	△	△	u	
f	△		u	
d t	△	△	△	
n l	△	△	△	△
g k h	△		△	
j q x		△		△
zh ch sh r	△		△	
z c s	△		△	

注:"△",表示有音节。空格,表示无音节。"u",表示 b、p、m、f 在合口呼中只拼 u 韵母。

(二) 拼写规则

1. Y、W 的使用规则

《汉语拼音方案》规定了 i、u、ü 三行韵母自成音节时使用 Y、W 的规则。这些规则可以概括为:

　　i、in、ing 加 y,u 加 w,(如 i、u 变为 yi、wu)

　　其余 i、u 换 y、w。(如 ia、ua 变为 ya、wa)

　　ü 音独立或领头,去掉两点前加 y。(如 ü、üe 变为 yu、yue)

目前,小学拼音简式教学法,把 y、w 当声母,不教 y、w 的拼写规则。只教 23 个声母、24 个韵母,既减轻了学生负担,拼写结果又跟一般教法一样。不过,学生还必须死记 16 个整读音节:yi、wu、yu、ye、yue、yin、ying、yuan、yun、zhi、chi、shi、ri、zi、ci、si。

2. ü 的拼写规则

　　ü 拼 j、q、x,两点要省去;ü 拼 n、l 时,两点不能去。如 jū(居)、nǚ(女)、lǚ(吕)。

3. iou、uei、uen 的省写规则

　　iou、uei、uen,拼声母时省掉中间的 o、e。如 liú(流)、guī(规)、lùn(论)。

4. 隔音符号用法

　　a、o、e 或 a、o、e 开头的音节同前一音节紧连时,在左上方用隔音符号(')隔开。如 pí'ǎo(皮袄)、jīn'ōu(金瓯)、chāo'é(超额)。

5. 声调符号标法

声调标在音节的主要元音上。具体说,标调先找 a、o、e;没有 a、o、e 时再找 i、u、ü;i、u 并列标在后;i 标调号,点省去。如 zhāoxiá(朝霞)、liúshuǐ(流水)、xīnyī(新衣)。

〔训练〕

1. 给下列词注音。

　　小麦　默写　铁塔　虐待　律师　省略
　　柏树　逼迫　脉搏　墨水　打猎　北方
　　毕业　魂魄　特殊　勒令　革命　客车

劣势	获得	脚步	退却	竹子	宿舍
冰雪	秩序	触犯	画册	跃进	毒药
挚友	尺寸	厕所	色彩	音乐	袜子
即使	结束	空隙	质量	炽热	软腭
哽咽	握手	闪烁	茁壮	血液	媒妁
水位	中国	绿色	饥饿	西安	新衣
优秀	圆圈	英雄	温暖	中华	完满

2. 直呼下列句子。

① Sīkǎo shì rénlèi zuì dàde kuàile。

② Aidíshēng shuō :"Bú xià juéxīn péiyǎng sīkǎo xíguànde rén,biàn shīqùle rénshēng zhōng zuì dàde lèqù"。

③ Jiàoshī de zhíyè shì yì zhǒng zérèn zuì zhòngdà、zuì guāngróngde zhíyè。

④ Jíshǐ méiyǒu Bólè, shìshàng réngrán cúnzài qiānlǐmǎ;dànshì méiyǒule qiānlǐmǎ, rénjiān jiù bù kěnéng chūxiàn Bólè。

⑤ Tiě shì dǎ chūlai de;dāo shì mó chūlai de;qiānlǐmǎ shì sài chūlai de。

⑥ Lǔ Xùn shuō:"Shíjiān duìyú wǒ lái shuō shì hěn bǎoguìde, yòng jīngjìxué de yǎnguāng kàn shì yì zhǒng cáifù。"

⑦ Luómàn·Luólán shuō:"Zuì kěpàde dírén, jiùshì méiyǒu jiānqiángde xìnniàn。"

⑧ Xú Tèlì shuō:"Jiǎnpǔ shēnghuó, búdàn kěyǐ shǐ jīngshen yúkuài, érqiě kěyǐ péiyǎng gémìng pǐnzhì。"

⑨ Huà Luógēng shuō:"Xiàqí zhǎo gāoshǒu,nòng fǔ dào Bānmén, zhè shì wǒ yì shēng de zhǔzhāng , zhǐyǒu

búpà zài néngzhě miànqián bàolù zìjǐde ruòdiǎn, cái néng búduàn jìnbù."
⑩ Yǔguǒ shuō:"Shìjiè shang zuì kuānkuòde shì hǎiyáng, bǐ hǎiyáng gèng kuānkuòde shì tiānkōng, bǐ tiānkōng gèng kuānkuòde shì rén de xīnlíng."

第三节 音　变

音变,是指音节连读时的变化,又叫语流音变。说普通话,不仅要音节准确,还得掌握音变规律。这样才符合普通话标准,才能说起来顺口,听起来自然。

普通话音变训练主要有以下几点:

一、变调训练

(一)上声变调

上声的变调规律:

① 上连上,变直上。(由 ⌵214 变为 ⌿24)如:

　　领导　美好　表演　辅导
　　展览馆　洗脸水　演讲稿
　　请你|给我|打点儿|洗脸水
　　岂有|此理

② 上连非上,变半上。(由 ⌵214 变为 ⌌21)如:

　　老师　首都　北京　小说

祖国　语言　旅行　表达
领袖　感谢　努力　写作
我的　奶奶　椅子　暖和

〔训练〕

读准下列词语和句子，并指出上声音节变调的读法。
　　讲解　理想　手表　小说　水箱
　　朗读　改革　土地　广大　短的
　　里头　姐姐　尾巴　苦水井　选举法
　　请你早点把演讲稿写好给我。
　　我想找古北口旅馆馆长蒋永水。

（二）"一、不"变调

"一、不"在去声前变阳平，在非去声前变去声，嵌在词中读轻声。如：
　　一位　一对　不是　不会
　　一天　一年　一晚
　　看一看　说不说

〔训练〕

读准下列词语，指出"一、不"的声调变化。
　　一家　一同　一宗　一笔　一门
　　一所　一致　一再　一心　一向
　　一视同仁　一帆风顺　一见如故
　　千篇一律　一鸣惊人　一言为定
　　听一听　好不好　试一试　对不对

不像　不说　不要　不来　不美
不配　不大不小　不闻不问
不干不净　不伦不类

二、轻声训练

轻声有区别词义、分辨词性、固定词形等作用。如：
东西(物件)——东西(方向)
兄弟(弟弟)——兄弟(哥哥和弟弟)
对头(仇敌,名词)——对头(合适,形容词)
练习(教学活动,动词)——练习(作业,名词)
柴火　粮食　明白　爷爷　窗户

(一) 轻声的读法

① 在上声后较高,约为 $\cdot ∃_3$(3度)。
　　例如：椅子　好的
② 在阴平、阳平后较低,约为 $\cdot ∃_2$(2度)。
　　例如：桌子　他的　盘子　谁的
③ 在去声后最低,约为 $\cdot ∃_1$(1度)。
　　例如：凳子　坏的

(二) 读轻声的规律

① 助词和语气词：
　　说着　写了　看过　白的　慢慢地
　　说得好　行啊　是吗　来呀　好哇
② 重叠音节的后一字：
　　姐姐　叔叔　听听　看看

③ 构词的虚语素：
　　念头　骨头　孩子　裙子　同志们
④ 方位词：
　　山上　树下　这边　屋里
⑤ 趋向动词：
　　跑来　走去　站起来　说下去
⑥ 一些常用词：
　　玻璃　月亮　太阳　豆腐　故事　明白

〔训练〕
读准下列词和语句，指出轻声音节的读法。
1.　葡萄　刀子　包袱　馒头　妈妈
　　活泼　看过　来了　坐着　进去
　　我的　使得　粮食　柴火　差使
2.　古时候，有个孩子爹妈都死了，跟着哥哥嫂子过日子。哥哥嫂子待他很不好，叫他吃剩饭，穿破衣裳，夜里在牛棚里睡，牛棚里没有床铺，他就睡在干草上。他每天放牛，牛跟他很亲密，用温和的眼睛看着他，有时候还伸出舌头舔舔他的手，怪有意思的。哥哥嫂子见了他，总是待理不理的，仿佛他一在眼前就满身不舒服。两下一比较，他也乐得跟牛一块出去，一块睡。(《牛郎织女》)

三、儿化训练

儿化，就是使音节韵母带上儿音，带儿音的韵母叫儿化韵。儿化韵音节一般用后边加"儿"表示，拼写时，在音节后加"r"即可，如"花儿"——"huār"。

韵母儿化时，末尾音素如果不适于卷舌时，还必作相应变化。

如 ai、ei、an、en 等,带 i 和 n 韵尾的韵母儿化,就要去掉韵尾再卷舌。如"小孩儿"、"笔尖儿"。又如 ang、eng、ong 等带舌根鼻音韵尾的韵母儿化,就要去掉韵尾,韵腹"鼻音化"并卷舌。如"茶缸儿"、"小虫儿"。

儿化音有区别词义、词性和表示感情色彩等作用。如"头晕(脑袋)"与"谁是头儿(首领)","眼花缭乱(眼睛)"与"脚上有个眼儿(小孔)","画"(动)与"画儿"(名),"尖儿"(名)与"尖"(形),"小孩儿"、"花篮儿"等。

〔训练〕
熟读下列例句中的儿化音。

1. 有个小孩儿叫小兰儿,小手儿端着个小饭碗儿。小饭碗儿真好玩儿,红花儿绿叶儿镶金边儿,中间儿还有个小红点儿。

2. 小王儿值勤刚下班儿,遇到个迷路的小女孩儿,他想把女孩儿送到家,省得一家人儿找翻了天儿。小王儿请示带班员儿,带班员儿问:"你怎么知道她家的街道和门牌儿?"小王儿说:"咱是人民的勤务员儿,巡逻站岗熟记自己的值勤点儿,脑子里装着活地盘儿。咱点儿上马路分七段儿,九条胡同儿十道弯儿,工厂、机关占一半儿,还有中学、小学、幼儿园儿,20 个商业服务点儿,三个医院俩剧团儿。一共 310 所楼房和大院儿。这孩子的家不会超出这一段儿。只要她答上我问的一句话,就能找到她家的街道和门牌儿。

四、语气词"啊"的音变训练

语气词"啊",读音经常根据前边音节的尾音变化。变化规律是:

鼻音韵后读 na(哪)、nga(啊),
舌尖韵后读 ra(啊)、s"a(啊);

u、ao、iao 后,要读 wa(哇),

其他韵后都读 ya(呀)。

语气词"啊"音变表

举 例	"啊"前音节尾音	变化结果
是他啊！真多啊！	a,o	ya(呀)
你喝啊！节约啊！	e,ê	ya(呀)
学习啊！闺女啊！	i,ü	ya(呀)
书啊,好啊,巧啊！	u,ao	wa(哇)
天啊,小心啊！	n	na(哪)
你听啊！快上啊！	ng	nga(啊)
什么事啊！有几次啊！	—i(后),—i(前)	ra(啊)s"a(啊)

注:s",为 s 的浊音代号。

〔训练〕

读下面两段话,指出"啊"的音变读法。

1. 这些孩子们啊(na),真可爱啊(ya)！你看啊(na)！又画画儿啊(ra),又作诗啊(ra),又唱啊(nga),他们多幸福啊(wa)！

2. 菜市的货真全啊(na)！什么鸡啊(ya),鱼啊(ya),肉啊(wa),蛋啊(na),粉丝啊(s"a),西红柿啊(ra),蒜苗啊(wa),四川辣酱啊(nga),应有尽有啊(wa)！

附录：

一、《普通话异读词审音表》修订稿摘要

(一) 修订原表读音　　共修订《初稿》词语41条：

词条	《初稿》读音	修订读音	说　明
A			
呆板	(ái)bǎn	dāibǎn	取消 ái 音，统读 dāi。
B			
便秘	biàn(bì)	biànmì	除"秘鲁"念 Bì 外，都读 mì。
C			
缠绕	chán(rǎo)	chánrào	取消 rǎo 音，统读 rào。
橙子	(chén)zi	chéngzi	取消 chén 音，统读 chéng。
成绩	chéng(jī)	chéngjì	取消 jī 音，统读 jì。
出血	chū(xuè)	文读 xuè，口语读 xiě。	
穿凿	chuān(zuò)	chuānzáo	取消 zuò、zuó 音，统读 záo。
闯荡	(chuàng)dàng	chuǎngdàng	取消 chuàng 音，统读 chuǎng。
从容	(cōng)róng	cóngróng	取消 cōng 音，统读 cóng。
F			
幅儿	(fǔr)	fúr	取消 fǔ 音，统读 fú。
骨头	(gú)tou	gǔtou	取消 gú 音，除"骨朵、骨碌"读 gū 外，其余都读 gǔ。

红杉	hóng(shān)		文读 shān，口语读 shā。

J

脊梁	(jí)liang	jǐliang	取消 jí 音，统读 jǐ。

L

擂鼓	(lèi)gǔ	léigǔ	除"擂台、打擂"读 lèi 外，都读 léi。
潦草	(liǎo)cǎo	liáocǎo	

M

嬷嬷	(māma)	mómo	不取 mā 音。
麦芒	mài(wáng)	màimáng	取消 wáng 音，统读 máng。
眯眼	(mǐ)yǎn	míyǎn	用作"尘土入目"义时读 mí，也作"迷"，用作"微微合眼"义时读 mī。
盟誓	(míng)shì	méngshì	取消 míng 音，统读 méng。

P

咆哮	páo(xiāo)	páoxiào	取消 xiāo 音，统读 xiào。
澎湃	(pēng)pài	péngpài	取消 pēng 音，统读 péng。
苤蓝	piě(la)	piělan	lán 轻声作 lan，不作 la。

Q

槭树	(qī)shù	qìshù	取消 qī 音，统读 qì。
荨麻	(qián)má		文读 qián，口语读 xún。

R

乳臭	rǔ(chòu)	rǔxiù	此处"臭"指"气味",不是"香臭"的"臭"。
S			
啥	(shà)	shá	取消 shà 音,统读 shá。
苫布	(shān)bù	shànbù	"草帘、草垫子"义仍读 shān,其余都读 shàn。
胜任	(shēng)rèn	shèngrèn	统读 shèng。(《初稿》注:"旧读 shēng"。)
锁钥	suǒ(yuè)		文读 yuè,口语读 yào。
T			
铜臭	tóng(chòu)	tóngxiù	[辨义,见"乳臭"条]
W			
唯唯诺诺	(wěiwěi)nuònuò	wéi wéi nuònuò	取消 wěi 音,统读 wéi。
萎缩	(wēi)suō	wěisuō	取消 wēi 音,统读 wěi。(《初稿》注:"'萎'单用念阴平,如'气萎,买卖萎'"。)
X			
寻思	(xín)si	xúnsi	取消 xín 音,统读 xún。
驯服	(xún)fú	xùnfú	取消 xún 音,统读 xùn。
Z			
侦察	(zhēng)chá	zhēnchá	(原审作 zhēn,误印为 zhēng)
指甲	(zhī)jia	zhǐjia	取消 zhī、zhí(《初稿》有"指头")二音,统读 zhǐ。

掷色子	(zhī)shǎizi	zhìshǎizi	取消 zhī 音,统读 zhì。
诸葛(姓)	Zhū(gé)	Zhūgě	作姓氏都读 gě。(《初稿》注:"'葛'单用作姓,念 gě。")
卓见	(zhuō)jiàn	zhuójiàn	取消 zhuō 音,统读 zhuó。
自作自受	zì(zuō)zìshòu	zìzuòzìshòu	除"作坊"读 zhō 外,其余都读 zuò。
踪迹	zhōng(jī)	zōngjì	取消 jī 音,统读 jì。

(二)增补词条　共增补原表未审词语 16 条:

词条	字典、词典注音	新　订	附　注
曝光	(pù)guāng	bàoguāng	"日晒"义,如"一曝十寒"读 pù。
嗟叹	(jiē 又 juē)tàn	jiētàn	取消又音 juē。
落魄	luò(pò,bó,tuò)	luòpò	"bó,tuò"分别写作"泊,拓"。
螫	(shì)	文读 shì,口语读 zhē。	
往	wǎng,wàng	(二音辨义)wǎng	取消 wàng 音,统读 wǎng。
沿	yán,yàn	(二音辨义)yán	取消 yàn 音,统读 yán。
荫蔽	(yīn)bì	yìnbì	统读 yìn。"林荫,树荫"写作"林阴,树阴"。
装帧	zhuāng(zhèng)	zhuāngzhēn	取消 zhèng 音,统读 zhēn。

[以下各条有的字典、词典注音不一致,有的误读使用较广,现统一读音]

词 条	《新华字典》	《现代汉语词典》	新 订
汲	jí	jī	jí
拎	līng	līn	līn
忙	māng	māng	māng（俗读 máng，不取）
蹼	pǔ	pǔ	pǔ（不取 pú 音）
任（姓,地名）	rén	Rén	（误读 rèn,不取）
霰	xiàn	sǎn,xiàn	xiàn（《现汉》二音二义,不取）
猹	zhā	chá	chá
筑	zhú,zhù	zhú,zhù	zhù（字、词典二音适用义项不同,不取。）

二、多音多义字用法举例

阿 1. ā 阿大 阿Q 阿姨 阿拉伯
　　2. ē 阿胶 阿谀 阿弥陀佛

挨 1. āi 挨次 挨近 一步一挨 挨挨挤挤
　　2. ái 挨说（受责备） 挨冻受饿 忍饥挨饿

剥 1. bāo 剥皮 剥掉 剥花生
　　2. bō 剥削 剥落 生吞活剥 毕毕剥剥

炮 1. bāo 炮羊肉
　　2. páo 炮炼 炮制
　　3. pào 炮车 炮弹 炮火 炮兵 鞭炮

薄 1. báo 薄冰 薄云 薄饼 薄被 薄薄的
　　2. bó 稀薄 刻薄 日薄西山 厚此薄彼
　　3. bò 薄荷

暴 1. bào 暴力 暴虐 暴动 残暴 暴光
　　2. pù 一暴十寒

背　1. bēi 背带　背包　背水　背包袱
　　2. bèi 背脊　背影　背景　违背　背信弃义
秘　1. bì 秘鲁
　　2. mì 秘密　秘诀　秘书　神秘　便秘
便　1. biàn 便饭　便条　便利　顺便　小便
　　2. pián 便宜　大腹便便
别　1. bié 别人　别墅　别字　区别　性别　你别走
　　2. biè 别扭
参　1. cān 参观　参拜　参加　参照　参考
　　2. cēn 参差（cēn cī）
　　3. shēn 参商（星名）　人参　沙参　海参
藏　1. cáng 藏书　躲藏　蕴藏　珍藏　捉迷藏
　　2. zàng 藏青　宝藏　西藏
差　1. chā 差别　差额　差距　误差　视差
　　2. chà 差劲　差不多　差点儿　差一道工序
　　3. chāi 差使　出差　邮差　开小差　钦差大臣
　　4. cī 参差（cēn cī）
单　1. chán 单于（古代匈奴的君主）
　　2. dān 单一　单纯　单调　被单　传单
　　3. shàn 单（姓）　单县（山东地名）
场　1. cháng 场院　赶场　打场　一场大雨
　　2. chǎng 场地　场面　捧场　剧场　广场　上场
长　1. cháng 长毛　长度　长空　长跑　取长补短
　　2. zhǎng 长辈　长相　生长　厂长　长知识
朝　1. cháo 朝代　朝鲜　明朝　朝前走　朝阳花
　　2. zhāo 朝霞　朝夕　今朝　朝气蓬勃
车　1. chē 车（姓）　车辆　车站　闭门造车
　　2. jū 车（象棋棋子名）

称	1. chèn 称心　称职　对称　匀称
	2. chēng 称呼　称许　称赞　称霸　拍手称快
盛	1. chéng 盛饭　盛水　盛汤　盛不下
	2. shèng 盛（姓）　盛况　盛产　茂盛　繁荣昌盛
澄	1. chéng 澄清（澄清问题，澄清混乱）
	2. dēng 黄澄澄的
	3. dèng 澄浆泥　把水澄清了再喝
重	1. chóng 重复　重叠　重新　重阳　重蹈覆辙
	2. zhòng 重量　重担　重荷　郑重　沉重　器重
处	1. chǔ 处理　处世　处分　相处　设身处地
	2. chù 处处　用处　到处　住处　秘书处
传	1. chuán 传播　传呼　传诵　宣传　遗传　传真电报
	2. zhuàn 传记　自传　左传　水浒传
答	1. dā 答应　答理　答腔　滴答
	2. dá 答复　答谢　答辩　答案　对答　报答
大	1. dà 大楷　大脑　大衣　大厦　大夫（士大夫）
	2. dài 大夫（医生）　大黄（中药名）
弹	1. dàn 弹药　子弹　炸弹　氢弹　导弹
	2. tán 弹性　弹簧　弹琴　弹棉花　弹琵琶
当	1. dāng 当归　当初　当年（指过去）
	2. dàng 当年（同一年）　当真　上当　勾当
倒	1. dǎo 倒换　倒闭　倒下　晕倒　卧倒
	2. dào 倒退　倒流　倒水　倒车（车往后退）
得	1. dé 得力　得劲　得逞　得到　取得　得心应手
	2. de 办得到　热得很　听得懂
	3. děi 得动脑筋　这事得你去　做错了就得改正
地	1. de 认真地　坚定地　渐渐地　信心百倍地
	2. dì 地方　地面　地势　设身处地　惊天动地

的	1. de 红的 买的 甜的 人民的 国家的
	2. dí 的确 的当
	3. dì 目的 有的放矢 众矢之的
调	1. diào 调动 调派 调查 调度 声调 腔调
	2. tiáo 调和 调节 调整 调皮 风调雨顺
都	1. dōu 都有 都说 都会做 都一样
	2. dū 都市 首都 都会（大城市）
恶	1. ě 恶心
	2. è 恶习 恶劣 险恶 恶狠狠 除恶务尽
	3. wù 可恶 厌恶 憎恶 深恶痛绝
发	1. fā 发芽 发音 发达 发明 十发子弹
	2. fà 头发 白发 理发 怒发冲冠 一发千钧
干	1. gān 干燥 干净 干扰 饼干 外强中干
	2. gàn 干部 干事 干活 干劲 埋头苦干
个	1. gě 自个儿
	2. gè 个位 个别 个儿 个性 个个
	3. ge 一个 见个面 行个礼 出个主意
给	1. gěi（单用）把方便给人 给你一本书
	2. jǐ 给予 给养 供给 自给自足
还	1. hái 还是 还有 还在 你还真有两下子
	2. huán 还本 还击 还礼 还债 借东西要还
行	1. háng 行列 行距 行家 内行 电料行
	2. xíng 行动 行李 行政 行为 发行 罪行 行之有效
号	1. háo 号哭 呼号 寒号鸟 北风怒号
	2. hào 号码 号令 号称 外号 发号施令
好	1. hǎo 好歹 好像 友好 只好 好运道
	2. hào 好客 好强 好奇 好逸恶劳 好高骛远
和	1. hé 和(姓) 和平 和煦 和谈 和盘托出

2. hè 和诗　附和　应和　一唱百和　曲高和寡
　　　3. hú 和（旧社会赌博用语，表示赢了）
　　　4. huó 和面　和泥
　　　5. huò 和药　二和药　在藕粉里和点儿糖
　　　6. huo 搀和　搅和　暖和　热和　软和
哄　1. hōng 哄动　哄堂　哄笑　哄嚷　闹哄哄
　　　2. hǒng 哄骗　哄人　诱哄　哄孩子　别哄我
　　　3. hòng 起哄　一哄而散
奇　1. jī 奇数　奇偶
　　　2. qí 奇怪　奇迹　奇袭　奇妙　奇谈怪论
假　1. jiǎ 假话　假设　假使　假公济私
　　　2. jià 假期　请假　暑假　放假　休假
间　1. jiān 间架　车间　人间　时间　两者之间
　　　2. jiàn 间隔　间断　间谍　团结无间　挑拨离间
将　1. jiāng 将来　将近　将军　将功赎罪　恩将仇报
　　　2. jiàng 将领　大将　上将　天兵天将
强　1. jiàng 倔强　脾气强
　　　2. qiáng 强（姓）　强盛　强大　强调　身强力壮
　　　3. qiǎng 强迫　牵强　勉强　强人所难　强词夺理
教　1. jiāo 教书　教唱歌　你教我学
　　　2. jiào 教学　教师　教训　宗教　身教言教
觉　1. jiào 睡觉　午觉　一觉醒来
　　　2. jué 觉得　觉悟　发觉　知觉　不知不觉
校　1. jiào 校正　校对　校改　校样
　　　2. xiào 校舍　校长　少校　学校
结　1. jiē 结实　结巴　开花结果
　　　2. jié 结合　结束　蝴蝶结　结果（最后状态）
看　1. kān 看管　看守　看押　看护　看家

2. kàn 看书　看透　看病　难看　小看　另眼相看
了　1. le 长大了　明白了　他受到了表扬
　　　2. liǎo 了结　了解　了不起　一目了然　怎么得了
量　1. liáng 量布　测量　衡量　商量　思量　量一量
　　　2. liàng 量变　数量　胆量　估量　大量生产
弄　1. lòng 弄堂　里弄　梅花三弄（乐曲名）
　　　2. nòng 弄脏　弄断　捉弄　弄巧成拙　班门弄斧
模　1. mó 模仿　模型　模范　模模糊糊　模棱两可
　　　2. mú 模样　模具　字模　大模大样　装模作样
难　1. nán 难走　难怪　难道　难得　难能可贵
　　　2. nàn 难友　灾难　殉难　刁难　排难解纷
　　　3. nan 困难
厦　1. shà 大厦　广厦　前廊后厦
　　　2. xià 厦门（福建地名）
少　1. shǎo 少量　少有　少不得　少见多怪　人烟稀少
　　　2. shào 少年　少将　少先队员　男女老少
为　1. wéi 为人　为难　作为　以为　大有可为
　　　2. wèi 为了　为此　因为　为什么　为虎作伥
着　1. zhāo 失着　棋高一着　这一着厉害
　　　2. zháo 着慌　着急　着凉　猜着了　没见着
　　　3. zhe 沿着　为着　忙着　空着手　大门正开着
作　1. zuō 作坊
　　　2. zuò 作息　作文　作伴　作罢　自作自受　杰作

三、区别词义的轻声词举例

摆设 bǎishe　　名词，指摆设的东西。（动词，指物品的安放，读原
　　　　　　　　调 bǎi shè。）

本事 běnshi	本领。(读原调 běnshì 指文学作品所依据的故事情节。)
避讳 bìhui	不愿听到或说出不吉利的话。(读原调 bìhuì 指封建时代人们不直接说出和写出君主和长者的名字。)
别人 biéren	指自己或某人以外的人。(读原调 biérén 指另外的人。)
差使 chāishi	名词。旧时官场中被临时委任的职务,后泛指职务,官职。(读原调 chāishǐ 是动词,指差遣、派遣。)
大方 dàfang	①成人;旧时指官长。②不小气。(读原调 dàfāng 指专家学者;内行人。)
大意 dàyi	疏忽;不注意。(读原调 dàyì 指主要意思。)
德行 déxing	讥讽的话,意思和"缺德"差不多。(读原调 déxíng 指道德、品行。)
地道 dìdao	①真正的;纯粹。②(工作或材料的质量)实在;够标准。③真正是由名产地出产的。(读原调 dìdào 是指在地下掘成的道路。)
地方 dìfang	①指空间的一部分。②部分。(读原调 dìfāng 指跟中央相对的省以下各级行政区。)
地下 dìxia	地面上。(读原调 dìxià 指地面之下。)
东西 dōngxi	①泛指各种具体的或抽象的事物。②特指人或动物(多含厌恶或喜爱的感情。)(读原调 dōngxī 指东边和西边。)
端详 duānxiang	仔细地看。(读原调 duānxiáng 指:①详情。②端庄安详。)
方丈 fāngzhang	寺院的住持。(读原调 fāngzhàng 是:①平方丈。②一丈见方。)

公道 gōngdao　公平，合理。（读原调 gōngdào 指公正的道理。）
灌肠 guànchang　一种小吃。（读原调 guàncháng 指一种医疗措施。）
过年 guònian　明年。（读原调 guònián 指过新年和春节。）
合计 héji　盘算；商量。（读原调 héjì 指合在一起计算。）
花费 huāfei　名词，消耗的钱。（动词读原调 huāfèi。）
滑溜 huáliu　光滑。（读原调 huáliū 指一种烹调方法。）
精神 jīngshen　精力旺盛；活跃。（读原调 jīngshén 指人的思维活动、意识和一般心理状态；还指文件、讲话的主要意思。）
口袋 kǒudai　装东西的用具。（读原调 kǒudài 指衣兜。）
拉手 lāshou　安装在门窗或抽屉上便于用手开关的物件。（读原调 lāshǒu 是握手的意思。）
来路 láilu　来历。（读原调 láilù 指向这里来的道路或来源。）
冷战 lěngzhan　身体突然发抖。（读原调 lěngzhàn 指国际上进行的不使用武器的斗争。）
利害 lìhai　难以对付或忍受；剧烈；凶猛。（读原调 lìhài 指利益和损害。）
男人 nánren　丈夫。（读原调 nánrén 指男性成年人。）
难处 nánchu　困难。（读 nánchǔ 是说不容易相处。）
女人 nǔren　妻子。（读原调 nǔrén 指女性的成年人。）
人家 rénjia　①指自己或某人以外的人；别人。②指某个人或某些人，意思跟"他"相近。③指"我"（有亲热或俏皮的意味）。（读原调 rénjiā 指住户。）
丧气 sàngqi　倒霉。（读原调 sàngqì 指不顺心。）
生意 shēngyi　买卖。（读原调 shēngyì 指生机。）
世故 shìgu　圆滑；不得罪人。（读原调 shìgù 指处世经验。）
斯文 sīwen　文雅。（读原调 sīwén 书面上指文化或文人。）

特务 tèwu　参加国内或国外的反动组织,经过特殊训练,从事刺探情报、颠覆、破坏等活动的人。(军队中担任特殊任务的,如特务员、特务连中的"特务"读原调 tèwù。)

土地 tǔdi　迷信传说中指管一个小地区的神,如土地爷。(读原调 tǔdì 指田地;疆域。)

下水 xiàshui　食用的牲畜内脏。(读原调 xiàshuǐ 指:①进入水中。②比喻做坏事。③向下游航行。)

兄弟 xiōngdi　弟弟。(读原调 xiōngdì 指哥哥和弟弟。)

用人 yòngren　仆人。(读原调 yòngrén 指选择、使用人员。)

运气 yùnqi　命运。(读原调 yùnqì 指把气贯注到身体的一个地方。)

造化 zàohua　福气。(读原调 zàohuà 指大自然。)

丈夫 zhàngfu　男女两人结婚后,男子是女子的丈夫。(读原调 zhàngfū 是成年男子的意思。)

照应 zhàoying　照料。(读 zhàoyìng 是配合;呼应的意思。)

自然 zìran　不局促;不呆板。(读原调 zìrán 指自然界;理所当然。)

自在 zìzai　安闲舒适。(读原调 zìzài 是不受拘束的意思。)

四、区别词义的儿化词举例

拔高儿 bágāor　拔尖儿。(拔高 bágāo　提高。)
白面儿 báimiànr　毒品海洛因。(白面 báimiàn　面粉。)
帮儿 bāngr　物体两旁或周围部分。(帮 bāng　帮助。)
棒儿 bàngr　小棒子。(棒 bàng　体力强或能力强。)
包儿 bāor　包好了的东西。(包 bāo　用纸、布或其他薄片把东西裹起来。)
宝贝儿 bǎobèir　对小孩子的爱称。(宝贝 bǎobèi　珍奇宝贵的东西。)

背儿 bèir　某些物体的反面或后部。(背 bèi　躯干的一部分。)
鼻儿 bír　器物上面能够穿上其他东西的小孔。(鼻 bí　鼻子。)
刺儿 cìr　尖锐像针的东西。(刺 cì　刺入或刺穿。)
点儿 diǎnr　水滴;表示少量。(点 diǎn　头或手向下稍微动一动立刻恢复原位;引着火。)
调儿 diàor　音调。(调 diào　调动。)
钉儿 dīngr　小钉子。(钉 dīng　紧跟不放;催问。)
兜儿 dōur　口袋一类的东西。(兜 dōu　做成兜形盛东西。)
盖儿 gàir　小的盖子。(盖 gài　遮盖。)
肝儿 gānr　动物的肝脏。(肝 gān　人的肝脏。)
个儿 gèr　身材或物体的大小程度。(个 gè　量词。)
跟儿 gēnr　脚或鞋的后部。(跟 gēn　紧随在后。)
钩儿 gōur　钩子;汉字笔画之一。(钩 gōu　动词,用钩子钩。)
过门儿 guòménr　唱段或歌曲的前后或中间,由器乐单独演奏的部分。(过门 guòmén　女子出嫁到男家。)
画儿 huàr　画成的艺术品。(画 huà　用笔或类似笔的东西做出图形。)
活儿 huór　体力劳动的事情。(活 huó　生存。)
尖儿 jiānr　尖子;超群的人。(尖 jiān　末端细小。)
卷儿 juǎnr　卷起来的东西。(卷 juǎn　把东西弯转裹成圆筒形。)
空儿 kòngr　尚未占用的地方和时间。(空 kòng　腾出来;使空。)
扣儿 kòur　扣子。(扣 kòu　器物朝下盖上、罩上。)
亮儿 liàngr　灯火;亮光。(亮 liàng　光线强;明亮。)
领儿 lǐngr　领子。(领 lǐng　带;领取。)
没门儿 méiménr　没有出路或办法。(没门 méimén　没有出入的门。)

面儿 miànr　粉末。(面 miàn　面粉。)
谱儿 pǔr　大致的标准;把握。(谱 pǔ　就歌词配曲。)
破烂儿 pòlànr　又破又烂的东西。(破烂 pòlàn　陈旧损坏了的。)
圈儿 quānr　圈子。(圈 quān　围;画圈做记号。)
塞儿 sāir　塞子。(塞 sāi　堵塞。)
身儿 shēnr　量词,用于衣服。(身 shēn　身体。)
绳儿 shéngr　细小的绳。(绳 shéng　绳子。)
水印儿 shuǐyìnr　水渗在某些物品上干后留下的痕迹。(水印 shuǐyìn　指我国传统的用木刻印刷绘画作品的方法。)
套儿 tàor　罩在物体外面的东西。(套 tào　罩在外面。)
头儿 tóur　头目;起点。(头 tóu　脑袋。)
弯儿 wānr　弯曲的部分。(弯 wān　弯曲。)
下手儿 xiàshǒur　助手。(下手 xiàshǒu　动手,着手。)
笑话儿 xiàohuàr　能引人发笑的谈话。(笑话 xiàohuà　耻笑;讥笑。)
信儿 xìnr　消息。(信 xìn　信件。)
眼儿 yǎnr　小洞。(眼 yǎn　眼睛。)
有数儿 yǒushùr　对情况心里有清楚的了解。(有数 yǒushù　表示数目不多。)
转脸儿 zhuǎnliǎnr　指极短的时间。(转脸 zhuǎnliǎn　掉过脸。)
准儿 zhǔnr　确定的主意、方式、规律等。(准 zhǔn　标准。)
走道儿 zǒudàor　走路。(走道 zǒudào　街旁或住宅旁内外供人走的路。)

五、常见形近音异字举例

	例字	读音	组词		例字	读音	组词
(1)	恪	kè	恪守功令	(6)	衍	yǎn	敷衍
	络	luò	联络		衔	xián	衔接
	貉	hé	一丘之貉		衙	yá	衙门
	烙	lào	烙印		衡	héng	平衡
(2)	折	zhé	折断	(7)	昊	hào	昊天
	析	xī	分析		旻	mín	苍旻
	拆	chāi	拆开		昙	tán	昙花一现
	柝	tuò	金柝		晃	huàng	晃动
(3)	歉	qiàn	抱歉	(8)	戒	jiè	戒备
	嫌	xián	嫌疑		戊	wù	戊戌变法
	谦	qiān	谦虚		戌	xū	戊戌变法
	赚	zhuàn	赚钱		戍	shù	卫戍部队
					戎	róng	戎马生涯
(4)	呕	ǒu	呕吐	(9)	凫	fú	凫水
	枢	shū	枢纽		袅	niǎo	炊烟袅袅
	妪	yù	老妪		枭	xiāo	枭雄
	抠	kōu	用手抠				
(5)	揣	chuǎi	揣测	(10)	徒	tú	徒弟
	惴	zhuì	惴惴不安		陡	dǒu	陡峭
	湍	tuān	水流湍急		徙	xǐ	迁徙
	喘	chuǎn	喘气				
	端	duān	端正				

第一章 语音训练

	例字	读音	组词		例字	读音	组词
(11)	菅	jiān	草菅人命	(20)	淀	diàn	淀粉
	宦	huàn	宦官		锭	dìng	钢锭
	管	guǎn	管理		绽	zhàn	破绽
(12)	育	yù	培育	(21)	粗	cū	粗枝大叶
	盲	máng	文盲		沮	jǔ	沮丧
	肓	huāng	病入膏肓		诅	zǔ	诅咒
(13)	绌	chù	相形见绌	(22)	巢	cháo	鸟巢
	咄	duō	咄咄逼人		缫	sāo	缫丝
	拙	zhuō	拙劣		剿	jiǎo	围剿
(14)	唆	suō	唆使	(23)	税	shuì	收税
	竣	jùn	竣工		蜕	tuì	蜕化变质
	悛	quān	怙恶不悛		锐	ruì	尖锐
(15)	辍	chuò	辍学	(24)	辣	là	辣椒
	掇	duō	拾掇		棘	jí	棘手
	缀	zhuì	点缀				
(16)	侈	chǐ	奢侈	(25)	茶	chá	喝茶
	移	yí	转移		荼	tú	荼毒生灵
	秽	huì	污秽	(26)	葺	qì	修葺
					茸	róng	毛茸茸
(17)	择	zé	选择	(27)	炙	zhì	脍炙人口
	绎	yì	络绎不绝		灸	jiǔ	针灸
	铎	duó	铃铎				

(18)	⎧谄	chǎn	谄媚	(28)	⎧室	shì	教室
	⎨馅	xiàn	肉馅		⎩窒	zhì	窒息
	⎩焰	yàn	火焰				
(19)	⎧恬	tián	恬不知耻	(29)	⎧己	jǐ	自己
	⎨括	kuò	包括		⎨已	yǐ	已经
	⎩刮	guā	刮风		⎩巳	sì	己巳年

六、常见容易读错的字举例

凹　āo(熬)　凹凸不平。　　　　　不读 wā(袜)。
彼　bǐ(比)　彼此。　　　　　　　不读 bēi(杯)。
濒　bīn(宾)　濒临。　　　　　　不读 pìng(聘)。
波　bō(玻)　波纹。　　　　　　不读 pō(泼)。
伯　bó(播)　伯伯。　　　　　　不读 bái(白)。
捕　bǔ(补)　逮捕。　　　　　　不读 pǔ(普)。
刹　chà(诧)　一刹那。　　　　　不读 shā(杀)。
　　"刹车"读 shā(杀)。
阐　chǎn(产)　阐明。　　　　　不读 shàn(善)。
忏　chàn(颤)　忏悔。　　　　　不读 qiān(千)。
偿　cháng(肠)　偿还。　　　　　不读 shǎng(赏)。
惩　chéng(承)　惩罚。　　　　　不读 zhēng(争)。
痴　chī(吃)　痴情。　　　　　　不读 zhī(支)。
触　chù(处)　接触。　　　　　　不读 zhù(柱)。
杵　chǔ(楚)　杵臼。　　　　　　不读 wǔ(午)。
畜　chù(处)　牲畜。　　　　　　不读 xū(虚)。
　　"畜牧业"读 xù(叙)。

怆	chuàng(创) 悲怆。	不读 cāng(仓)。
赐	cì(次) 赏赐。	不读 sì(四)。
磋	cuō(搓) 磋商。	不读 chā(差)。
堤	dī(低) 河堤。	不读 tí(提)。
缔	dì(帝) 取缔。	不读 tì(替)。
玷	diàn(店) 玷污。	不读 zhān(沾)。
恫	dòng(动) 恫吓。	不读 tóng(同)。
踱	duó(夺) 踱步。	不读 dù(度)。
沸	fèi(费) 沸腾。	不读 fú(弗)、fó(佛)。
佛	fó 佛教。	不读 fū(夫)。
隔	gé(格) 隔阂。	不读 gāi(该)。
犷	guǎng(广) 粗犷。	不读 kuàng(矿)。
刽	guì(贵) 刽子手。	不读 kuài(快)。
阂	hé(合) 隔阂。	不读 hái(孩)。
涸	hè(贺) 干涸。	不读 kù(酷)。
豢	huàn(换) 豢养。	不读 quán(拳)、juàn(倦)。
徊	huái(怀) 徘徊。	不读 huí(回)。
讳	huì(会) 忌讳。	不读 wěi(伟)。
畸	jī(基) 畸形。	不读 qí(奇)。
棘	jí(集) 棘手。	不读 là(辣)。
歼	jiān(尖) 歼灭。	不读 qiān(千)。
剿	jiǎo(绞) 围剿。	不读 chāo(抄)。
酵	jiào(叫) 发酵。	不读 xiào(孝)。
校	jiào(叫) 校对。	不读 xiào(孝)。
粳	jīng(京) 粳米。	不读 gēng(庚)。
角	jué(决) 丑角。	不读 jiǎo(绞)。

"牛角"、"墙角儿"读 jiǎo(绞)。

刻	kè(恪)	刻苦。	不读 kāi(开)。
客	kè(恪)	宾客。	不读 kāi(开)。
课	kè(恪)	课程。	不读 kuò(阔)。
括	kuò(扩)	包括。	不读 guò(过)。
烙	lào(涝)	烙印。	不读 luò(洛)。
勒	lè	勒索。	不读 lái(来)。
乐	lè	快乐。	不读 luò(洛)。
赂	lù(路)	贿赂。	不读 luò(洛)。
裸	luǒ	赤裸裸。	不读 kē(棵)、guǒ(果)。
墨	mò(磨)	墨水。	不读 méi(梅)。
陌	mò(莫)	陌生。	不读 mái(埋)。
谋	móu(眸)	计谋。	不读 mù(木)。
某	mǒu	某事。	不读 mǔ(母)。
酿	niàng	酿造。	不读 rǎng(攘)。
凝	níng(宁)	凝聚。	不读 yí(移)。
湃	pài(派)	澎湃。	不读 bài(拜)。
咆	páo(袍)	咆哮。	不读 bāo(包)。
抨	pēng(烹)	抨击。	不读 píng(平)。
披	pī(批)	披星戴月。	不读 pēi(胚)。
媲	pì(僻)	媲美。	不读 bǐ(比)。
迫	pò(破)	压迫。	不读 pái(排)。
壳	qiào(窍)	地壳。	不读 ké(咳)。

"鸡蛋壳儿"读 ké(咳)。

畦	qí(其)	菜畦。	不读 wā(蛙)。
惬	qiè(怯)	惬意。	不读 jiā(加)、xiá(侠)。

倾	qīng(轻)	倾向。	不读 qióng(穷)。
遒	qiú(求)	遒劲。	不读 yóu(由)。
券	quàn(劝)	证券。	不读 juàn(倦)。
闰	rùn	闰年。	不读 yùn(韵)。
润	rùn	湿润。	不读 yùn(韵)。
摄	shè(设)	摄影。	不读 niè(聂)。
殊	shū(书)	特殊。	不读 chū(初)。
数	shù(竖)	数学。	不读 shuò(朔)。
涮	shuàn	涮羊肉。	不读 shuā(刷)。
怂	sǒng(耸)	怂恿。	不读 zòng(纵)。
俗	sú	风俗。	不读 xú(徐)。
宿	sù(素)	住宿。	不读 xū(虚)。
塑	sù(素)	雕塑。	不读 shuò(朔)。
溯	sù(素)	追溯。	不读 shuò(朔)。
肃	sù(素)	肃静。	不读 xū(虚)。
挞	tà(踏)	鞭挞。	不读 dá(达)。
湍	tuān	湍急。	不读 chuǎn(喘)。
臀	tún(屯)	臀部。	不读 diàn(殿)。
唾	tuò	唾弃。	不读 chuí(垂)。
纤	xiān(先)	纤维。	不读 qiān(千)。
	"拉纤""纤手"读 qiàn(欠)。		
涎	xián(贤)	垂涎三尺。	不读 yán(延)。
淆	xiáo	混淆。	不读 yáo(摇)。
械	xiè(泻)	机械。	不读 jiè(介)。
酗	xù(序)	酗酒。	不读 xiōng(凶)。
绚	xuàn(炫)	绚丽。	不读 xún(旬)。
轧	yà(亚)	倾轧。	不读 zhà(炸)。
揠	yà(亚)	揠苗助长。	不读 yàn(燕)。

杳	yǎo(咬)	杳无音信。	不读 miǎo(秒)。
谒	yè(业)	谒见。	不读 jié(竭)。
映	yìng(硬)	反映。	不读 yāng(央)。
莠	yǒu(友)	良莠不分。	不读 xiù(秀)。
缘	yuán(园)	缘由。	不读 yàn(燕)。
跃	yuè(越)	跳跃。	不读 yào(要)。
妪	yù(预)	老妪(老妇)。	不读 ǒu(偶)、qū(区)。
侦	zhēn(针)	侦察。	不读 zhēng(蒸)。
贞	zhēn(针)	贞节。	不读 zhēng(蒸)。
箴	zhēn(针)	箴言。	不读 zhēng(蒸)。
峙	zhì(治)	对峙。	不读 chí(持)、shì(恃)。
贮	zhù(注)	贮存。	不读 chǔ(处)。
铸	zhù(注)	铸造。	不读 jù(聚)。
撞	zhuàng(壮)	撞车。	不读 chuàng(创)。
谆	zhūn	谆谆教导。	不读 chún(纯)。
纂	zuǎn	编纂。	不读 cuàn(篡)。

第四节 呼吸共鸣

一、呼吸训练

气息,是人类发声的能源,直接影响声音的质量。

说话时,如果不善于呼吸用气,要么底气不足,声音微弱,含糊不清;要么用力过猛,出现噪音,损伤声带。据80年代上海教育系统抽样调查,有71%的小学教师,曾因不懂科学地用气发声,造成声音嘶哑影响上课。

在口语艺术中,气息是催发和调动感情的重要手段。人的各种感情变化,都会在气息状态方面有明显反映。如:一个人高兴时,呼吸轻快,气息通畅;哀伤时,呼吸较吃力,气息迟缓;暴怒时,气满全胸,气息猛烈;思考时,呼吸缓慢,气息平稳。这说明人的气息状态与感情变化有密切关系。要表达某种特定的感情,必须有一定的气息基础。因此,要想使声音运用自如,具有理想的适应性和表现力,就必须具有善于控制气息的能力。经常从事口语工作的教师、演员、播音员、解说员等,更应练好呼吸发声,学会科学地呼吸用声。

单纯的生理呼吸与说话时的呼吸有明显差异。前者是一种自律性的生理活动,属于非意识的;而后者包含思想感情因素,要受意识控制。两种呼吸在呼吸量和呼与吸的时间比上均不相同。

据测算:一般人在生活安静状态下的呼吸量为500毫升,呼与吸的比率为1:1.2;而在说话时,呼吸量为1000~1500毫升,呼与吸的比率为1:1.5~1.8。如果经过严格训练,一般人说话时的呼吸量则可上升为2400~3000毫升,呼与吸的比率也可增大到1:12~20。这说明,人的呼吸能量有很大潜力,训练与不训练大不一样。同时还说明,用于说话的呼吸具有吸得快、呼得慢的特点,关键在于能否有效地控制。

常见的呼吸方式有:胸式呼吸、腹式呼吸、胸腹联合式呼吸。胸式呼吸,主要靠提起胸部肋骨来吸气。这种呼吸方式,吸气量小,呼出的气流浅而弱,声音窄细、轻飘,容易造成胸部、喉部紧张,声带疲劳,声音僵化。腹式呼吸,主要靠降低横隔膜来吸气。吸气时,腹部放松外突,呼吸量较大,但发音较低沉,音色发闷。老人和病人常用这种呼吸,也不是理想的科学的呼吸方式。胸腹联合式呼吸,是靠胸部两肋和横隔膜共同运动来实现的,可以全方位扩大胸腔的容积,吸气量最大,气吸得最深,呼出的气流强而有力。用这种呼吸发出的声音比较坚实、响亮。有修养的演员、播音员、解说员发音都是采用这种呼吸方式。有控制的胸腹联合式呼吸可以使胸腹协调活动,增强呼吸的深度和力度,有利于控制音量和音色,因此,是一种比较科学的言语呼吸方式。

胸腹联合式呼吸要领:

吸气——两肋打开,气息下沉。有人概括为:兴奋从容两肋开,不觉吸气气自来。

呼气——小腹内收,从容均匀。气息要有节制,缓缓吐出。

呼吸控制训练的基本要求:

1. 稳劲。为了减少声带损伤,并保持相对稳定的声音力度,必须要有稳劲的呼吸控制能力。

2. 持久。为了完整表达语意,并适应讲长句的需要,必须吸得多、呼得慢,延长气息使用时间,具有持久的呼吸控制力。

3. 自如。为了能以丰富多彩的声音表现复杂多变的思想感情,必须具有收纵自如地控制气息的应变能力。

〔训练〕

1. 闻花香。深吸气,在意念上气流沿着后背缓缓吸入体内,感觉两肋及腰围向外扩展。

2. 准备抬起重物。先深吸一口气,憋住一股劲。此时,腰部发胀小腹部内收,与胸腹联合呼吸时最后一刻的感觉相似。

3. 半打哈欠。不张大嘴打哈欠,进气最后一刻的感觉与胸腹联合式呼吸相近。

4. 吹小瓶(或吹钢笔帽)。吸足一口气,然后缓缓地吹。尽量延长时间,看谁吹的时间最长。

5. 数数儿。吸足一口气,看看能数几个"1—10"。每个字音都必须清晰响亮。

6. 读下列词句,注意控制气息,要读得准确、清晰、流畅。

① 出东门,过大桥,大桥底下一树枣,拿着杆子去打枣,青的多,红的少,一个枣、两个枣、三个枣、四个枣、五个枣、六个枣、七个枣、八个枣、九个枣、十个枣……这是一段绕口令,一口气说完才算好。

② 我们要勤俭建国,精打细算,从小处着手,从"一"字开始,节约一厘钱、一寸布、一度电、一块煤、一张纸、一粒米、一滴油、一点水、一针一线、一钉一木、一砖一瓦、一灰一石、一分一角、一丝一毫、一分一秒……把这点点滴滴的人民财富都投入到建设中去,把无数的"一"汇到一起,变成巨大的"一",让它为社会主义建设发挥巨大的威力。

③ 各位女士,各位先生们!我代表中国旅行社欢迎大家到北京旅游观光。下面请听我向诸位做个介绍。北京有:天安门、地安门、和平门、宣武门、东便门、西便门、东直门、西直门、广安门、复兴门、阜成门、德胜门、朝阳门、建国门、崇文门、广渠门、永定门。主要繁华商业区有:天桥、珠市口、前门、天安门、王府井、东单、西单、东四、西四、鼓楼前,如果您想上哪,请向我提出,我均可带路。

二、共鸣训练

人体声带发出的原始声音,是非常微弱的。这种声音只有经过口腔共鸣,才能变成复杂悦耳的语音。

优美的声音,主要来自良好的共鸣。共鸣可使声音加强、扩大,又可使声音美化,还可减轻声带负担,保护声带。

有人发音不懂共鸣,只知与声带较劲。例如:有的女声捏着嗓子读"两个黄鹂鸣翠柳",有的男声挤着喉咙读"白发三千丈"等,这种发音都使声带处于高压状态,不能自如振动,未经过有效地共鸣,声音效果都不理想。因此,要发出各种优美理想的语音,关键是打通共鸣腔,解放发音体(使喉头、声带放松)。只有共鸣腔上下贯通,喉部放松,才能为声带发音创造一个良好的外部环境,才能从根本上改善发音条件,提高发音质量。

人体共鸣器官可分两大类:一类是不可变共鸣腔,包括头腔、胸腔、腹腔;一类是可变共鸣腔,包括口腔、咽腔。人类语音主要靠口腔共鸣。

扩大口腔共鸣的常用方法:

1. 打牙关——适当打开后槽牙,上槽牙有上提感觉。
2. 提颧肌——面部呈微笑状,口腔前部有宽展感觉。
3. 挺软腭——软腭在上腭后部,为了增大口腔后部的空间,有意识将上腭抬起,呈半打哈欠状。
4. 松下巴——下巴放松,口腔明显打开,可减轻喉头的压力。

人的音域,可根据共鸣腔的位置分胸腔共鸣区(低音区)、口腔共鸣区(中音区)和头腔共鸣区(高音区)。三个共鸣区常是互相调节、协调使用。一般口语表达都属于中音区,以口腔共鸣为主。在艺术口语中,为了表现不同人物的言谈情态,还需要有低音胸腔共鸣和高音头腔共鸣。为了适应生活中表达各种思想感情的需要,每个人在口语交际中,都必须扩展自己的音域,掌握低音胸腔共鸣和高音头腔共鸣的能力。因此,一般口语的共鸣方法应该是:以口腔共鸣为主,适当配以头腔、胸腔共鸣,使各个共鸣腔上下贯通,一起产生共鸣作用。这样才能做到音域宽广,适应力强,发出的音才能既清晰明亮,又深沉厚实。

〔训练〕

1. 共鸣体验:

② 念"咪、嘛、衣"等不带鼻尾音的字,意念往上走,打开鼻腔,使气流往上冲击头腔诸窦穴,产生头腔共鸣,额头有轻微震颤之感,发出响亮的音色;意念往下走,打开胸腔,胸腔有震颤感,产生

胸腔共鸣,发出深沉的音色;意念不上不下,则由口腔共鸣,发出自然的中音。在改变音高时,声带喉头要自然地放松,作到以气带声,不能硬挤声带。

① 有意识用高调门和低调门讲话,体验三个音区的通路。如:"好(低音)!"、"好(中音)!"、"好(高音)!"、"小兰(低音)!"、"小兰(中音)!"、"小兰(高音)!"

2. 朗诵诗文,体会高音区和低音区共鸣。

① "这是勇敢的海燕,在怒吼的大海上,在闪电中间,高傲地飞翔;这是胜利的预言家在叫喊:——让暴风雨来得更猛烈些吧!"(高尔基《海燕》)

〔提示〕这是高音区共鸣。

② "望三门,三门开,黄河之水天上来!神门险,鬼门窄,人门以上百丈崖。黄水劈门千声雷,狂风万里走东海。望三门,三门开,黄河东去不回来。昆仑山高邙山矮,禹王马蹄长青苔。马去'门'开不见家,门旁空留'梳妆台'。梳妆台呵,千万载,梳妆台上何人在?乌云遮明镜,黄水吞金钗。但见那:辈辈船公洒泪去,却不见,黄河女儿梳妆来。梳妆来呀,梳妆来,黄河女儿头发白。挽断'白发三千丈',愁杀黄河万年灾!登三门,向东海,问我青春何时来?何时来呀,何时来?——盘古生我新一代!举红旗,天地开,壮志凌云情满怀。大笔大字写新篇:'社会主义——我们来!'(贺敬之《三门峡——梳妆台》)

〔提示〕以高音区共鸣为主。

③ "血沃的中原啊,
　　古老的神州,
　　有多少风流人物
　　千古不朽。
　　花开于春哟,
　　叶落于秋,

>　　历史不死啊,
>　　又拔新秀。
>　　君不见,江山代有才人出,
>　　现代人比祖先更加风流。"(纪宇《风流歌》)

〔提示〕以中低音区共鸣为主。

第五节　吐字归音

　　语音是思想感情的物质基础和外在形式。要正确使用口语就必须正确地吐字发音,必须掌握吐字发音的基本功。

　　我国传统的戏曲语言很重视"吐字归音"。要求"字正腔圆"。一些老艺人提出"噙字如噙虎"。意思是,吐字发音好比老虎叼着虎仔过山涧。既不能咬死,又不能松掉,用力必须恰到好处。这一比喻形象地说明了吐字发音必须既准且美的道理,对我们吐字发音训练很有启示作用和借鉴意义。

一、吐字归音的要求

　　1. 准确规范——符合普通话声韵调、音节、音变等发音标准。声母发音要部位准确,弹发有力;韵母发音立字要稳,趋向鲜明,收音到位。不带方音,避免误读。

　　2. 清晰集中——改善发音方法,提高字音质量,字字真切,清清楚楚,毫不含糊。

　　3. 圆润饱满——声音悦耳,无杂音噪音,如珠圆玉润。

　　4. 流畅自如——字音组合灵活轻捷,富有节奏感和音乐美。

二、吐字归音的主要方法

1. **喷崩法**　发双唇音,双唇蓄气有一定的力度。

〔训练〕

① "暴风雨！暴风雨就要来了！"(《海燕》)

② "啪！瓷碗掉地下了。"(《爷爷和孙子》)

③ "金涛澎湃(péngpài),掀起万丈狂澜。"(《黄河颂》)

2. **弹舌法**　发舌尖中音,舌尖要有弹力。

〔训练〕

"啊,黄河！你一泻万丈,浩浩荡荡,向南北两岸伸出千万条铁的臂膀。"(《黄河颂》)

3. **开喉法**　发舌根音,口腔后部打开,音质宽厚。

〔训练〕

"好！黄山松,我大声为你叫好！

谁有你挺得硬,扎得稳,站得高！"(《黄山松》)

4. **展唇法**　发带"i"韵尾的音,嘴角微展,唇形扁平。

〔训练〕

"祖国是一座花园,

北方就是园中的腊梅；

小兴安岭是一朵花,

森林就是花中的蕊；

花香啊,
　　沁满咱心肺。
　　　　　▲
　　祖国情啊,
　　春风一般往这吹;
　　　　　　▲
　　同志爱啊,
　　河流一般往这汇。
　　　　　　▲
　　党是太阳,
　　咱是向日葵。"(郭小川《祝酒歌》)
　　　　　▲

5. 抵舌法　发带"n"韵尾的音,要有抵舌动作,舌尖抵上齿龈。

〔训练〕

　　"十五的月亮,
　　照在家乡,照在边关,
　　　　　　　　　▲
　　宁静的夜晚,你也思念,我也思念。
　　　　　　　　　　　　　　▲
　　你守偎在婴儿的摇篮边,
　　　　　　　　　　▲
　　我巡逻在祖国的边防线,
　　　　　　　　　　▲
　　你在家乡耕耘着农田,
　　　　　　　　　▲
　　我在边防哨所值班,
　　　　　　　　▲
　　丰收果里有你的甘甜,也有我的甘甜,
　　　　　　　　　▲　　　　　　▲
　　军功章啊,有我的一半,也有你的一半。"
　　　　　　　　　　▲　　　　　　▲

　　　　　　　　　　　　　(歌曲《十五的月亮》)

6. 贯鼻法　发带"ng"(舌根鼻音)韵尾的音,尾音要有气流穿过鼻孔的感觉。

〔训练〕

"小时候,妈妈对我讲:
　　　　　▲
大海就是我故乡,
　　　　▲
海边出生,海里成长。
　　　　　　▲
大海呀,大海!
是我生活的地方,
　　　　　▲
海风吹,海浪涌,
随我漂流四方;
　　　▲
大海啊,大海!
就像妈妈一样,
　　　▲
走遍天涯海角,
总在我的身旁。"(歌词《大海啊,故乡》)
　　▲

〔训练〕

按照吐字归音要求,熟读下列语句和诗文。要读得准确、清晰、响亮、流畅。

1. 读下列短诗。

① 美

　　　　　　zuì
美,多么令人陶醉,
美,印在人们的心内。
有人说,我像洁白的浪花,
　　　　　　　　méiguī
有人说,我像含香的玫瑰。
我确实长得很美,
　　　　　　zhuāngshù
有人把我变成时髦的装束,

有人把我变成"攻关"的汗水。

② 山　　泉

哪里寻山泉的足迹？
听，处处有叮咚的旋律。
股股细流汇聚在一起，
结成紧密的集体。
不留恋身旁的花红草绿，
奔腾的生命永不停息。
向着江河，向着大海，
——坚定的信念忠贞不渝。

③ 咏　　梅

风雨送春归，
飞雪迎春到，
已是悬崖百丈冰，
犹有花枝俏。
俏也不争春，
只把春来报，
待到山花烂漫时，
她在丛中笑。

④ 理　　想

理想是石，敲出星星之火；
理想是火，点燃熄灭的 灯(dēng)；
理想是灯，照亮夜行的路；
理想是路，引你走到黎明。

饥寒的年代，理想是 温(wēn)饱；
温饱的年代，理想是文明。
离乱的年代，理想是安定；
安定的年代，理想是繁 荣(róng)。

⑤ 长大后我就成了你

小时候，
我以为你很美丽，
领着一群小鸟飞来飞去。
小时候，
我以为你很神气，
说上一句话，
也惊天动地。
长大后，
我就成了你，
才知道那间教室
放飞的是希望，

守 巢(cháo) 的总是你。
长大后，
我就成了你，
才知道那块黑板
写下的是真理，
擦(cā)去的是功利。

⑥ 自己的世界

不要说我已经拥有一切，
那只是浓浓(nóngnóng)的梦中幻觉(huànjué)；
只有不虚度属(shǔ)于自己的时光，
才能寻找到属于自己的世界。
不要说我已经失掉一切，
那只是猛醒后朦胧(ménglóng)的感觉；
只有肯于更多的付出
才会拥有自己收获的季节(jìjié)。

⑦ 期　　望

星星多么明亮，
挤满我的小窗(chuāng)。
阴云消失了，

天空像洗过一样。
　　　　jīnglán
闪动晶蓝的眼睛，
　wēi
微笑着向我张望。
打开久闭的小窗，
　　　　　fánxīng
我有多似繁星的期望。

2. 读下列名人名言。

　　　　　　　　　　　　　　　　　　　móu
①生命是以时间为单位的。浪费别人的时间，等于谋财害命；浪费自己的时间，等于慢性自杀。

——鲁迅

　　　　　　　　　　　　　　　　　gàosu
②如果你能举出一个彻底满足的人，我可以告诉你，他就是一个失败的人。

——爱迪生

　　　shì　　　　　shí　　　　　chù
③无一事而不学，无一时而不学，无一处而不学，成功之路也。

　　　xī
——朱熹

④自信是走向成功之路的第一步，缺乏自信是失败的主要原因。

——莎士比亚

　　guī
⑤人们把我的成功归功于我的天才，其实我的天才，只是刻苦罢了。

——爱因斯坦

　　　　yāng
⑥愤怒使人遭殃，但受害最大的却是自己。

——托尔斯泰

⑦快乐的微笑是保持生命健康的良药(yào),它的价值(jiàzhí)是千百万,但却不要花费一分钱。世界上没有比快乐更能使人美丽的化妆品(huàzhuāngpǐn)。

——布莱盛顿

⑧一个人能否有成就,只看他是否具备自尊(zìzūn)与自信(zìxìn)两个条件。

——苏格拉底

⑨希望是生命的泉源,失去它,生命就会趋于枯萎(kūwěi)。

——富兰克林

10古之立大志者,不惟(wéi)有超人之才,亦必有坚忍(rěn)不拔之志。

——苏轼

11丧失(sàngshī)财富的人,损(sǔn)失很大;丧失勇气的人,便什么都完了。

——塞万提斯

12伟大的工作,不是用一时的力量,而是用耐性(nàixìng)去完成的。每天走三个钟头的人,七年内所走的道路已等于地球的圆周(yuánzhōu)。

——约翰生

13人的智慧(zhìhuì)掌握着三把钥匙(yàoshi):一把开启数字,一把开启字母,一把开启音符。知识、思想、幻想就在其中。

——雨果

14 读书而不加思(sī)考(kǎo)，你就会觉(jué)得(de)你知(zhī)道(dao)得很多；当你读书而思考得越多的时(shí)候(hou)，你就会清楚地看到，你知道的还很少。

——伏尔泰

15 读史使(shǐ)人明智，读诗(shī)使人聪(cōng)慧(huì)，演算使人精(jīng)密(mì)，哲理使人深刻，伦理学使人有修养，逻辑修辞使人长(cháng)于思辨。总之，知识能塑(sù)造(zào)人的性格。

——培根

3. 读下列口才小故事。

①"我是小人"

抗战胜利后，画家张大千从上海返回四川老家，他的学生为他设宴饯(jiàn)行，梅兰芳等社会名流应邀(yāo)参加。宴会开始，张大千向梅兰芳敬酒，并说："梅先生，你是君子，我是小人，我先敬你一杯。"

梅兰芳惊奇，忙笑着问："这话怎讲？"

张大千答："你是君子——动口；我是小人——动手。"

这一解释使满堂宾客开怀大笑。

②"必须每天写"

俄国作家果(guǒ)戈(gē)里(lǐ)，每天天刚亮就起床开始写作。常年累月已成习惯。

一个朋友问他:"你每天都写吗?"他回答:"必须每天写。"朋友问:"如果一天没有写呢?"他说:"没关系,拿起笔来,写'今天为什么没写',把这句话一遍一遍写下去,直到写得厌(yàn)烦了,你就要写作了。"

③ 牛尾和牛毛

郭沫若和茅盾在一起谈话非常欢畅投机。一次,话题转到鲁迅先生身上。

郭沫若说:"鲁迅愿做一头为人民服务的'牛'。我愿意做这头'牛'的'尾巴(wěiba)',为人民服务的'尾巴'。"

茅盾爽朗(shuǎnglǎng)地笑了,说:"你做'牛尾巴',那我就做'牛尾巴'上的'毛'吧。它可以帮助'牛'把吸血的'大头苍蝇'和'蚊子'扫掉。"

④ 真眼和假眼

一位美国富翁,左眼坏了,装了一只假眼,这只假眼很逼真,富翁非常得意,逢人都要炫耀(xuányào)一番。

有一次,他问马克·吐温:"你猜得出来吗?我哪一只眼睛是假的?"

马克·吐温指着他的左眼说:"这只。"

富翁十分惊奇地问:"你怎么知道?"

马克·吐温回答:"因为只有在这只眼睛里还有一点点慈(cí)

shàn
善。"

⑤ 都当了叛徒

英国工党一外交官,在联合国大会上质问前苏联外交官维辛斯基:"您是贵族出身,我家祖祖辈辈是矿工,我们两个究竟谁能代表工人阶级?"

大家以为,这位苏联外长一定会长篇大论地批驳。不料,他只用平静的语气说了一句话:"对的,我们两个都当了叛徒。"顷刻(qīngkè),会场爆发一阵热烈掌声。

⑥ 聪明与出众

东汉时的孔融(róng),十岁时去见一位名人。名人同他交谈,发现他聪明过人,便向一位大夫盛赞孔融(róng)是个奇才。

这位大夫不屑(xiè)一顾说:"小时聪明,长大了未必出众。"

孔融马上接着说:"这么说,您老人家小时候一定很聪明啰!"

⑦ 冯玉祥题词

有一年,国民党中央党部楼房装修完毕,举行落成典礼,主持人请冯玉祥题词。

冯玉祥看看陈设豪华的会场和大腹便便(fù piánpián)、姗姗(shānshān)来迟的要人,浓眉一皱,手起笔落,草成一联:"一桌子点心,半桌子水果,哪知民间疾苦;三点钟开会,五点钟到齐,岂是革命精神!"

⑧ 怕后生笑话

宋代文学家欧阳修写作态度十分认真。每写完一篇文章,便把它贴在墙上,反复吟诵(yínsòng),反复修改,直到满意方肯罢休。

到了老年,他又把以前写的文章拿出来,一篇篇修改,废寝忘食,非常辛苦。他的妻子劝他说:"你呀,为什么这样自讨苦吃呢!又不是学生,难道还怕先生生气?"

欧阳修笑了笑说:"不是怕先生生气,而是怕后生笑话呀!"

⑨ 钢笔的来历

一位美国记者在周恩来办公桌上看到一支美国派克钢笔,便问:"请问总理阁下,你们堂堂中国人,为何还要用我们美国钢笔呢?"

周总理微笑着说:"谈到这支钢笔话就长了。这是一位朝鲜朋友的抗美战利品,作为礼物赠给我的。我无功不受禄,就拒收,朋友说,留下做个纪念吧。我觉得有意义,就收下了。"

美国记者听后,哑口无言。

⑩ 田汉学"田汉"

1929年1月,田汉率剧团到晓庄师范演出。陶行(xíng)知校长在欢迎会上说:"晓庄师范是为农友办的学校,农民是晓庄师生的朋友,我们的教育是为种田汉而办的教育。所以,今天我是以一个'种田汉'代表的资格,在这儿欢迎田汉。"

田汉致答词说:"陶先生说,他是以'田汉'的资格欢迎田汉,实不敢当。我是一个假'田汉',今天受到在座的这么多真'田汉'的欢迎,实在感到荣幸。我一定要向真'田汉'学习,让革命的艺术同'田汉'大众携(xié)起手来!"

⑪ 聂耳戏密探

1935年3月15日,田汉36岁生日,夏衍、阳翰(hàn)笙(shēng)、聂耳聚会祝贺。

突然,国民党特务机关两位密探破门而入,大家都愣住了。这时,聂耳很快拿起小提琴,边拉边唱"米索米多索米拉",绕着两个密探不停地转圈子。两个密探丈二和尚摸不着头脑,相互交换眼色,骂声"神经病",悻悻(xìngxìng)地走了。事后有人问聂耳:"刚才你奏的是什么曲子?"聂耳笑着说:"那不是35年3月15日36岁吗!"

⑫ 知识与圆圈

古希腊哲学家芝诺(zhīnuò)非常勤奋而且谦虚。

一次,有个学生问他:"老师,您的知识丰富,回答问题正确清晰,您为什么对自己回答的问题总有怀疑呢?"

芝诺用手杖在地上画了一个大圆圈和小圆圈,然后说:"大圆面积是我的知识,小圆面积是你们的知识。这两个圆外面是我和你们的无知部分。大圆的周长大于小圆,因而我接触的无知的范围比你们大。这就是我的怀疑往往比你们还多的原因。"

⑬ 空气和知识

古希腊时,有个青年向苏格拉底请教:"我怎样才能获得知识?"

苏格拉底将青年带到海里。海水淹没了年轻人,他奋力挣扎(zhēngzhá)才将头探出水面。

苏格拉底问:"你在水里最大的愿望是什么?"

"空气,当然是呼吸新鲜空气。"青年人答。

"对,"苏格拉底说,"学知识就得使上这股子劲儿。"

⑭ 一天与一年

一个青年画家去拜访德国著名画家门采尔。

青年画家烦恼地说:"我往往一天就可以画完一张画,但是常常要一年才能卖得出去。不知是何原因?"

门采尔对他说:"如果你花一年时间画一张画,那么一天就可以卖得出去了。"

⑮ 双倍的学费

有一年轻人向苏格拉底请教演讲术。他为了显示自己,滔(tāo)滔不绝地讲了许多话。

苏格拉底要他缴(jiǎo)纳双倍的学费。

那个年轻人惊诧地问:"为什么要我加倍缴学费呢?"

苏格拉底说:"因为我得教你两门功课:一门是怎样学会闭嘴,

另一门才是怎样演讲。"

〔训练检测〕
一、目标要求
1. 掌握普通话音素、音节、音变的基础知识和发音要领。
2. 掌握"呼吸共鸣"、"吐字归音"的基础知识和基本技能。
3. 掌握普通话常用字音,能用普通话朗读和讲话。
二、方法步骤
1. 检查"音素"、"音节"、"音变"、"呼吸共鸣"、"吐字归音"各节〔训练〕发音。重点检查"音素"部分所有"绕口令"的发音。
2. 熟读5首"短诗"、15段"名人名言"、15篇"口才小故事"。要做到字音完全正确,语句清晰、流畅。
3. 根据普通话水平测试标准进行试测。

附录:

一、国家语委普通话培训测试中心 普通话水平测试样卷

(一) 读单音节字词100个 (10分)

披 饿 街 歌 日 坡 雪 科 缩 册 麻 旅 季 池
利 思 砸 租 撒 奶 蛆 漱 碑 藕 镖 勺 雁 瞟
剜 臊 月 套 歪 跳 位 摔 药 岁 篮 桥 爹 怀
财 袄 拽 否 暂 钩 串 伴 癣 闩 秦 碱 人 挡 邢
晕 脓 润 凝 电 夏 矿 软 先 准 信 人 花 群
罐 嫩 权 狂 翁 坑 苍 荒 绒 增 鳃 哑 哇 铐
釉 尚 庸 舔 迥 浮 奖 跟 寸 脏 冬 山 走 二
上 牛

(二) 读双音节词语 50 个　(20 分)

存在　窗户　抽象　尾巴　老板　同盟　聘请　恳切　扰乱
绿化　耳朵　苹果　纠正　承认　庄稼　耍弄　蘑菇　角色
暴虐　会计　大伙儿　非常　美好　否则　解放　隧道　快餐
脉搏　墨水儿　落选　左右　突击　批准　蜜蜂　有点儿　喧嚷
时光　小曲儿　司法　善良　边卡　汤圆　凉爽　俊俏　王冠
拥戴　琼脂　迥然　讹诈　昂首

(三) 朗读(30 分)

抽签选定朗读材料,从《普通话水平测试指南》1—50 号作品中抽选。(作品略)

(四) 选择、判断　(10 分)

1. 从每组词中选出普通话的词语
   ① 日里　日时　白天　日中　日头
   ② 鼻　鼻子　鼻公　鼻音　鼻头
   ③ 冰箸　棒冰　雪条　冰棍儿
   ④ 唔爱　勿要　不要　晤要
   ⑤ 苍蝇　乌蝇　胡蝇　蚨蝇
   ⑥ 屎窖　屎坑　厕所　粪坑厉
   ⑦ 吹牛　吹大炮　车大炮
   ⑧ 银纸　纸票　钞票　铜细　纸字
   ⑨ 卵糕　鸡卵糕　蛋糕
   ⑩ 丢失　螺脱　唔见

2. 正确配搭下面的量词和名词
   量词:把　根　棵　条　所
   名词:住宅　裤子　白菜　学校　竹竿　钥匙　毛巾　剪刀
   　　　柳树　冰棍儿

3. 指出每组符合普通话的说法
   ① 给本书我。/给我一本书。/把本书我。

② 别客气,你走头先。/别客气,你先走。/别客气,你先走。
③ 他比我高。/他高过我。/他比我过高。
④ 这事我晓不得。/这事我知不道。/这事我不知道。
⑤ 你有吃过饭没有?/你吃过饭没有?

(五)说话:抽签选定题目,说 4 分钟。　(30 分)

说话题目:

1. 我的学习生活
2. 我的业余生活
3. 我的业余爱好
4. 我的爸爸
5. 我的妈妈
6. 我最尊敬的老师
7. 我最尊敬的人
8. 我的童年
9. 我的一个愿望
10. 我最要好的朋友
11. 我喜爱的体育运动
12. 最难忘的一件事
13. 一次难忘的旅行(旅游)
14. 我和电视
15. 学习普通话的体验
16. 我的家乡话(或谈谈最熟悉的一种方言)
17. 家乡新变化
18. 家乡的气候
19. 家乡的风俗
20. 家乡风光
21. 怎样跟同学(同事)相处
22. 谈谈社会公德

23. 谈谈邻里关系
24. 漫谈一种自然现象(风、霜、云、雾、雪)
25. 给我深刻印象的一部电影
26. 我最爱读的小说
27. 我最爱听(或爱唱)的一首歌
28. 我看语言美
29. 我的拿手菜(色香味与制作)
30. 记忆深刻的故事(童话、传说)
31. 广告评说
32. 说勤俭
33. 谦虚是美德
34. 我的职业(或专业)
35. 我心目中的教师职业
36. 我最感兴趣的一件事
37. 自然环境和我
38. 商品质量和我
39. 我最喜爱的一种小动物
40. 我的家庭
41. 一个愉快的假日
42. 一句格言给我的启示
43. 我所在的集体
44. 我的读书生活
45. 我的一个梦想
46. 我最得意的一件事
47. 一部电影(或电视剧)的观后感
48. 谈谈自己对某一社会现象的看法
49. 童年趣事
50. 我最喜欢的一种花卉(或树木)

测试评分办法

1. 第一项：该单音节字词 100 个，占 10 分。读错一个字的声母、韵母或声调扣 0.1 分，读音有缺陷每个字扣 0.05 分。

2. 第二项：读双音节词语 50 个，占 20 分。读错一个音节的声母、韵母或声调扣 0.2 分。读音有明显缺陷每次扣 0.1 分。

3. 第三项：朗读，占 30 分。每读错、漏读一个字，扣 0.1 分。停顿、断句不当，每次扣 1 分。语速过快或过慢，一次性扣 2 分。

4. 第四项：判断测试占 10 分。判断（一）错一组扣 0.25 分。判断（二）搭配错误的每次扣 0.5 分。判断（三）每次失误扣 0.5 分。

5. 第五项：说话测试主要是单向说话，占 30 分。应试人根据抽签确定的话题，说 4 分钟（不得少于 3 分钟）。语音面貌占 20 分，语汇语法规范程度占 5 分，自然流畅程度占 5 分。

二、国家语委普通话水平测试等级标准

普通话水平测试标准分三级，每级分甲等、乙等，共三级六等。

一 级

甲等　朗读和自由交谈时，语音标准，词汇语法正确无误，语调自然，表达流畅。测试总失分率在 3% 以内。

乙等　朗读和自由交谈时，语音标准，词汇语法正确无误，语调自然，表达流畅。偶然有字音字调失误。测试总失分率在 8% 以内。

二 级

甲等　朗读和自由交谈时，声韵调发音基本准确，语调自然，表达流畅。少数难点音（平翘舌音、前后鼻尾音、边鼻音等）有时出现失误。词汇语法极少有误。测试总失分率在 13% 以内。

乙等　朗读和自由交谈时,个别调值不准,声韵母发音有不到位现象。难点音(平翘舌音、前后鼻尾音、边鼻音、fu与hu、保留浊塞音浊塞擦音、丢介音、复韵母单音化等)失误较多。方言语调不明显。有使用方言词、方言语法的情况。测试总失误率在20%以内。

三级

甲等　朗读和自由交谈时,声韵母发音失误较多,难点音超出常见范围,声调调值多不准,方言语调较明显。词汇语法有失误。测试总失分率在30%以内。

乙等　朗读和自由交谈时,声韵调发音失误多。方言特征突出。方言语调明显。词汇语法失误较多。外地人听其谈话有听不懂的情况。测试总失误率在40%以内。

第二章 基础训练

第一节 思维训练

　　思维是人脑反映客观世界的一种机能。思维能力,是人类智能的核心,是一个人各种能力中最基本最重要的能力。

　　思维是语言的基础,语言是思维的工具。二者互相依存,密不可分。言语表达(包括说话和写文章),是由内部语言(思维活动)转化为外部语言(口语或书面语)的过程。思维能力,直接决定着说话的质量和效率。

　　爱因斯坦说:"高等教育必须重视培养学生会思考探索问题的本领。人们解决世界上的所有问题,是用大脑的思维能力和智慧,而不是搬书本。"(引自《论智能的培养》)孔子曾说:"学而不思则罔。"韩愈也说:"行成于思,毁于随。"中国有句成语:"授人以鱼不如教人以渔。"这都说明思维训练的重要。

　　现代科学研究表明,人脑蕴藏着无比巨大的潜能,它可以容纳4600万亿比特(信息单位),相当于全世界图书馆7.7亿万册图书的信息量。《苏联今日生活》指出:"如果能使大脑发挥一半的功能,就可轻而易举地学会40种语言,可将一本苏联大百科全书背得滚瓜烂熟,还能学会数十所大学所有的课程。"(见《开发人的右半脑》)然而,人脑的潜能却开发得很少。美国心理学家奥托说:"在正常情况下,一个人所发挥出来的思维能力,只有他全部能力的百分之四。"(见《开发人的右半脑》第8页)人脑蕴藏着巨大潜能亟待开发。只要重视思维训练,注意开发大脑潜能,就不仅可以提高口语表达能力,而且还会增长智慧,创造惊人的奇迹。

在口语教学中,思维训练的重点和目标是:掌握思维轨迹,提高思维品质。

一、思维轨迹训练

思维轨迹即思维形式。常见的思维形式有发散思维、聚合思维、逆向思维等。

(一)发散思维

发散思维又称辐射思维,即从一个思维对象出发,通过联想、想象,引发出多种结果的思维形式。这是一种同中求异思维,信息源始终如一,思维轨迹呈辐射状。

发散型思维训练,可以从各种联想开始。

1. 接近联想:因两种事物时间或空间距离相近而促成联想。

〔示例〕

"要不怎么说现在的人腿变长了呢!您就说过去来北京玩吧,也就是故宫、景山、北海、天坛,远一点去颐和园、香山、十三陵、八达岭、芦沟桥,这就算玩遍了。现在可不,动不动就是康西大草原、龙庆峡。北京人过周末,有的还跑承德逛外八庙去。春节放假天儿多,还有的就跑哈尔滨看冰灯了。为什么?交通方便嘛,高速公路,坐上汽车比火车都快,还有飞机呢!这些交通工具都延长了人的腿。所以今天人才敢说,地球变小了!"

〔评析〕

这是一位老北京的一段话,其思路特点便是空间接近促发联想。能引起听众兴趣的,是他不断调整空间半径,使"接近"距离越来越大。先由北京市中心几个公园说起,接着扩到城外,进而扩到相邻县、市,最后扩大到东三省。说话人联想视野开阔,听话人也顿觉心胸开阔。同时也悟出一个道理,科技发达社会进步了,人的视野与活动范围也扩大了。这就是发散型思维的表达效果。

〔训练〕

1. 由当地一处名胜古迹想起,给别人介绍本地的旅游景点。
2. 过去的春节,哪几个给你印象最深?说说那几次过春节的感觉。

2. 相似联想:由两事物(或情景、心绪)之间性质相似而产生联想。这种联想能使思路开阔、诠释生动、说理形象。

〔示例〕

"我在思考时间,时间在我的思考里是这样三个形象:

时间——伟大的创造者。

整个宇宙自然、人类社会的编年史,都是以时间为序列的。在时间这个伟大的创造者手中,人类产生了,社会出现了,历史构成了。

时间——严峻的裁判者。

有什么比时间这个法官更公正呢?任何一个人都是它的臣民,它对每一个人都无一例外地作出审判和裁决:谁是历史的功臣,谁是社会的罪人?谁是英雄,谁是奸佞?谁是智者,谁是庸人?谁是强者,谁是懦夫?谁应坐在历史的荣誉席上,谁应被钉在历史耻辱柱上?总之,真善美与假恶丑、崇高与渺小,一一判定,毫不含糊。

时间——无情的盗窃者。

世界上有形形色色、大大小小的盗窃者,但时间盗窃者是最冷酷的。所有的盗窃者,只盗窃人们的财物,可时间这个盗

窃者的职业是特殊的,它专门盗窃人们的生命!"(景克宁演讲《时间篇》)

〔评析〕

演讲者从"时间"这一概念出发,通过相似联想,引发出三种形象:创造者、裁判者、盗窃者,又从每一形象引出更深一层的具体评论。这就形成一种多角度、多层次的辐射,形象而深刻地说明时间的价值和性能,使听众颇受启发,经久难忘。

〔训练〕

根据下列词语提示展开相似联想,说一段话。
① 走路与人生
② 拔河与事业
③ 下棋与作战

3. 对比联想:通过对照比较,寻找两种事物同中之异的联想。对比联想,一般分以下几步:寻找相同点,确定可比因素,确认对比焦点,突出最大反差。

〔示例〕

有位美国记者在采访时对周恩来说:"一个国家向外扩张,是因为该国的人口过多。"周恩来当即反驳:"我们不同意你这种看法。第一次世界大战前,英国人口只有4500万,不算太多,但是英国在一个很长的时期内是'日不落'的殖民帝国。美国的面积略小于中国,而美国的人口不及中国的五分之一,但美国的海外驻军却达150万。中国人口虽多,却没有一兵一卒驻在外国领土上,更没有在外国建立军事基地。可见,一个国家是否向外扩张,并不决定于它的人口多少,而决定于它的社会制度。"

〔评析〕

有比较才有鉴别。在这里,周恩来思路开阔,思维敏捷,他将中国同英美的人口和是否向外扩张相对照,说理有力,事实确凿,使对方再无话可说。

〔示例〕

一位母亲的话:

"圣诞夜,我领着五岁的孩子逛街。盛装的人群,绚丽的霓虹灯,琳琅满目的橱窗,还有街上表演各种节目的彩车,我以为儿子一定会兴高采烈,目不暇接。然而,他却对这一切毫无兴趣,只是被动地跟着我走。不多久,他竟然焦躁起来,闹着要回家。我不明白是为什么。后来,当我蹲下来给儿子系鞋带时,偶而向四周一看,才发现从儿子这个高度看去,什么盛装、华灯、橱窗、彩车统统不见了。只有匆匆来往的一条条腿、蹬蹬作响的一双双鞋。简直是个腿的"森林"和充满噪音的世界。我这才明白,我所见到的缤纷世界,在儿子眼里根本就不存在。其唯一差别,就是观察位置不同。从那以后,我再也不以我的眼光去衡量孩子们所面对的世界。总想方设法变一个角度,即若处在他的位置,我该怎么看,能得出什么结论,会有什么感情。"

〔评析〕

这位母亲很善于设身处地进行对比联想。经过对比,她明白自己和儿子的共同点是:走同一条街,遇到同一景物;不同点是:自己兴奋,儿子冷漠、焦躁。彼此差异的焦点是:观察位置不同。最后,她得出结论:不能把自己的体验强加给孩子,要学会变换位置,替他人多想想。这就是对比联想所取得的积极成果。

〔训练〕

1. 曲啸说:"人人都喜欢对比,只不过比的方式不同。年龄大的喜欢纵比,从时间的前后思索:'现在比过去强多啦!'年轻人则喜欢横比，从空间的左右去思索：'现在咱比发达国家差多啦！'结果谁也说服不了谁，'代沟'就随之而产生了。"你同意他的看法吗？对"代沟"现象，你有什么见解？

2. 有位中年知识分子说："我们这一代接受的是倡导共性的思想教育，所以往往要强调自我反省，自我改造，自我批判。现在的青年接受的是发展个性的思想熏陶，所以才向往自我设计，自我完善，自我价值实现。"你同意这种说法吗？你认为过去与现在的教育，在人的素质培养上最大差别是什么？

4. 因果联想： 由结果推想原因，或由原因推想结果的联想。因果联想要求：尊重事实，分清主次，注意因果的互相转换。

〔示例〕

一位爸爸的话：

"五岁的儿子跑来异常兴奋地对我喊：'爸爸看！苹果里的星！'我扭头一看，他手里拿着拦腰切开的半个苹果。我眼前出现的由苹果核构成的星，那样富有层次感！奇怪，我怎么从来就未发现过苹果里有这样美丽的星呢？沉思后我明白了。从我的父母教我切苹果那天起，我就习惯于一种切法。也许父母和他们的父母都习惯于竖切。儿子只不过换了一种切法——横着切，就有了新的发现。于是我就想，对生活是否也应尝试着换个角度，换种剖析方法呢？"

〔评析〕

这个例子含有对比联想，但从父亲反思的内容看，更侧重于因果联想。如，儿子发现苹果里的星，是因为横切；自己未发现过这颗星，是因为习惯于竖切。不能有新发现，是因为受传统习惯制约；要想有新发现，就必须改变传统习惯和方法。思维轨迹简明。有了这种思维骨架，语言就可以顺理成章，言之成理。

〔训练〕

根据下列词语提示,运用因果联想构思说一段话。

① 探索与发现

② 愚昧与贫穷

③ 开拓与发展

④ 旧知与新知

(二) 聚合思维

聚合思维又称集中思维,是从若干不同的信息资料中得到一种结果的思维类型。常见的聚合思维形式有:

1. **散点联缀**:把几个思维点拢向一个核心,组成一段完整的话。

〔示例〕

"同学们,你们应该特别珍惜现在的年龄。岁月的流逝是绝对无情的。前些年社会上还称我为青年画家,转瞬之间,我已四十八岁。难怪李太白在《春夜宴桃李园序》中讲:'夫天地者,万物之逆旅;光阴者,百代之过客。'诗人凭着他浪漫的幻想,道出了时间在哲学上一度性概念。古往今来的一切有识之士,都是十分珍惜光阴的。写出了《悲惨世界》、《笑面人》的法国伟大作家雨果,为了写作谢绝了一些宴会和酬答的交际。他把自己的头发剪掉一半,把胡子剪掉,又把剪子扔到窗外。这样他就不好出去会客,不得不留在家里。齐白石有一方图章'痴思以绳系日'。他们对生命都有一种紧迫感。人来到地球,就像一个匆匆的过客,在过路时,过这村就没这站。在相当年龄该干的事不干,以后补就困难了。"(演讲《扬起生命的风帆》)

〔评析〕

这段演讲词,第一句话是意核。以下几个思维点:李白、雨果、齐白石的事例,都是围绕这一中心说理。由于趋向明确,聚合有力,听完这番话,听众马上就会形成一种清晰的思想:必须珍惜时间,珍惜青春年华。这正是运用散点连缀聚合思维的结果。

〔示例〕

《爱你没商量》中周华挖苦方波时的一段话:

"说你是作家吧,也挺难听的,就称你知识分子吧。知识在今天,已被越来越多的人掌握,正像土地已分给了农民,而不再为地主一手垄断。你写了些剧本,就认为自己拥有了知识?你在银行工作,并不意味着银行的钱都是你的。庙里的和尚,剃了光头有了记号,便自以为超越芸芸众生,实际上充其量不过是个庙宇的看门人。"

〔评析〕

这段话的中心是,作家不一定都有知识。如果直通通说出,会显得呆板、僵硬。于是,周华把作家与农民、银行职员、庙里和尚比较,将作家、农民、职员、和尚几个思维点构成一组异中有同、反差明显的生动画面。这种散点连缀构思,思路开阔,语言幽默,说理深刻。

〔训练〕

1. 随意选三个词语,采用散点连缀构思方式,围绕一个中心,组成一段有意义的话。

① 字典　筷子　足球
② 公鸡　青蛙　驴子
③ 农村　城市　高楼
④ 台湾　军舰　大陆

〔提示〕

各种词语都可以找到一定的内在联系,还可以找到不同的内在联系。如①题的两种组合表达:a."字典让人想到标准,筷子让人想到轨道,足球又让人想到圆滑。作人应有起码的标准,遵循一定的法规,不可太世故圆滑。"b. "刚放下筷子,就去抱门后的足球,班主任说:'刚吃完饭不能做剧烈运动',硬要我坐下来看二十分钟书。无奈,我只好抓起桌上的一本字典,胡乱翻阅。"

2. 模式构思:即根据一定的思维模式构思。当众讲话,尽管观众、选材各不相同,风格、语气也各有特点,但就其构思布局来看,大体都有一个基本模式。如,总要围绕一个中心先提出问题,再分析说明问题,最后解决处理问题。美国演讲家理查德,把一般思维模式归纳为四个步骤:(1)喂,请注意;(2)为什么要费口舌;(3)举例子;(4)怎么办。可见,各国人的思维模式大同小异。

〔示例〕

"我走上讲台,许多同学发笑。我知道大家在笑我穿的花裙子。但我请大家不要嘲笑,要多一分理解。

这件花裙子,我穿上的确不好看,因为样式太老。过去,妈妈总劝我穿,都被我堵了回去。昨天,妈妈又把这裙子取出来,说再不穿就更小了,如果当旧衣服处理掉,一次也没穿上身怪可惜的。我抢白她说:'你就知道省钱,一点审美观也没有。'妈妈愣住了,缓缓地叠起裙子,把它收到一个包里。当她转身时,我看到她眼里闪出泪花。昨天夜里我很久没有睡着,我觉得太对不起妈妈一番苦心了。

今天早上,我自己把这裙子扒出来,穿在身上就来上学了。我知道,这裙子包含着妈妈的一片爱心。我穿上它,妈妈会高兴。这也算对她的一点回报吧。

同学们,我们的父母可能思想赶不上潮流,也可能还有些小气,但他们对子女的爱,是永远不会改变的。我们眼下还不能挣钱养活他们,那就至少做些让他们高兴的事吧。哪怕干这事会很难堪、很痛苦,会被人嘲笑。但一想到这是对父母的回报,不就能感到一种自豪吗?
　　学着去理解父母,尝试着去回报父母,这是我们成熟的表现。大家说不是吗?"
〔评析〕
　　这是一位中学生的课前三分钟演讲。她并不知道美国理查德的演讲模式,但构思布局和这套模式的步骤却基本一致。开头,是提出问题,引起大家注意;接着,具体说明为什么要谈这件事;最后,结合自己感受,郑重提出"学着去理解父母,尝试着去回报父母",对问题作了圆满回答。由于思路清晰,语言流畅,又是现身说法,更显得真切感人,所以能引起同学们的心理共鸣和由衷赞赏。

〔训练〕
　　结合自己亲身经历或所见所闻,按照理查德的模式构思讲一段话。

(三) 逆向思维

　　逆向思维,是指从相反方向思考问题,即对思维对象进行反向思考。包括上下反向、左右反向、前后反向、内外反向、是非反向等。这种思维的特点是,可以打破人们的思维定势,能够对一些传统观念进行反思更新。
〔示例〕
　　"愚公移山"成语反思:
　　"愚公移山"精神一向被人肯定和称赞。如果反过来想一想,愚公只因为王屋山挡住了他家的去路,就下决心要把山搬走,这样简单的想法和做法,未免太不科学了。解决"去路"问题,除搬山之外,为什么不可去修路?修路可以绕山,还可以打洞,这都比搬山劳动量小。还有,要解决生活问题,为什么不能想办法靠山吃山,发展山区经济?为什么不能根据山区特点,开发山区旅游资源,改变山区贫穷面貌?退一步想,如果路不能修,发展山区经济无望,搞旅游也没有人愿意看,这就证明此地没有什么经济价值,那就更没有必要在这个地方祖祖辈辈挖山不止白受罪,可以把家搬走了事,另图发展。然而,愚公只知用自己和一家人的力量移山,不仅自己一辈子受苦,还要世世代代像他一样白受苦,这不是太愚不可及了吗?

〔评析〕

"愚公移山"精神,长期受到人们敬仰,被完全肯定。这里用现代观点进行反思,发现这一成语本义尚有不科学之处,并提出不少新的见解,能言之成理,有积极意义。这正是逆向思维的积极成果。

〔训练〕

1. "自我表现"常被视为缺乏自我修养,请以"自我表现有什么不好"为题,构思说一段话。

2. "知足常乐"常被誉为有思想修养,请以"知足常乐不值得称赞"为题,构思说一段话。

二、思维品质训练

要保证思维效果,提高思维效率,必须具有良好的思维品质。良好的思维品质主要有明确性、开阔性、条理性、敏捷性等。

(一)明确性

语言明确来自思维明确,只有想得清才能说得清。说话必须中心明确(说什么)、目的明确(为什么说)、对象明确(对谁说)、方法明确(怎么说)。

〔示例〕

1936年,西安事变爆发后,张学良、杨虎城部下官兵情绪冲动,坚决要求杀蒋介石。周恩来受党中央委托赴西安参加和谈。面对言词激烈、异常愤怒的军官,他劈头一句就说:"杀他还不容易,一句话就行了!"话一出口,立刻使周围人静下来。接着,周恩来说:"可是,杀了他以后怎么办呢?局势会怎么样呢?日本人会怎么样?国家和民族的前途会怎么样?各位想过吗?这次抓了蒋介石,不同于十月革命抓了克伦斯基,不同于滑铁卢擒获了拿破仑。前者是革命胜利的结果,后者是拿破仑军事失败的悲剧。现在,虽然捉了蒋介石,可并没有消灭他的实力。杀了蒋介石还会有'何介石'。在民族危亡关头,我们不能再搞内战。相反,在全国人民抗日高潮的推动下,加上英美也主张和平解决西安事变,所以迫蒋抗日是可能的。我们要爱国,就要从国家民族的利益考虑,不计较个人的私仇。"

〔评析〕

　　周恩来在西安事变中,面对群情激愤的张杨部队军官讲话,中心明确、目的明确、对象明确、方法明确。一开始,就抓住要害,单刀直入,一句话便稳住了形势。接着连发五问、语言明快犀利,步步紧逼,迫使面前的爱国军官不得不冷静深思。然后进行科学分析论证和积极引导,逻辑严密,语重心长,入情入理,令张杨部队官兵不得不心悦诚服。这段话堪称思维明确的范例。

〔训练〕

　　1. 根据思维明确性要求,每人构思发表一则"一句话新闻"。
　　2. 从思维明确性的角度分析下列一则《天气预报》。具体说说它有哪些毛病。

《天气预报》(山东某农村村长播报):

　　　　"现在播送下洼子村气象站天气预报儿。晚半晌有大风,估摸着没〔mōu〕个十来级,也差不离八九级。咱都把场院上晒的那些高粱啊、玉米呀、衣服哇、尿布片子啦什么的,赶快收拾好了,别叫大风给吹跑喽。尤其是看好各家的小孩。万一这龙卷风把你那孩子卷巴跑喽,你哭都来不及。你说要是卷到日本、南朝鲜,咱还算留了回洋,要卷到半道风停咧,掉到海里,你可就叫天天不应,叫地地不灵啦。说到小孩啦,我就再说说咱村的计划生育问题。说你哪,大柱家的,瞧你那五六个小崽子,泥猴似的,光着屁股,撒到大街上也不怕丢咱村的人!说到丢人,我再说说咱村的环境规划问题⋯⋯"

(二) 开阔性

要思维开阔,必须多听、多看、多读、多想,积累丰厚;必须善于联想、想象,善于进行各种比较、对照。

〔示例〕

钱其琛在中共十四大新闻发布会上答记者问:

"最近有这样一种舆论,说'中国的军备经费逐年增长,东亚地区因此形成了新的军备竞赛和军事扩张,进而给世界其他地区造成了一种威胁。'这是毫无道理的。我们请看下列数字:中国的军备费用,85年占国民生产总值的2.5%,93年仅占1.5%。同样是93年,美国的军备费用占国民生产总值的7%,日本的占8%。中国的军备费用,去年总额为88亿美元,美国的为1200亿美元,日本的为2000亿美元。军费按人均负担,中国每人不过7美元,而美国为600美元,日本则为800美元。我想从以上数字的比较,各位可以看出,中国的军备费用仅仅属于防御性的,而且逐年减少比例。怎么能说搞什么竞赛,还会对世界构成什么威胁呢?"

〔评析〕

事实胜于雄辩,数字是事实的硬件。钱外长一口气列出一大堆数字,用数字比较揭示事实真相,令反华宣传谬论不攻自破。这种力量正是来源于表达者积累丰厚,思维开阔。

〔示例〕

①"胜者的本质是自尊、自信,深知自身价值;败者的本质是自卑、自贱,敏感于他人眼光。胜者的特征是决心、决断、决择、责任;败者的特征是怀疑、犹豫、迷信、推卸。胜者的自勉是:我是我,才足以引以自豪;败者的慨叹是:假如我是某人,那该多好哇!"

②羡慕竹子的高风亮节,却又畏惧室外的寒风凛冽;盼望竹子的挺拔、修颀,却又想靠别的细枝支撑;赞叹竹子的粗壮厚实,却又总离不开盆中少量的沃土;这就是文竹的悲剧。

〔评析〕

这两段名言警句,都用了观念上的对照。观念对比,最能从本质上揭示行为的差距。例①,一针见血,哲理性强;例②,形象生动,发人深思。由于两位作者善于联想比较,思路开阔,才能产生异曲同工的感人效果。

〔训练〕

1. 请以《0的断想》为题,展开联想想象,说说它都有哪些象征意义。(如:"0"是一面镜子,让你认识自己;"0"是分界线,右为正数,左为负数,两个方向,两种价值;……)

2. 春雨、冬雪、夏天的暴风雨,给人的感受各不相同,请联系人生道路展开联想想象说一段话。

3. 谈谈短诗《点的自述》在构思上有什么特点。

点的自述

我是一个点,
曾为自己的渺小而难堪。
面对庞大的宏观世界,
不由得闭上了失望的双眼。
经过一位数学老师的启发,
我有了新的发现:
两个点,可以确定一条直线,
三个点,构成一个三角,
无数个点,组成圆的金环。
我是一个点,
点是我的名片。
我也有自己的半径,
我也有对着的圆点。
不信?
从月球上看地球,
也是渺茫的雀斑。
我欣喜,我狂欢!
谁没有自己的位置?
不,你的价值在闪光,
只是,你还没有发现。

(三) 条理性

说话必须中心明确,条理清晰,言之有序。思维条理性差,必然会导致语言杂乱,叙事不清,说理不明。思维的条理性主要指:议论要有论点、论据,有一步一步的论说过程;叙事要主线明确,层次分明,衔接严密。

〔示例〕

俄国一位老人讲他一辈子的经历:

"我三岁的时候,有一次弄湿了裤子,父亲要打我,妈妈袒护说:'你怎么不害臊,他还是个小傻瓜呢!'

我12岁的时候,从母亲的钱包里拿了两毛钱买了冰淇淋。母亲要拿皮带打我,爷爷袒护我说:'别打他,他还是个孩子,不懂事,长大了就知道了。'

我30岁的时候,进了工厂做工。生产上出了废品,工厂因为我没有完成生产计划。工会主席替我说情:'他刚来不久,没有经验,要带一带。'

我40岁的时候,一次与同伴喝酒喝得酩酊大醉,满街上都听到我扯着嗓子唱歌。退了休的人向着我说:'嗨,年轻人嘛,我们像他这个年龄不也是这种样子!'

我60岁的时候,鬼知道是怎么搞的,把自己的钱和公款弄错了。有人告发了我,硬是叫我赔了钱。也有人说:'你们还拿他怎么样,他都60岁的人了,糊涂了!'

如今我70岁了,早就领了养老金。前天,我那12岁的小孙子从他母亲的钱包里拿了两毛钱买口香糖,他母亲要拿皮带打他。我为小孩子讲了话:'你也不害臊!他还是个小孩子,不懂事,长大了就明白了。'"

〔评析〕

这位老人叙事以时间为序,共分6层,每层都以年龄开头,使主线十分醒目。最后,以为小孙子辩护作结,巧妙回环照应,富有情趣,发人深思。故事启示人们:对缺点袒护,会造成一个人一生无所作为,一事无成。因为讲述条理清晰,给人印象特别深刻,经久难忘。

〔示例〕

1974年2月13日深夜,随着一声惊天动地的巨响,位于莫尔莱市附近的法国广播协会218米高的电视塔,突然倒塌。自2月14日起,布列塔尼半岛上30万台电视机顿时成了废物。这座电视塔再次修复矗立起来,足足花了一年时间。这一年中,在布列塔尼居民生活中,出现了许多奇妙的变化。

其一,患感冒的小学生大减。布列塔尼雾多、雨多,气候条件相当恶劣。以往孩子们一放学便扑到电视机前,闭门不出。现在没有电视看,他们在家里也呆不久,经常外出玩耍。户外活动,使孩子们体质明显增强。

其二,宴会时间延长。布列塔尼人喜欢社交,不论过年过节,还是红白喜事,人们爱聚在一起,久久不散;但自从电视节目吸引观众之后,人们不愿再参加一般聚会;即使赴宴,中途也频频看表,生怕误了电视节目。现在,电视一旦消失,人们的活动恢复正常,宴会时间也可延长了。

其三,书店收入猛增。以前人们习惯于把电视作为了解世界获取知识的窗口,现在开始转向书刊。

〔评析〕

这段话主要讲述电视业大发展后,不可避免地给社会生活带来的一些消极影响。讲述者从儿童教育、社会活动、文化生活等方面说明电视塔倒塌后所发生的"奇妙的变化",并以"其一"、"其二"、"其三",作为思维路标,条理十分清晰,从而突出中心,加深了人们对电视消极影响的认识。

〔训练〕

1. 谈谈树立好学风应从哪几方面做起。
2. 在中国历史上,哪些历史人物给你印象最深?请按时间顺序讲。

（四）敏捷性

口语的突出特点是：双向交流，即席表达。它要求说话必须思维敏捷，反应快速。社会交往中，求职面试、公务谈判、答记者问、述职答辩等，都需要敏捷的思维能力和临场应变能力。要培养敏捷的思维能力，就必须加强快速观察、分析、判断能力和临场应变能力的训练。在这方面，许多口才高手给我们提供了成功的范例。面对突然提问或发难，他们根据情况快速反应，或正面应对，或曲答反诘，都能巧妙得体，高雅风趣，变被动为主动，变不利为有利，永远立于不败之地。

〔示例〕

1937年末，陈毅从赣南游击队去南昌参加国共和谈，接受记者采访。

一位记者问："社会传闻共产党是不要家庭的。以将军盛年，尚未成家，又与父母久违，且不通音讯，似乎恰证此说。吾意国家者，家国也，不爱家，焉爱国？不知陈将军对家庭人生的真谛有何感想？"

陈毅听后放声大笑，他对那位记者说："问得有趣。我以为共产党是最爱家庭，最富有人生情趣的了。我们的战士可以告诉你，他们是为了家庭眼前的活路和未来的幸福才参加革命的。你大约不曾想到，在过去那种日搜夜剿的生活中，居然有共产党人在寒风中举行婚礼。这便是我们所说的投身革命即为家。今日之事，外寇入侵，京沪沦陷，国之不存，家又安在！至于我本人，十余年来遭逢革命，无暇他顾，倒是父母家庭，无一刻不挂记。因为种种限制，音书断绝。今国共合作，我自然会投书告慰双亲，这本是情理中事。但我还是要说，国难当头，共御外侮，国事未决，家事难问。如果这就被指责为'不要家庭'，那末，我请问，贵记者的意思是不是，要国人个个只爱家,不爱国,任中华民族为他人做奴隶呢?"

  陈毅的话,使那位记者面红耳赤,无言以对。

〔评析〕

  这篇答记者问,思想深刻,事例感人,紧扣论题,论证严密。在事先没有准备的情况下,对"家庭人生"问题能谈得如此准确深刻,生动感人,具有极强的说服力和感染力,充分表现出陈毅将军高深的思想文化道德修养和杰出的口才素养。在这背后当然是他那惊人的敏捷思维能力和临场应变能力。

〔示例〕

  一次,一位英国电视台记者采访《今夜有暴风雪》的作者梁晓声。记者40多岁,十分老练,想难为梁晓声。他问:"没有文化大革命,可能也不会产生你们这一代作家。那么文化大革命在你看来,究竟是好还是坏?"梁晓声意识到这问题很"刁",他灵机一动,立即反问:"没有第二次世界大战,就没有以反映第二次大战而著名的作家,那么,您认为第二次大战是好还是坏?"英记者一怔,被问住了。

〔评析〕

  对于不好正面回答的两难问题,可以转换角度采用反诘形式,将问题还给对方。这就得有快速分析、判断能力,即敏捷的思维能力。梁晓声的答记者问,是一个成功的范例。

〔训练〕

请快速思考并回答下列问题。

1. 某校学生宿舍,住甲、乙、丙、丁四人。学校规定,每晚由最后一个回宿舍的人关灯。有一天,不知谁忘了关灯,电灯开了一夜。总务处查问时,丙说:"我比乙先进宿舍。"甲说:"我进宿舍时看见乙正在铺床。"乙说:"我进宿舍时,丙和丁都睡了。"丁说:"我很疲倦,一上床就进入梦乡,不知道谁最后进屋。"试问,是谁最后进宿舍？

2.一位公安局长与一位老工人谈话。这时跑来一个小孩,气喘吁吁地对公安局长说:"你爸爸和我爸爸吵起来了。"老工人问:"这孩子是你什么人?"公安局长说:"是我儿子。"试问两个吵架者与公安局长是什么关系?

3.有一律师的妻子患了重病,去请医生。医生知道这位律师赖帐出了名,就说:"我担心看完病后,你不会付给我钱。"律师立即说:"我这里有500英镑,无论是您救活了她,还是误诊死了她,我都将如数付给您。"双方立了字据。医生虽然全力抢救,病人还是死了。事后,他向律师要医疗费。律师说:"我的妻子是你误诊死了吗?"医生说:"当然不是,我的诊断和用药都没有错。"律师又问:"那么,您把她救活了吗?"医生回答:"这不可能,她的病情实在太重了。"这时,律师说:"既然您没有把她救活,也没有把她误诊死,按合同我就不能付给您钱。"如果你是医生应该怎样反驳律师,向他要医疗费?

4.文革期间,某校吃忆苦饭,发给"黑帮"教师每人一个糠窝头。一红卫兵问教师:"好吃吗?"老师说:"好吃,好吃!"红卫兵怒目圆睁:"这么说,我们的先辈倒是享了很大的福了!好吧,你再吃三天!"老师忙改口说:"难吃,难吃!"红卫兵又一瞪眼:"旧社会我们的父兄能吃上这个就不错了,你还说难吃。好,再吃三天!"如果你是这位教师,该怎样反驳红卫兵的话?

〔训练检测〕

一、目标要求

1.明确思维训练的重要意义和基本要求。

2.了解常见的几种思维形式。掌握发散思维、聚合思维、逆向思维的基本方法。

二、方法步骤

1．检查各种〔训练〕的效果。
2．每个同学谈思维训练的感受。先写出提纲，然后在班上发言。
3．教师根据训练效果和班上发言情况评定成绩。

第二节　心理训练

心理是人脑对客观现实的能动反映，泛指思想意识和感情态度。

人的心理，包括个性心理特征和心理过程两部分。个性心理特征有：性格、兴趣、能力、气质等；心理过程有：认知过程（知）、情感过程（情）、意志过程（意）。"知"是基础，"情""意"是表现，"知"与"情"、"意"密切相连，相互促进，相互影响，循环往复，不断生发。如右图：

人的心理活动是一个复杂整体。个性心理特征是通过"知"、"情"、"意"等心理过程形成的。已形成的个性心理特征，在心理过程中表现出来，又制约影响着新的心理过程及个性心理特征。

人的心理素质，包括观念、意识、情感、意志等，同一个人的生活、学习、口语交际、事业成功，都有直接关系。人的心理活动，蕴藏着改变主观世界和改造客观世界的巨大潜能。在日常生活中，一般人总是只注意别人和外部世界，只看重别人和社会的力量，往往忽视提高自己的心理素质，改变心态观念，发挥自身潜能。

拿破仑·希尔在《成功学》中说："一个人能否成功，关键在于他的心态。"又说："世界上没有任何人能改变你，只有你能改变自己；也没有任何人能打败你，也只有你自己。"他经过长期研究，总结了一条"黄金规律"："人与人之间只有很小的差异，但这很小的差异却往往造成巨大的差异。这很小的差异就是你所具备的心态

是积极的还是消极的,巨大的差异就是成功和失败。"他讲了一个推销员的故事:

  两个欧洲推销员去非洲推销皮鞋。由于天气炎热,非洲人向来习惯于打赤脚。第一个推销员看到这情况,立刻失望地说:"这些人都打赤脚,怎么会要我的皮鞋呢?"于是放弃努力,沮丧而归。另一位推销员看到非洲人打赤脚,万分惊喜地说:"这些人都没有皮鞋穿,这皮鞋市场大得很呢!"于是想方设法引导非洲人购买皮鞋。最后发了大财,高兴而归。由于一念之差,一人不战而败,另一人大获成功。

故事说明:心理影响人生,心态决定命运。有什么样的心理活动,就有什么样的人生;有什么样的"知"、"情"、"意",就有什么样的生活质量和生命价值。不同的心态,要么是打开成功之门的钥匙,要么是封闭成功之门的铁锁。积极心态,是人生成功的先决条件;消极心态,是人生失败的内在根源。消极心态的危害:1.损害身体健康;2.破坏人际关系;3.丧失成功机遇;4.破坏人生效益。

  一个人只要心态积极,任何艰难困苦都不能阻止他走向成功。林肯竞选议员七八次失败,有人说他是"大失败者"。一次失败后,林肯说:"这条路破败不堪又容易滑倒。我一只脚滑了一跤,另一只脚也因而站不稳,但我回过头告诉自己:这不过是滑了一跤,并不是死掉爬不起来。"面对失败,林肯依然幽默乐观,不气馁,不退缩。正是这种积极向上的心态,终于使他登上美国总统的宝座。许多名家伟人都是靠积极心态——成功心理,在逆境中奋起,从困境中走来。屈原遭谗言被贬而作《离骚》;司马迁遭腐刑发奋而作《史记》;高尔基出身贫寒,靠自学成为俄国伟大作家——无产阶级文学的奠基人;张海迪高位截瘫不能行走,靠自学精通医学,学会四门外语,并取得硕士学位,成为著名作家和社会活动家。从这些人身上,可看到积极心态的作用和巨大潜能。

  美国富尔顿学院心理学系一项研究报告指出:"编写20世纪

历史的时候可以这样写:我们最大的悲剧,不是恐怖地震,不是连年战争,甚至不是原子弹投向广岛,而是千千万万人活着然后死去,却从未意识到他们身上存在着巨大潜力。"这段话用语警策,发人深思,可使我们认识到积极心态和心理训练的重要。

言为心声。有什么样的心态,就会有什么样的言行。从教师口语应用情况看,积极心态更是教师口语表达成功的必要条件和根本保证。因此,教师口语训练从心理训练入手,提高心理素质,提高心理调控能力,便是强化口语的根基和源头,是一条科学而有效的途径。

本课心理训练,可从以下几点入手。

一、克服心理障碍

心理障碍是造成口语交际困难的主要原因。只有克服心理障碍,人与人才能建立和谐的人际关系,才能正常顺利地进行口语交流。

常见的心理障碍有:

(一) 自卑

〔示例〕

两位青年的内心自白:

"今晚班里组织文娱晚会,当同学们引吭高歌、尽情欢笑的时候,我照例悄悄离开了教室,以防别人拉我出节目。自己没有特长,在同学们面前总觉得矮了半截。我干脆什么活动都不参加,生怕搞不好丢人现眼。有的同学说我孤僻,有的同学说我清高,可谁知道我心中的痛苦呢?"(一位中学生的日记)

"在交际场合,我总表现为局促、不安,变得沉默、内向和

自卑,心里总有一种恐惧感。我和同宿舍同学关系总处不好,曾几次调换宿舍,但郁闷的心情总是摆脱不掉。"(一位大学生的日记)

〔评析〕

这两位青年在交际中的怯懦,正是自卑心理的反映。有自卑心理的人,在同别人交谈时,常常脸红心跳、语无伦次,手足无措。

自卑是一种过低的自我评价,它来源于心理上消极的自我暗示。它往往由心理上的某些缺陷引起,或因对自我智力的估计过低,或是屈服于群体的压力和舆论而产生。消除自卑的方法:①正视自己的不足,用积极的态度去对待,及时驱除消极自我暗示。要经常肯定自己的长处,多体验别人的赞赏并在社交中表现自己的才干。②要以乐观的态度对待生活,不要对自己过于苛求,不要怕失败。自卑的人不一定真的比别人差,主要是对自己的期望过高,不切实际。应该培养轻松的性情,不怕失败,不放松努力。

(二) 害羞

一般人都有害羞心理,在公共场合不好意思显露自己,只怕自己的言谈举止有不当之处引起别人的耻笑;在与人交谈或演讲时,总怕有不得体的地方,影响自我形象。这样考虑是正常的,也有一定的积极意义。但过分考虑,便会成为包袱和心理障碍。因为,当人们过分关注自我形象时,便增强了封闭性的害羞心理。有害羞心理的人,同生人、名人或异性交往时,往往眼神游移不定,姿态扭扭捏捏,声音低声细气。这种过分拘谨的言谈神态,直接阻碍交际双方的自然交流。

害羞心理,主要是由自我认识不当,缺乏自尊自信引起的。其实,每个人都不可能十全十美。一个人有缺点是正常的,每个人都可以在社会实践中不断完善自己。因此,要克服害羞心理,就要去掉虚荣心,树立自信心,并不断强化自信意识,树立成功心理。在社会交往中,要积极进行自我暗示"我能行!""我很潇洒""我一定会成功"。总之,要想消除害羞心理,必须勇敢地投入到交际活动中去,并积极主动,争取交际成功。只要有几次成功的交往体验,害羞心理就会自然消除。

(三)嫉妒

嫉妒是因为渴望尊重得不到满足而产生的一种不良情绪。它是包括焦虑、羡慕、憎恨、愤怒、失望、消沈等因素在内的一种复杂的情感。嫉妒心理常导致莫名其妙的攻击、诋毁、诬陷,使人际关系恶化。嫉妒心理的实质是极端的个人主义,自私自利。

在生活中,"羡慕生嫉妒"的现象经常发生。因为人们总是喜欢比较,人与人要比,事与事也要比。女大学生之间经常互相嫉妒,因为她们之间的可比性太大;皇帝很少嫉妒老百姓,因为他们之间的可比性太小。培根曾如此描述嫉妒心:一个人可以允许一个陌生人的发迹,决不能容忍一个身边的人上升。

事实上,嫉妒心人皆有之,只是强弱不同。只有当你因嫉妒而千方百计贬低甚至打击别人那才是卑下而可怕的行为。它象一把双刃剑,伤人害己。一位世界著名的女子花样滑冰运动员,因嫉妒对手而设计害人,结果自己也受到了严厉的惩罚,在世人心中的形象也一落千丈。要克服嫉妒心理,关键是要有高尚的思想情操,正确认识自己和对待别人,从而自觉控制自己的不良情绪,摆脱嫉妒的困挠。

(四)孤僻

孤僻,是人们社交需要得不到满足而产生的一种消极情绪。青年人在社会交往中,由于原来的理想愿望未能实现,便不再愿意与人交往,于是便产生空虚和孤独感,因而缺乏热情,思想消沉,把自己封闭在一个狭小天地里顾影自怜。应该认识到,人是社会的细胞,彼此加强联系,索群而居,才能产生"共生效应"。克服孤僻的基本途径是"开放自我",走出自我天地,在积极交往活动中沟通与他人的联系。只要敞开自己的心扉,就会得到别人的理解和友谊。经常参加丰富多彩的社会活动,不仅可充实业余生活,还会驱散寂寞、孤僻的消极情绪。

自卑、怯懦、害羞、嫉妒、孤僻等不良心理,是阻碍人际交往思想沟通的大敌,是人际关系的毒化剂。只有克服上述心理障碍,才能胜利跨进社会交往的大门,才能营造和谐自然的交际气氛,才能享受口语交际的快乐与甜美。

〔训练〕

1. 读下边一段话,谈自己的感受。

英国戏剧大师肖伯纳,年轻时胆小而木讷,刚到伦敦拜访朋友都不敢敲门,常常要在人家门口徘徊20多分钟。后来,他鼓起勇气参加了"论辩学会"。为了练胆量,练说话,他不放弃一切机会同对手争辩。经过一段时间,终于由害怕讲话到喜欢讲话,到能言善辩,成为著名的社会活动家和口才家。他一生共做过700多次成功的演讲。有人问他是怎样练口才的,他说:"我是以自己学溜冰的办法学讲话——我固执地、一味让自己出丑,直到习以为常为止。"

2. 谈谈对下面两句话的理解和感受。

① 恐惧对于人的灵魂来说,好似一滴滴落在一池温泉中的毒药。

② 坚强的性格不是由阳光和玫瑰铸成的,而是犹如钢一般,是在烈火中,在铁锤与铁砧之间锻造而成的。

3. 在正式社会交往和演讲时,你的心态怎样?请写一段自我心理描述。然后思考:为什么自己希望做到的与实际做到的之间有差距?如何缩小这种差距?

4. 以"克服心理障碍,树立成功心理"为题,联系实际面向全班同学发言。

5. 依据下列演讲词演讲,利用深呼吸控制胆怯心理和紧张情绪。

    我今天主要给大家谈谈,我为什么喜欢蓝色。(深呼吸)理由有两个:第一,我喜欢大海,蓝色的海洋令我陶醉;第二,我喜欢天空,蓝色的天空令我浮想联翩。(深呼吸)为什么呢?大海浩瀚、宽广,我们的心理如果能这样,该有多好!天空辽阔、高远,我们的理想如果能这样,该有多好哇!(深呼吸)我也喜欢红色、绿色,但我更喜欢蓝色。谢谢大家!

〔提示〕

深呼吸时,要昂首挺立,神态自信、从容、坦然,面带微笑,与听众自然交流。

二、自尊自信

自尊,就是尊重自己的人格和荣誉;自信,就是对自己现有能力和潜在能量的充分估计。

自尊常与上进心、荣誉感联在一起。有自尊心,就会堂堂正正做人,认认真真干事,努力学习,积极上进,即使有缺点、错误,也能积极改正。

自尊自信是做人的基本标准。在社会交往中,尽管每人的家庭出身、社会地位、文化程度等各不相同,但在人格上是平等的,上述因素都不应成为交际的心理障碍。一个人只要真正自尊自信,任何人都不会使他胆怯畏惧。我们觉得别人高贵,自己低下,那是因为跪着仰视别人。只要你站起身来平视他,你就会看到自己的价值而不会盲目抬高别人贬低自己。

信心是一切行动的源泉。所以,要在内心树立坚定不移的信念:我一定行!同时,又要对自己有一个正确的评估,敢于正视自己的不足,做到不卑不亢,从而促使自己不断成长。居里夫人说:"自信是一切成功的基石。"只有自信能爬山,才能登上顶峰,领略山的豪情;只有自信能游泳,才能畅游水中,品味水的秀美。

大生活中,只有自尊自信的人,才能有所作为,受人尊敬。

〔示例〕

冯玉祥任陕西督军时,有两个外国人在终南山打死两头珍贵的野牛,还肆无忌惮。冯玉祥把这两个洋人叫到西安,责问道:"你们到终南山行猎,和谁打过招呼?领到许可证没有?"

对方回答:"我们打的是无主野牛,用不着通报任何人。"

冯玉祥一听更生气:"终南山是陕西的辖地,野牛是中国领土上的东西,怎么会是无主的呢?你们不经批准私自行猎,就是犯法行为。你们还不知罪吗?"

两个外国人狡辩:"这次到陕西,贵国外交部发的护照上,不是准许带猎枪吗?可见我们行猎已经得到贵国政府准许,怎么是私自行猎呢?"

冯玉祥反驳说:"准许你们带猎枪,就是准许你们行猎吗?若准许你们携带手枪,难道就可以在中国境内随意杀人吗?"

一个洋人继续狡辩:"我在中国15年,所到地方没有不准打猎的,再说,中国的法律也没有不准外国人在境内打猎的条文。"

冯玉祥厉声喝道:"没有不准外国人打猎的条文,不错。但难道有准许外国人打猎的条文吗?你15年没遇到官府的禁止,那是他们睡着了。现在我身为陕西的地方官,我没有睡着,我负有国家人民交给的保国卫土之责,就非禁止不可。"

至此,两个洋人不得不承认错误。

〔评析〕

冯玉祥将军面对两个洋人的蛮横狡辩,针锋相对,步步紧逼,义正辞严,势不可挡,迫使他们不得不低头认罪。这段对话,充分显示了冯将军崇高的爱国精神,也显示了一位自尊自信中国人的高尚品格和雄辩口才。

〔示例〕

第一次世界大战期间,美国一黑人少校军官与一白人士兵相遇。士兵见对方是黑人,便只看了一眼擦肩而过。这军官转身叫住士兵说:"请等一下!你刚才拒绝向我行礼,我并不介意。但你必须明白,我是美国总统任命的陆军少校,这顶军帽上的国徽代表着美国的光荣与伟大。你可以看低我,但必须尊敬它(手指军帽)。现在我请你向国徽敬礼。"这时,白人士兵不得不向威严的黑人军官行军礼。这位军官后来成了美国第一位黑人将军,他就是本杰明·戴维斯。

〔评析〕

只有自尊自信的人,说话才会有说服力,才能影响别人的心理和行为;只有自尊自信的人,才能成就大业,承担重任。本杰明·戴维斯的言谈事迹,是一典型例证。

〔示例〕

黑人福勒,小时家里很穷。5岁开始劳动,以代销肥皂谋生。他母亲常对他讲:福勒呀,我们不应贫穷,我不愿听到你说我们贫穷是上帝的心愿。我们贫穷是因为你父亲从来就没有致富的愿望,没有出人头地的想法。"母亲的话在福勒的心灵深处打上了烙印,以至影响他整个一生。他当肥皂厂工人12年,积蓄了2.5万美元。当时,肥皂公司要以15万美元拍卖,他决定买下,签订合同,先缴2.5万美元保证金,然后要在10天之内缴齐欠款。他四处筹借,到第9天还差1万美元。所有熟人都问遍了,只有向不认识的人去借。夜里11点钟,福勒在芝加哥61号街寻找借主。他走进亮着灯的楼房,是一家承包商的事务所。他简单自我介绍后问承包商:"您想很快赚1千美元吗？请您给我开1张1万元的支票。"这位承包商经过一番交谈看到他的证件和可信的神态,终于答应了。于是,他顺利买下了肥皂公司,很快发了财。后来又陆续开了化妆、标签、报馆等7个公司,成为芝加哥有名的百万富翁。

〔评析〕

福勒由于从小接受母亲自尊自信的教育,才萌发了改变贫穷、发财致富的念头。由于他自尊自信,才能在深夜同不相识的承包商进行成功交谈,借钱成功,买到公司,最后成为百万富翁。可见,自尊自信是一个人口才的基础,是事业成功的源头。

〔训练〕

1. 结合上面〔示例〕谈谈"自尊自信"在口语交际中的意义和作用。

2. 有位电视节目主持人,在介绍自己即席讲话的经验时说:"讲话要松弛、自信。松弛来源于自信,自信来源于知识,知识来源于积累。"你认为这话有道理吗？为什么？

3. 朗读背诵《自信》诗。要求:①深入理解作品,把握感情基调;充满自信,语气坚定有力;声音洪亮,态势自然得体。②讨论:什么是自信？谈谈你对自信的认识。你是一个自信的人吗？为什么？

自　　信

同志,请不要指责,
更不必追问。
我承认,坦率地承认:
我——自信。

我自信我的聪明才干,
我自信我的奋斗精神;
自信我能大有建树,
自信我能超过前人。
我自信,
但不能同意
你对自信的指责和结论。
自信,不等于骄傲自满,
自信,不等于狂妄自大,
自信,不等于目中无人。
难道说,
唯唯诺诺才算谦逊?
畏畏缩缩才算恭谨?
庸庸碌碌才算虚心?
不!自信是发愤图强的基石,
自信是励精图治的根本。
人无自信,不能上进,
民无自信,难以生存,
国无自信,必定沉沦!
炎黄子孙,
自古就有自信的传统,
中华民族,
世代具备自信的基因。
——我们自信曾有盘古,
我们自信曾有燧人,
我们自信曾有尧舜……
中华民族
凭借自信获得了自立,

依靠自信赢得了自尊。
自信——才有灿烂神州,
自信——才有改革创新。
没有自信,怎会出现
中国经济的腾飞?
没有自信,怎能见到
几亿农民的真正翻身?
没有自信,南极北极
怎能竖起五星红旗?
没有自信,中国女排
怎能夺取世界冠军?
理想靠自信开拓,
历史靠自信奋进。
让自信扎根我们的灵魂,
让自信叩开成功的大门!
让我们彻底丢掉懦夫的自卑,
昂首屹立于世界民族之林!

三、真诚热情

真诚是高尚的品德,热情是友善的标志。

在一般口语交际中,必须尊重别人,待人热情诚恳。

1858年,林肯在总统竞选时说:"你能在所有的时候欺骗某些人,也能在某些时候欺骗所有的人,但不能在所有的时候欺骗所有的人。"

曾打败过拿破仑的库图佐夫将军,在给卡捷琳娜公主的信中说:"您问我靠什么魅力凝聚着社交界如云的朋友,我回答你是:真实、真情和真诚。"

美国小说家韦拉凯瑟说:"热情是每个艺术家成功的秘诀,这是公开的秘诀,十分有效。"

在社会交往中,人人都喜欢真诚热情的人,都希望得到友情和尊重。感情有很强的传导作用,自己热情就可引发别人的热情。轻松会心的微笑,也会带来对方轻松会心微笑的回应。

美国著名哲学家詹姆斯说:"人类天性的至深本质就是渴求为人所重视。"口语交际,只有互相尊重,彼此诚恳热情,才能有效成功。

〔示例〕

王桂荣是北京103路电车模范售票员,她不仅服务态度好,还有一副善解人意、暖人肺腑的好口才。一个星期天出车,在台基厂站上来一位抱小孩的妇女。她先温和地喊:"哪位同志给这位抱小孩儿的女同志让个座儿?"连喊两声无人响应。她没着急,缓缓站起来,用期待的眼光看着靠窗口的几个青年乘客,提高嗓音:"抱小孩的那位同志,请你往里走,靠窗坐的几个小伙子都想给您让座儿,可就没有看见您。"话音刚落,"忽啦"一声,靠窗坐的几个年轻人都站起让座儿。这位女同志带小孩儿坐下后,光顾喘气定神,忘记道谢。王桂荣就逗着孩子:"小朋友,叔叔给你让座儿,你还不谢谢叔叔。"一语惊醒那位妇女,她忙对孩子说:"快谢谢叔叔,快谢谢叔叔。"那小青年听到孩子"谢谢叔叔"时连说"不客气,不客气"。车上一片欢声笑语。大家都称赞王桂荣服务态度好,真会讲话。

〔评析〕

一般乘务员遇到这种情况,大都是简单指使年轻乘客让座,再叫被让座的乘客表示感谢,这样,往往因触伤乘客自尊心,时常引起争吵,把好事办坏,闹得大家都不愉快。王桂荣同志由于待人热诚,尊重乘客,善解人意,所以才能把话说到每个乘客的心里,使让座的和被让座的都非常满意,皆大欢喜。这都因为她心态积极,懂得真诚热情待人的道理。

〔示例〕

    1921年,工人领袖邓中夏在北京长辛店办了一所文化补习学校,但工人不愿上学。有的说:"耍手艺的人,学这有什么用?"有的说:"咱也不想向上巴结,费那事干啥?"有的说:"要给窝窝头,我就去。"邓中夏没有直接批评工人觉悟低,思想落后,而是给大家讲了一个故事。他说:"从前有个长工,从小给地主干活,苦了大半辈子。40岁娶了个媳妇,生了儿子。儿子长到12岁,长工想到自己不识字的苦处,想送儿子去念书。这事让地主知道了,就把他叫去责问:'听说你想让儿子念书?'长工说:'是的,穷人认几个字也好,不念书没记性哩。'地主冷笑道:'穷人有力气不就行了,牛不是不念书吗?牛不识字,不也一样耕田?'听到这儿,工人们气愤地说:"这不是把我们穷人当牛马看待吗?"当场,很多人纷纷议论都要报名上学。

〔评析〕

邓中夏对工人说服教育,方法灵活,语言生动,晓之以理,动之以情。这次谈话成功,主要因为他掌握了交谈的基本原则和要领,对工人真诚热情,理解尊重。如果不善待尊重有思想毛病的工人,只是简单地批评指责,绝不会取得这样的效果。可见,交谈的基本原则和规律是无情的,顺之则成,逆之则败。

〔训练〕

1. 谈谈上面〔示例〕中模范售票员王桂荣同志对乘客讲话的特点。

2. 林肯说:"你能在所有的时候欺骗某些人,也能在某些时候欺骗所有的人,但不能在所有的时候欺骗所有的人。"请联系实际谈谈你的看法。

3. 二战期间,丘吉尔发表过不少激动人心的演讲。这是他受命组阁时的一段讲话,请看有什么特点。

"我们正处在历史上一次最伟大的战争的初期阶段。我们正在挪威和荷兰的许多地方进行战斗,我们必须在地中海地区做好战斗准备。空战仍在继续,众多战备工作必须在国内完成。在这危及民族存亡之际,今天,我不能向下院作长篇演说,希望能得到你们的宽恕。我还希望,因为这次政府改组而受到影响的所有朋友和同志,会对礼节上的不周之处,予以充分理解。这种礼节上的欠缺,在目前在所难免。正如我曾对参加现届政府的成员所说的那样,我要向下院说:'我没有什么可以奉献的,有的只是热血、辛劳、眼泪和汗水。'"

四、宽容果敢

宽容是做人的美德,果敢是强者的表现。

在社会交往中,面对一些矛盾尖锐、复杂难解决的问题,应该具有一种既宽容又果敢的心态。宽容可以化解矛盾,赢得信任;果敢可以争取时间,创造机遇。

社会问题和人际关系错综复杂,要处理好各种问题,发展人际关系,就要有良好的容纳意识。遇事,要善于冷静分析,宽以待人。特别是在受到不良刺激时,要有控制感情、情绪的能力。容纳意识包括:1.承认并尊重别人的个性,不能用自己的标准要求别人;2.接受别人的缺点,谅解别人的过错,给别人发言和用行动弥补的机会;3.遇到矛盾,不把事情搞僵,要维持一定的交往关系,等待和促进矛盾的转化。

面对一触即发的危急场面,能否以理智驱散敌意,以冷静赶走愤怒,这是一个人思想个性是否成熟的重要标志。

在社会交往中,常见的待人态度有四种:1."你好,我不好",这是自卑,屈从别人;2."你不好,我也不好",这是自贱,玩世不恭;3.

"我好,你不好",这是自傲,脱离群众;4."我好,你也好",这是自尊尊人,互相容纳。从社会效果看,只有第四种态度最好,因为它符合人们心理的基本需求,符合人际交往的基本原则和规律。

在处理矛盾冲突问题时,要有容纳意识。要宽容大度,得理要让人。

〔示例〕

清代宰相张英,安徽桐城人。有一年,同族人因建房与乡邻发生争执,写信给他,想借他的官威压对方让步。张英回信写道:"千里来书只为墙,让他三尺有何妨?万里长城今犹在,不见当年秦始皇。"于是,同族人将房基后退三尺。这样,便给后人留下了一条"三尺巷"和有关"三尺巷"的故事。

〔评析〕

张英劝同族人处理争议问题的宽容态度,为"宰相风度"的美称增加了新的光彩。这是在社会交往中宽容可以化解矛盾冲突的典型例证。

〔示例〕

1754年,华盛顿在军队任上校职务,驻守亚里山大利亚。在选举弗吉尼亚议会议员时,华盛顿与威廉·佩恩发生争议,说了一些冒犯佩恩的话,佩恩生气一拳把华盛顿打倒在地。这时,华盛顿的士兵马上跑过来,要为司令官报仇。华盛顿立即阻止,并劝部队返回营地。第二天早上,华盛顿托人递给佩恩一张纸条,要他下午到一酒店相见。佩恩以为是要进行决斗,他做好准备,按时到达。但去了之后,感到很惊奇。面前不是刀剑,是酒席。华盛顿看见他,便笑着伸手过去,说:"佩恩先生,犯错误乃人之常情,纠正错误是件光荣的事。我相信,昨天是我不对,你已经在某种程度上得到了满足。如果你认为到此可以解决问题的话,那么就请握我的手——让我们交个朋友吧!"华盛顿的豁达大度使佩恩万分感动。从此,佩恩成了华盛顿政治活动最坚决最有力的支持者。

〔评析〕

华盛顿遭佩恩拳打后,可以进行报复,凭他的实力也完全能够报复。但他对佩恩不仅没有报复,还以礼相待,设宴求和,使佩恩万万料想不到。面对这样一位豁达大度的军官,佩恩除感激之外,只有无比尊敬了。华盛顿所以能成为美国第一位总统,与他这种严以律己、宽以待人、豁达大度的广阔胸怀和高瞻远瞩、真诚热情的人格魅力有直接关系。宽容可以化解矛盾,化干戈为玉帛,可以获取信任,赢得人心,这又是一个生动例证。

〔训练〕

1. 请评述示例中爱迪生的答话。

〔示例〕

一位年轻记者问爱迪生:"爱迪生先生,你目前的发明曾失败过一万次,你对此有何感想?"爱迪生回答说:"年轻人,因为你一生的旅程才起步,所以我告诉你一个对你未来甚有帮助的启示:我并没有失败过一万次,只是发现了一万种行不通的方法。"

2. 请你谈谈对下面这段话的认识。

豁达乐观的精神铸就了中华民族的性格,同时拓展了中华民族宽容博大、酷爱和平的胸襟。宽容博大表现在文化上的相互融合、相互渗透、相互交流。这不仅存在于本民族内部,而在与其他民族的交往过程中显得尤为突出。从赵武灵王的胡服骑射,到张骞两次出使西域;从玄奘天竺取经,到宋明理学融儒释道为一体;无不表现出兼容并蓄、择善而从、集思广益、博采众长的宽容精神。

3. 雨果说过:"比大地宽阔的是海洋,比海洋宽阔的是天空,比天空更宽阔的是人的心灵。"请联系实际发表即兴讲话。

4. 请结合下边两句话,谈谈教师应具备什么样的心理素质。

美国全国精神健康协会的悉尔曼医生曾说:"每个人都可能在

生活中的某一阶段遭到足以导致精神病的困扰。"美国休斯顿大学心理学家克雷·艾·安德逊说:"如果我们教育人们变得更乐观、更宽容,便宛如给他们注射这类精神疾病的预防针。"

〔训练检测〕
一、目标要求
1. 明确心理训练的重要意义和基本要求。
2. 掌握克服心理障碍的方法。
3. 树立自尊自信、真诚热情、宽容果敢等良好心态,敢于并乐于口语交际。
二、方法步骤
1. 结合"常见的心理障碍"自我测评。
2. 检查"克服心理障碍"〔训练〕4、5题的训练效果。
3. 根据各种〔训练〕效果和在班上发言情况评定成绩。

第三节 修辞训练

修辞是一种有意识、有目的的言语交际活动,是研究怎样把话说好的一门应用语言学。

修辞包括书面语修辞与口语修辞两种类型。由于"重文轻语"传统观念影响,不少人只重书面语修辞,忽视口语修辞。如有人说:"修辞书面语才有,口语没有必要讲修辞。"这是偏见和误解。书面语需要修辞,口语更需要修辞。同书面语比较,口语使用频率高,应用范围广,交流信息快,提高口语修辞能力更实用,更有现实意义。人与人口语交际,社会角色不断转换,语境不断变换,随时都会遇到言语内容和形式的选择问题。如何传递信息、沟通感情,使对方听得清、喜欢听,修辞能力就显得尤为重要。口语修辞不单是言语形式的选择调整问题,实际上是解决人际交往的沟通、协调、互动与合作问题。言语表达的好坏,直接涉及到人们之间的关系和行为。如果话语不当,不仅会影响信息传递、感情交流,而且会影响人际关系、事业成功,甚至会影响生命安全、社会稳定。

口语修辞,就是根据口语特点和表达需要,研究在特定的语境中,如何选择恰当的言语形式和表现方法,以优化口语交际和人际交往的社会效果。口语修辞同书面语修辞比较:书面语修辞是静态的,单向的;口语修辞是动态的,双向的。书面语修辞的语境是平面的,主要靠个人静心推敲;口语修辞的语境是立体的,必须在交际活动中即兴发挥,现场调节。口语修辞的优势:手段多,形式活,效能强,效果快。口语交际,不仅是语言材料,连声音、体态、时间、空间也有修辞作用。如,适度改变音色音量,从容选择语调语气,自如控制语言节奏等,都能使口语表达锦上添花。态势语选择运用,更是口语修辞的一大优势。人们未尽之言、难抒之情,都可以通过态势语淋漓尽致地表达出来。此外,灵活地利用语境因素,更是口语修辞的一大特点。选择和利用恰当时机,能提高口语交际的效率和效果;安排和依托合适的处所,能强化口语交际的情调和主题;针对不同对象和具体情况采用不同表现形式,能提高口语的针对性和感染力。看对象,重反馈,抢时间,抓机遇,是提高口语修辞能力的必要条件。激起交际对象的积极反应,营造良好的现象场效果,是口语修辞的基本要求。一个人修辞能力高下,现场可见;一段话修辞效果优劣,立竿见影。这都是口语修辞的显著特点。

口语修辞的标准要求:一、准确清晰;二、简洁流畅;三、优美动听。"准确清晰",主要指信息质量,要求音节形式与思想内容都必须正确无误,有用有益。"简洁流畅",主要指表达效率,要求口语句子、段落及整篇结构必须精要简炼,清清楚楚,干净利落。"优美动听",主要指表达效果,要求口语语调语气真切感人,具有说服力、感染力、感召力。三项标准是统一整体,又分等级层次。"准"是基础,如树根;"简"是中层,如树干;"优"是高层,如树顶。三项要求由低到高,相互关联,互相渗透,完整统一。在各种口语实践中,根据口语表达的准确清晰度、简洁流畅度、优美动听度,可测定口语修辞的能力水平。

掌握口语修辞标准,应树立"口语作品"观念,强化"口语作品"意识。无论是"说"(说话)、"谈"(交谈)、"讲"(演讲)、"辩"(论辩),还是"读"(朗读)、"播"(播音)、"诵"(朗诵)、"演"(演剧),每一种口语表达都是语言创作,都是"口语作品",都应同书面作品一样认真严肃对待,都必须符合规范标准,经得起严格检验和分析评判。

"教师口语"的修辞训练,可根据口语修辞标准要求从"语音调节"、"态势配合"、"语境把握"、"技巧运用"等几方面入手。

〔训练〕

1. 结合以下〔示例〕谈谈语境在口语修辞中的作用。

〔示例〕

马克思告诉燕妮自己倾心爱上了一位美丽聪明的姑娘,燕妮痛苦而不失礼貌地问:"我可以看一下她的照片吗?"马克思告诉她照片在一个精致的小盒子里,自己走后她才可以打开看。马克思离开后,燕妮急不可待地打开了小盒子,只有一面小镜子。里面映出"聪明美丽"的姑娘正是她自己。

〔提示〕 这是示物,即通过展现实物来表达情意。

〔示例〕

英国政治家赖的斯在伦敦参事会演讲劳工情况时,突然取出金表,一声不响地看着听众达一分十二秒之久。参事员们快坐不住了,他才开口道:"适才诸位所感觉的局促不安的七十二秒,就是每个普通工人垒一块砖所用的时间。请问砌一座我们今天开会的大厦需要多少时间?我们没有理由不关注劳工问题。"他的演讲深深打动了听众。

〔提示〕 这是历时,即通过说话人和听众共同感受特定时间,形成异乎寻常的心理暗示。

〔示例〕
　　美国总统尼克松到北京时,毛泽东在自己的书房里接见了他。毛泽东的书房里排满了大书架,上面有中文书,也有外文书,还有装帧别致的线装书。许多书都插上书签,留下主人反复阅读的痕迹。交谈时,当毛泽东十分熟悉地谈到尼克松写的一本书时,尼克松情不自禁地对身边人说:"他读的书真多!"

〔提示〕 这是借景,即借助交际场景的特定氛围加强说话影响力。

2.分析以下〔示例〕在口语修辞方面的特点。

〔示例〕
　　安徒生才华横溢,却十分贫困,一次戴顶旧帽子去参加聚会,一个纨绔子弟嘲笑他说:"嗨!你脑袋上的那个玩艺也叫帽子?"安徒生也学着对方的口气反击道:"嗨!你帽子下的那个玩艺也叫脑袋?"纨绔子弟落荒而逃。

〔提示〕 这种修辞方式是直接模仿对方的腔调或句式,进行针锋相对的反击。

〔示例〕
　　谈判桌上,敌人理屈词穷,歇斯底里地叫道:"对牛弹琴!"
　　"对,牛弹琴!"周恩来不动声色地接着说。

〔提示〕 这种修辞为"超常停顿",利用令人意外的停顿表达特殊的语意和情感。

〔示例〕
　　国际(华语)大专辩论会最后一场——南京大学与辅仁大学冠军争夺赛开始了。正方上四女,反方上四男,大会主席杨澜随口评说："一边是长袖善舞,巾帼不让须眉;另一边是豪情勃发,好男要跟女斗。过去我们都说龙虎斗,看来今天要改成龙凤相争了。"

〔提示〕 这种修辞为整齐对比。说话人针对现场情况,能三言两语概括特征,引发情趣。

〔示例〕

一个夏季的夜晚,天文学家和哲学家泰勒斯仰望满天星斗边走边思考,一不小心掉进路旁坑里,周围人哈哈大笑。一个饶舌的家伙奚落泰勒斯:"你自称能认识天上的东西,可怎么连地上的坑也不认识而跌进去了呢?"泰勒斯从坑里爬出来,从容地回答说:"只有站得高的人,才有从高处跌进坑里的权力和自由;没有知识的人,本来就躺在坑里,自然就无所谓'跌'了!"

〔提示〕 这是借事类比,借题发挥。它能帮助说话人摆脱窘境,争取主动。

〔示例〕

二千多年前,马其顿国王率领军队远征印度。时值盛夏,将士们渴得嗓子冒火。国王派人四处找水,好半天才找来一杯水。国王命令军队集合,他高举水杯,站在土坡上大声说:"将士们,现在已经找到一杯水了。有水就有水源,前进吧!"说完,把那杯珍贵的水倒掉了。将士们受到巨大的感染,奋勇前进,终于找到了水源。

〔提示〕 这是用行为激励的方法增强话语的感召力。

一、语音调节

语音调节,是为了追求口语的语音美。选择优美和谐的语音形式,不仅可以恰切表情达意,还可烘托意境气氛,增强语言的感染力,取得音意俱佳、声情并茂的表达效果。

语音调节的主要方式有:音节调节、语调调节、节奏调节等。

(一) 音节调节

音节的工整对称、和谐押韵以及拟声、叠音等,都有极强的修辞效果。

1. 对称

〔示例〕 李燕杰的一句演讲词:

丨丨－－－丨丨

远望方觉风浪小,

－－丨丨丨－－

凌空乃知海波平。

〔评析〕

这句话音节对称,平仄对仗,铿锵悦耳,很有气势,给人印象很深。如果直说"要往远处看,高处看",音节不对称,表达效果就差远了。

〔示例〕《新时代的流行色》演讲:

当今的时代,是探索的年代,竞争的年代,改革的年代。我们的时代要求人们顽强奋斗,勇于创造,毛遂自荐,敢于冒尖。我们欣喜地看到,一大批有理想,有抱负的青年,凝聚着自尊、自信、自强、自立的时代精神,在社会需要的时刻,挺身而出,接受挑选,并且在各自的岗位上做出了贡献。

〔评析〕

这段演讲,"探索"、"竞争"、"改革",概括了当今时代的特点。"顽强奋斗"、"勇于创造"、"毛遂自荐"、"敢于冒尖",说明了时代的要求。"自尊"、"自信"、"自强"、"自立",反映了当代青年的精神风貌。思想深,内容新,讲起来顺口,听起来悦耳,具有很强的感召力。这与音节整齐匀称的语音形式有直接关系。

2. 押韵

〔示例〕 《自由》诗两种译文比较：

①"自由、爱情,我要的就是这两样。为了爱情,我牺牲我的生命。为了自由,我又将爱情牺牲。"

②"生命诚可贵,爱情价更高。若为自由故,二者皆可抛。"(译者:白莽)

〔评析〕

前一种译法,虽然忠于原文,但由于采用一般散文句式,给人印象不深;后一种译法,注意语音修辞,音节整齐押韵,读着顺口,记着容易,所以广为流传。

〔示例〕 《话说长江》解说词:

你从雪山走来,春潮是你的风采;你向东海奔去,惊涛是你的气概。你从远古走来,巨浪荡涤着尘埃;你向未来奔去,涛声回荡在天外。我们依恋长江,你有母亲的情怀。

〔评析〕

押韵可增加诗歌的节奏感和音乐美。在解说或演讲中,适当使用韵律调节,也能使语句前后呼应,和谐悦耳,营造一种感人气氛,增加语言的艺术魅力。这段解说,如果不注意音节押韵,就不会产生如此强烈的感人效果。

3. 叠音

〔示例〕 《把青春献给党的教育事业》演讲:

"在我踏上征途的前夕,我明白了许许多多。社会核心不仅仅是'我',也不仅仅是'你'。我作为社会上的一分子,时时刻刻要想到'我们'、'你们'、'他们';时时刻刻想到'我'给予'他们',给予社会的是什么。"

〔评析〕

运用叠音词语,可突出词语含义,加强对事物情景的描绘,增强口语的声音美。这段演讲词中的"许许多多"、"不仅仅"、"时时刻刻"等叠音词,能突出强调词义,深化内涵,节奏明显,声音和谐,强化了演讲人献身党的教育事业的真挚情感和思想境界。如果改成"许多"、"不仅"、"时刻",就很难有这样的表达效果。

4. 拟声

〔示例〕《理解万岁》演讲:

一天下午,轰隆隆,一发罪恶的炮弹拦腰削断了一棵碗口粗的大树。接着,轰隆隆……一连几发炮弹在战士们周围爆炸。这时,受伤的战士们继续匍伏前进。嗒嗒嗒……敌人的高射机枪追打着,战士们顺着山势向下滚,鲜血浸进了殷红的土地……

〔评析〕

拟声词可描摹事物发展变化的声音情态,增加口语表达的生动性和感染力。蔡朝东在演讲中运用这几个拟声词,音质响亮,逼真形象,生动地描绘了激烈的战斗场面,使听众如闻其声,如临其境,直接增强了演讲语言的艺术魅力。

〔训练〕

1. 从音节调节的角度,分析下边一演讲词开头的特点和表达效果。

"生活在纷纭复杂的尘世间,做人难,做残疾人更难,做一个不安于现状而又有追求、有理想的残疾青年更难上加难。如果说,人人都有一本难念的经,而残疾人的经就更难念。"

2. 口语修辞的音节调节方式,远不止上面列举的几个方面,请再举两例分析说明。

(二) 语调调节

语调,是口语表情达意的重要手段。同一语句,由于高低升降轻重长短的语调形式不同,往往可表达多种截然不同的思想感情。如"你好哇?"在不同语境,可表达"关心"、"冷漠"、"嘲讽"、"仇恨"等多种不同语气。因此,正确熟练地运用和调节语调,便是口语表达一项重要的基本功。

语调调节,可从语调要素"停顿"、"重音"、"升降"几方面着手。

1. 停顿

停顿有调节气息、显示语意、突出感情等作用。可用竖线"|、‖"表示停顿。如:

"又有|哪一个反对党‖不拿共产主义这个罪名|去回敬‖更进步的反对党人|和自己的敌人呢?"(《共产党宣言》)

这个句子较长,中间无标点符号,必须通过停顿调节气息,正确表意。

有些句子词语相同,在口语表达时,停顿不同,意义就截然不一样。如:

① 我赞成他也赞成你怎么样

② 亲爱的爸爸妈妈欢迎您

③ 妈妈说我不对

例①,可表达"我赞成他和你",也可表达"我和他都赞成"。例②,可表达"欢迎爸爸妈妈",可表达"欢迎爸爸",也可表达"欢迎亲爱的"。例③,可表达"我错了",也可表达"妈妈错了"。

有些多义词组和多义句,就是靠停顿区别意义。如:

我的弟弟|和妹妹的朋友(联合短语)

我的弟弟和妹妹的|朋友(偏正短语)

热爱人民的|军队(名词性短语)

热爱|人民的军队(动词性短语)

三个|出版社的编辑(三个指编辑)
三个出版社的|编辑(三个指出版社)
处分了|他的班长(班长受了处分)
处分了他的|班长(班长处分了他)
他们三人|一组(三个人是一组)
他们|三人一组(他们按三人一组分)

停顿可以突出句子某种重要的思想感情。如：

① 始终微笑的|和蔼的|刘和珍君‖确是死掉了,这是真的,有她自己的尸骸为证。(《记念刘和珍君》)

② 第二天早晨,这个穷苦的女孩|坐在墙角里,两腮通红,嘴上带着微笑。她‖死了,在旧年的大年夜‖冻…死…了。(《卖火柴的小女孩》)

③ 刘胡兰大声回答:"我…不…知…道。"(《刘胡兰》)

④ 午饭后还不见他起来,人们有点慌了,推开他的小门一看…,一个个都惊呆了…。(《杨水才》)

例①,停顿,强调刘和珍是什么样的人,突出了对刘和珍君的深切怀念;例②,突出小女孩的死,表现了对小女孩悲惨遭遇的深切同情;例③,突出了刘胡兰坚贞不屈和对敌人的轻蔑;例④,两处较长停顿,突出了群众面对遗体无比惊讶的神情。

停顿还可以显示诗歌的音步,体现诗歌的节奏感和音乐美。如：

远远的/街灯/明了//,
好像是/闪着/无数的/明星。
天上的/明星/现了//,
好像是/点着/无数的/街灯。

(《天上的街市》)

2. 重音 斯坦尼斯拉夫斯基说:"重音是食指,指出一个句子或一个音节中最主要的字眼。被打上重音的那个字,包含着潜台词的灵魂、内在实质和主要因素。"(《演员的自我修养》第二部第126页)由此可见,重音在口语表达中的重要作用。可用着重号"·⊙"表示重音。

重音,分语法重音和逻辑重音、感情重音等。逻辑重音可以突出某种重要含义,具有极强的表现力。如：

"快点想办法吧!"（慢了就来不及了。）

"快点想办法吧!"（光着急没有用。）

重音除表示突出强调外,还有其他一些作用。如：

有的人活着,他已经死了;有的人死了,他还活着。（《有的人》）（表示对比、反衬。）

亲爱的朋友,当你坐上早晨第一列电车走向工厂的时候,当你扛上犁耙走向田野的时候,当你喝完一杯豆浆,提着书包走向学校的时候,朋友,你是否意识到你是在幸福之中呢？（《谁是最可爱的人》）（表示排比、列举。）

重音的一般读法是加大音量,但由于人们的思想感情丰富多采,千变万化,重音的形式也多种多样。如：

① 重音轻化

　　最难忘十年文化大革命啊,

　　周总理睡得最少,最少。　　　《周总理办公室的灯光》）

② 高强音

　　黎明,一声枪响,

　　在祖国遥远的地方,

　　溅起一片血红的霞光。　　　　　（《小草在歌唱》）

③ 拖长音节

　　周——总——理——

　　山谷回音："他刚离去,他刚离去。"

　　　　　　　　　　　　　　　　（《周总理,你在哪里》）

④ 带笑声(讥笑)

这些海鸭呀,享受不了战斗生活的欢乐。(《海燕》)

⑤ 带哭声

总理,你不能走啊!

(《周总理和理发员》)

⑥ 音量层递

总理呀,我们的好总理!

你就在这里呀,就在这里!

——在这里,在这里,

在这里。　　　　　　　　　(《周总理,你在哪里》)

3. 升降　语调的高低抑扬变化,最能表现说话人的感情态度。可用箭头"↑↓"表示升降。

"啊,啊。↓是的,是的。"(答应,肯定)

"啊?↑什么,什么?"(惊疑)

"啊!?⌒这可怪了!"(惊讶)

"啊!⌒原来是这样!"(恍然大悟)

语句升降根据不同语气大致有个规律。陈述句一般用平调,句尾稍下抑;感叹句、祈使句一般用降调,句尾明显下抑;问句和没有说完的句子,用升调,句尾上扬。但是,由于思想感情千差万别、千变万化,即使同一词句,在不同的语境中,高低升降形式也不可能完全相同。如"这是谁的?"变化形式:

如果是失物招领,说时语势平,"谁"略重;

如果对别人的东西表示厌烦,则语速稍快,"谁"稍重而曲长;

如果有求于人想借东西,则稍轻较慢,语气柔和;

如果启发幼儿答题,语速则更慢,字字亲切、轻柔;

如果审问犯人,则声色俱厉,音调强而用力;

如果是思索回忆,则缓慢轻弱,略带气音。

还可以举出很多种。

又如"你过来!"同一祈使句,在不同语境中,如师生间、朋友间、恋人间、公安战士与罪犯间等等,语调的高低升降形式,也必然是变化多端、各不相同。一个句子,书面语形式只有一种,但它在不同语境中的口语语调形式,则可能有几十种几百种。应该说,人的思想感情和语境有多少形式,其语调高低升降就可能有多少种形式。这就需要我们在口语实践中仔细研究掌握,以不断提高口语表达的实践能力和艺术水平。

〔训练〕

根据语言学家赵元任先生设计的语调、语气训练材料进行训练。

1. 语调举例

调型	用处	例句
句尾略降	一般陈述	平常说话,只要阴阳上去轻说对了就行了。
音程放大	和气客气	还早呢,请坐会儿再去呀!
	表示知己	这也没什么,反正咱们都是自己人。
	不耐烦	我希望你别老那么聋,我叫了你好几遍了。
尾短不降	一般问话	问话是怎么问的?是不是这样问?
稍低尾短	猜测问	是这样问的啊?这样对了吧?
句尾上升	反问	都像你这样说,非这样不行吗?
高而轻	轻视	也不一定啊,爱怎么说怎么说。

	问第二遍	他姓什么来着？
低而重	沉重感叹	朋友，咱们到现在还不努力呀，那就没有希望了！
低而快	插话	"谈起国货来"——他说呀，"咱们应该先提倡国医"，他说。
低而响	对人凶	小孩子！笑什么！
单音加重	强调	他说的是国医，并不是旧医，就比方国历，并不是旧历。
	感情重音	我懂了这个才怪呢！
重音拖长	自信	容——易，那——容易。
下转稍重	列举	还有阴、阳、上、去，还有青的、黄的、紫的、绿的。
	赞成新意思	诶诶！这样才对。
	改谬误	你错了，先生。外国人也不全是有本事的。
	急劝，埋怨	宝宝！别动那东西！
	安慰	别怕，啊！不要紧！
	假意感叹	唉！真可怜！
尖假嗓音	惊奇着急	这这这干嘛？你你为什么不好好说呀？
单音拖长	踌躇沉思	比方说——算帐吧。……
当停不停	抢着说	八块，八块←十六块，十六的十三←二十九块←欸，我这样算对了吧？
半快半慢	话中显要点	我想咱们顶好还是不要老拿风花雪月什么的来做题目吧！
说时做补充		那么索性就等他来再说，要是他来的话。

匀读	报字音	号码－0－0，姓张，叫张天一。这就是——取法乎上——仅
匀读拖音	文诌诌地	得——其中——。你你你简直越越越弄越糊涂了嘛！
高重复	着急结巴	我我我也知道这种——这
低重复	昏乱结巴	个——这个——这个——我从来没见过这么不会说话
单音特响	骂	的人！那好办罗！一块儿走就是了！
低粗	允许	哈，好啦，快完了！
低粗加长	放心	赵先生！赵先生！
高响	远叫	欸！别叫，别叫！我们在这录
低气音	秘密	音呢！小心把你的声音录进去！

2. 语气举例

招呼：喂（wài）！你们哪儿？

疑问：嘎（á）？哪儿？

醒悟：喔（ò）！原来是你呀！

答应：欸（ê）！是的，诶诶。

应诺：欸（èi）！那可以，那行。

沉思：呃（e）——！总要两个月吧。

肯定：呒（m̄）！呒！呒呒！

怀疑：呒（ḿ）？什么？

欣喜：嘿（hēi）！真有意思！

警告：啊（a）！你这话不能随便说呀！

惊疑：哦（ó）？真的吗？

惊奇：嚄（ǒ）！哪有这怪事？

埋怨:噌(hài)！你不早说。
同意:阿(a)！我懂了。
气愤:噷(hm)！他想骗得了我？
鄙视:咔(chi)！这什么话！
反诘:嘎(á)？你管得着我吗？
轻蔑:呵(he)！他还有那么一手儿哪！
斥责:呸(pèi)！瞎说八道！
惊叹:哟(yo)！好厉害！
鄙视:哼(hng)！你信他的！
惊喜:欸(ê)！你看他怎么样？
赞同:欸(ê)！你这个办法好。
称赞:欸(ê)！你这个办法好极了！
后悔:唉(ai)！我怎么没说嘛！
叹息:咳(hai)！也是没办法！
安慰:哎(ai)！那没有什么关系！
喜笑:呵(he)！呵呵呵呵！
大笑:哈(ha),阿,哈哈哈哈！
惊呆:呃(e)！呃——什么什么？你说什么？
惊悟:唷(yo)！我忘了！
惊叹:唷(yo),喔唷(oyo)！那怎么办呢？
惊叫:啊呀(aya)！那不糟了吗？
可惜:啧 z(!)啧啧！真糟糕！（啧 z:舌尖前吸气音。）
痛惜:啡(bf)！啧！真可惜！（啡 bf:唇齿吸气音。）
惊疑:耶(yé)！怎么没声音了？

〔训练〕

1. 分析下列多义词组有哪几种含义。请用语调的停顿、重音、升降,把每一种含义表述清楚。

① 小李和小张的朋友
② 几个班的干部
③ 打伤了他的人
④ 看打球的小朋友
⑤ 反对的是他
⑥ 关于鲁迅的著作
⑦ 穿好衣服
⑧ 我想起来了
⑨ 儿子死了父亲很伤心
10 五日前来报到

2. 仔细体会下列语句含义,并标注语调符号,然后朗读或朗诵。

① "赵州桥非常雄伟,全长五十三点八二米,两端宽约九点六米,中部略窄,宽约九米。"(《赵州桥》)

② "狂风吹不倒它,洪水淹不没它,严寒冻不死它,干旱旱不坏它。它只是一味地无忧无虑地生长。松树的生命力可谓强矣。"(《松树的风格》)

③ "中国古时候有个文学家叫司马迁的说过:'人固有一死,或重于泰山,或轻于鸿毛',为人民利益而死就比泰山还重,替法西斯卖力,替剥削人民和压迫人民的人去死,就比鸿毛还轻。张思德同志是为人民利益而死的,他的死是比泰山还要重的。"(《为人民服务》)

(三)节奏调节

音乐舞蹈有节奏,人体运动有节奏,天体运行、江河奔流都有一定的节奏。口语节奏,是指语音高低强弱轻重缓急有规律的交替变化。优美而富于变化的节奏,不仅可以表达波澜起伏、丰富多彩的思想感情,还可以激发听者兴趣,充分显示口语的艺术魅力,给听者以美感享受。因此,口语表达必须善于掌握节奏变化。

口语节奏大致可分四种:轻快型、沉稳型、舒缓型、强疾型。

1. 轻快节奏

这种节奏,音调多扬少抑,声轻而不着力,有时有一种跳跃感,常表现欢快、诙谐、幽默等思想感情和生活图景。

〔示例〕

    一阵阵馋人的香味透出厨房,
    热烘烘的烤炉里在吱吱作响。
    "大嫂,在烤什么山珍海味?"
    窗外的田鼠对窗里的蛤蟆大声叫嚷。

    "他大哥,不是鸡雏也不是麻雀,
    是一只仙鸟,羽毛跟白雪一样。"
    "怎么,弄到了一只天鹅吗?
    您真有通天的本事,不比寻常。"

    田鼠的话蛤蟆打心眼里爱听,
    她打开话匣子拉起了家常:
    "看你说的,我也没什么本事,
    事在人为嘛,还不是靠朋友帮忙。

    你知道,池塘的管理员鹭鸶爱吃鱼,
    我送了几条上好的鲤鱼请他品尝。
    一来二去,我们成了过得着的朋友,
    经他介绍,我跟飞禽界有了来往。

    由鹭鸶我认识了鼎鼎大名的仙鹤,
    由仙鹤又结识了老雕——那山林之王。

后来,我跟雕夫人拜了干姐妹,
她爱吃螃蟹,我给她送去一大筐。

雕夫人陪我走进她家的餐厅,
我第一次吃到天鹅肉,又嫩又香。
我请求她帮我弄一只天鹅,
没过几天,她就满足了我的希望。"

"这下子,你全家可以饱餐一顿,
也许我也能分一碗美味的鹅汤。"
"不行! 不瞒你说,他大哥!
这稀罕物儿,我早已安排了用场。

我打算请喜鹊先生来吃顿便饭,
他才真正通天,能见到天上的织女牛郎。
如果他肯赏脸来尝尝天鹅的味道,
通过他,就不难弄到天上的凤凰。"

且住! 我这该死的嘴胡诌(zhōu)些什么?
蛤蟆能吃到天鹅肉,岂不荒唐!
但"关系"是笑咪咪的特殊许可证,
不久,凤凰就会放进蛤蟆的烤箱。

(《烤天鹅的故事》)

〔评析〕

蛤蟆要吃天鹅肉,是世人公认的"妄想",但这个蛤蟆"大嫂",通过通天的本事和"关系",不仅吃到了天鹅,还要弄到天上的凤凰。这个寓言故事,形象生动,语言活泼,寓意深刻。朗读时,可用轻快的节奏,以取得诙谐、幽默的讽刺效果。

2. 沉稳节奏

这种节奏,音调多抑少扬,音较强而有力,常用于表现庄重、肃穆、沉重、悲痛的思想感情和场景。如:

〔示例〕

别了,我爱的中国,我全心爱着的中国!我倚在高高的船栏上,看着船渐渐地离岸了,船和岸之间的水面渐渐地宽了。我看见许多亲友挥着帽子,挥着手,说着"再见,再见!"我听着鞭炮劈劈啪啪地响着,我的眼眶润湿了,我的眼泪已经滴在眼镜面上,镜面模糊了。我有一种说不出的感动。

船慢慢地向前驶着,沿途停着好几只灰色的白色的军舰。不,那不是挂着我们的国旗的,那是帝国主义的军舰。

两岸是黄土和青草,再过去是地平线的几座小岛。海水满盈盈的,照在夕阳之下,浪涛像顽皮的小孩似的跳跃不定,水面上一片金光。

别了,我爱的中国,我全心爱着的中国!

我不忍离了中国而去,更不忍在这个大时代中放弃自己应做的工作而去。许多亲爱的勇士正在用他们的血和汗建造着新中国,正在以满腔热情工作着,战斗着。我这样不负责任地离开中国,真是一个罪人!

然而,我终将在这个大时代中工作的,我终将为中国而努力,而贡献我的身、我的心的。我离开中国,为的是求得更好的经验,求得更好的战斗的武器。暂别了,暂别了,在各方面斗争着的勇士们,我不久将以更勇猛的力量加入到你们当中来!

当我归来的时候,我希望这些帝国主义的军舰都不见了,代替它们的是悬挂着我们的国旗的伟大的中国舰队。如果它们那时候还没有退出中国海,还没有被我们赶出去,那么,来,勇士们,我将加入你们的队伍,以更勇猛的力量,去驱逐它们,毁灭它们!

　　这是我的誓言!

　　别了!我爱的中国,我全心爱着的中国!

(郑振铎《别了,我爱的中国》)

〔评析〕

本篇记叙作者远离祖国时的动人情景,表达了作者对祖国无比热爱和无限眷恋的赤子之情。语言朴实、真切,感情深沉、热烈。只有采用沉稳的节奏,才能表达作者对祖国深沉而真挚的爱心。

3. 舒缓节奏

这种节奏,语速缓慢,音长声轻而不着力,常表现舒畅、喜悦的情感或和谐优美、柔和幽静的场面。如:

〔示例〕:

　　曲曲折折的荷塘上面,弥望的是田田的叶子。叶子出水很高,像亭亭的舞女的裙。层层的叶子中间,零星地点缀着些白花,有袅娜地开着的,有羞涩地打着朵儿的。正如一粒粒的明珠,又如碧天里的星星。微风过处,送来缕缕清香,仿佛远处高楼上渺茫的歌声似的。这时候叶子与花也有一丝的颤动,像闪电般,霎时传过荷塘的那边去了。叶子本是肩并肩密密地挨着,这便宛然有了一道凝碧的波痕。叶子底下是脉脉的流水,遮住了,不能见一些颜色;而叶子却更见风致了。

　　月光如流水一般,静静地泻在这一片叶子和花上。薄薄的青雾浮起在荷塘里。叶子和花仿佛在牛乳中洗过一样;又像笼着轻纱的梦。虽然是满月,天上却有一层淡淡的云,所以不能朗照;但我以为这恰到了好处。月光是隔了树照过来的,高处丛生的灌木,落下参差的斑驳的黑影;弯弯的杨柳的稀疏的倩影,却又像是画在荷叶上。塘中的月色并不均匀;但光与影有着和谐的旋律,如梵婀玲上奏着的名曲。

(朱自清《荷塘月色》)

〔评析〕

这就是朱自清先生所描绘的如诗如画的荷塘月色。幽静的荷塘,迷人的月色,作者完全融入一种超然脱俗的境界。朗读时,只有用柔和舒缓的节奏,才能与作者描绘的意境融为一体,才能表现作者"淡淡的喜悦"和"隐隐的哀愁",使听者如见其人,如临其境。

4. 强疾节奏

这种节奏,语速较快,音调强劲有力,常表现激动、强烈的感情或紧张激烈的场景。

〔示例〕

海燕叫喊着,飞翔着,像黑色的闪电,箭一般地穿过乌云,翅膀掠起波浪的飞沫。

看吧,它飞舞着,像个精灵,——高傲的、黑色的暴风雨的精灵,——它在大笑,它又在高叫……它笑那些乌云,它因为欢乐而高叫!

这个敏感的精灵,——早就听出了震怒的雷声已经困乏,它深信,乌云遮不住太阳的,——是的,遮不住的!

风,在狂吼;雷,在轰响……

一堆堆乌云,像黑色的火焰,在无底的大海上燃烧。大海抓住闪电的金箭,把它们熄灭在自己的深渊里。这些闪电的影子,像一条条火蛇,在大海里蜿蜒游动,一晃就消失了。

——暴风雨,暴风雨就要来了!

这是勇敢的海燕,在怒吼的大海上,在闪电中间,高傲地飞翔;这是胜利的预言家在叫喊:

——让暴风雨来得更猛烈些吧!

(高尔基《海燕》)

〔评析〕

本篇描写暴风雨来临前海燕同乌云、狂风、海浪的顽强搏斗,歌颂俄国无产阶级革命先驱英勇无畏的战斗精神,激励人民群众投入斗争,迎接革命高潮。朗读时,只有以饱满的激情、高昂的语调、强疾的节奏,才能表现革命者化身海燕的英雄气概和斗争精神。

以上四种节奏在实际口语中并不是单一孤立的。一篇作品朗读朗诵或一段讲话,常以一种节奏为主,兼有其他几种节奏。例如,往往是轻缓中有沉稳,舒缓中有强疾。不同节奏的对比呼应、协调推进,才是节奏变化的自然形态和魅力所在。掌握节奏变化,还要注意做到:快而不乱、慢而不断、强而不浊(不声嘶力竭)、弱而不薄。总之,在口语表达中,要从思想内容实际出发,掌握各种节奏的相互配合及自然转化,保证口语风格的协调统一,以增强口语节奏的表现力和感染力。

〔训练〕
1. 举例说明各种节奏的语音形式和表达效果。
2. 分析下面这段《红色风暴》台词的节奏变化,并练习朗诵。

　　今天下午六时左右,江岸铁路机厂的工头胡大头——就是他!(指胡大头)跑到工人黄得发、江有才家里,用威逼利诱的办法,叫黄、江二人替魏处长的父亲开压道车。魏处长的父亲因急于要去新市场看女伶风骚泼辣"夜明珠"的上场,一路上就迫令黄、江二人加紧摇车。这时,迎面开来一列军车,按铁路行车规章惯例,压道车必须让火车。所以,黄、江二人就准备下车让路。但是,魏处长的父亲因急于要看'夜明珠'的上场,迫令黄、江二人继续往前摇车。黄、江二人向魏处长的父亲委曲陈词,还扶他老人家下车,但是这个老人蛮不讲理,破口大骂。说什么"我的儿子魏学清,乃是京汉铁路总局的警务处长,手里捏着好几团人,任何车辆见了我魏老太爷一律得让路……"他一面谩骂,一面用手杖猛击黄、江二人。这时,眼看军车已经开近压道车,黄得发不得已跳车逃命,江有才却被魏处长的父亲拖住不放一起碾死在车轮下。这就是全案的经过。

这难道还不明白吗?真正的杀人凶手是谁呢?正是那位已经死去了的魏处长的父亲!

工人兄弟们!哪个父亲不爱儿子?哪个儿子不爱父亲?父亲被谋杀了,做儿子的能俯首贴耳不表示抗议吗?不能!但是江有才的儿子还未满周岁,他不会说话,他生在穷苦的工人家里,吃不饱穿不暖。他现在病在他母亲的怀抱里,他除了干嚎之外,做不出任何表示。

工人兄弟们,工人兄弟们!哪一个妻子没有丈夫?哪一个丈夫没有妻子?她(指江妻)没有了丈夫,她的丈夫江有才被魏处长的父亲谋杀了。她难道甘心俯首贴耳不表示抗议吗?不能!但是她毕竟不敢有所表示。她从小受尽了有钱有势人的压迫,她从小过着牛马不如的生活。她体弱,她胆怯,她现在除了悲痛啼哭之外,做不出任何表示,这难道是公道的吗?这难道是公道吗?我们难道不应该替死者伸冤吗?我们难道不应该要求魏处长父亲的儿子魏处长负责赔偿死难家属的一切损失吗?还有,工人黄得发,因遭受魏处长的父亲的纠缠,不得已跳车受伤。请看,他现在左额鲜血未干,右腿和右肘都有伤痕。这难道也要他自己来负责吗?难道不应该由魏处长父亲的儿子魏处长——你,负责赔偿工人黄得发的一切损失吗?

(《红色风暴》)

二、态势配合

态势(包括眼神、手势、身姿)是口语交际的辅助手段,也是说话人内在素质和修养的体现。它和话语的巧妙配合,能大大增强口语表达效果,是口语修辞的重要手段。

(一) 态势配合的修辞作用

1. 强调

对重要的词语和句子,伴以明显的态势动作,可以强化口语的思想感情表达,使口语和态势相辅相成,相得益彰。在作肯定和否定判断时,这种作用和效果尤为明显。

2. 暗示

受控制的态势,有时还可以暗示不好明说的口语信息。如两人交谈时间很长,客人没有走的意思,主人又不好意思赶客人走,于是一边谈笑,一边做一些暗示动作:"看表"或"伸懒腰"。客人看到"暗示",便会停止谈话,准备告辞。

3. 掩饰

隐真示假是态势配合的一种重要技巧。如在社会交往中,内心紧张却可以表现得神态镇静、坦然自若;心情喜悦却可以表情平淡、不形于色。如果不想直接答话,也可以微微一笑,既不得罪对方,也使自己解围。有人说"微笑"是"世界语",可以化解矛盾,美化个人和社会。这都可以说明态势有掩饰美化作用。

(二) 态势配合的基本要求

1. 协调

态势和口语配合,必须准确得体,配合默契,适应交际语境,符合交际需要。

2. 自然

各种态势动作,要自然大方,不造作不勉强,伸缩自如,过渡流畅。要有心理依据,符合审美习惯,能给人以美感。

3. 有度

态势动作要有控制。不可太少太弱,也不可太多太滥,不可过分夸张。特别是,感情激动时,要有节制,要防止失态,弄巧成拙。

(三) 态势配合训练

1. 眼神

眼神(包括面部表情)是心灵的窗户,是人的信息发布中心,最引人注目。它能反映一个人的感情、个性特征,能表现一个人丰富多彩的内心世界。如:正视,表示庄重或诚恳;斜视,表示轻蔑或怀疑;环视,表示探求或渴望;点视,表示关注或示意;仰视,表示崇敬或傲慢;俯视,表示关切或忧伤;凝视,表示专注或忘情;虚视,表示冷淡或回味。

在口语交际中,人们总是根据对方的眼神评价其话语的重要性及可信度。眼神游移不定随意闪动,便很难让对方重视和信任;多余的不规范的眼神,只会引起人们不快,甚至反感。

眼神不仅可以增强口语表达效果,可以树立良好的自我形象,展示个性魅力,在口语修辞中还可以调节话语的褒贬意义。如:

〔示例〕

① 你真了不起呀!我向你学习。

② 你真爱帮助人哪,活雷锋!

这两句动人的赞语,如果加上白眼斜视,便会成为冷嘲的恶语。

① 我讨厌你,不许你再打搅!

② 妈妈,你真啰嗦,我不听!

这两句烦心的话,如果加上亲切温柔的目光,就会变成爱慕、娇嗔的好话。

由此不难看出,眼神在口语修辞中的重要作用。

〔训练〕

1. 比较下列问答的眼神设计,看哪一种比较合适?为什么?

问:"一个青年成熟的标志是什么?"(眼神设计:① 斜视,视线游移;② 仰视,视线向上;③ 凝视,视线柔和专注。)

答:"温柔而不软弱,成熟而不世故,谨慎而不拘泥,忍让而不怯懦,刚强而不粗暴,自信而不狂妄,热情而不蛮干,勇敢而不鲁莽,好学而不盲从,纯真而不清高,敏锐而不轻率。"(眼神设计:① 凝视,视线集中一点;② 仰视,视线向上;③ 由正视转为环视,关注全场。)

2. 举例说明哪种眼神不利于交往,哪种眼神受人欢迎。

2. 手势

手势在态势语中动作最明显,表达最自由。从形式上看,有手掌手势、手指手势、拳头手势。从表意作用上看,有象形手势、指示手势、情意手势、象征手势。象形手势,描摹事物的形体外貌,能给人以形象的感觉;指示手势,有指明对象、方向、处所的作用;情意手势、能突出说话人的强烈情感,可以渲染气氛,增强感染力;象征手势,可以用具体动作表示比较抽象的思想内容,能引起对方联想想象。

手势活动范围可分三个区域:肩部以上为上区,多表现积极、振奋、赞扬等情意;肩至腰部为中区,多表示平静、严肃、和气等;腰部以下为下区,多表示否定、压抑、鄙视等。

在口语表达中,手势配合要准确、自然、和谐。必须话到手到,出势要准,收势要稳,符合表达者的思想身分,符合交际语境需要。

〔示例〕

《成才之路就在你的脚下》演讲最后一段:

"青年朋友们,你们渴望成才,成才之路就在你的脚下。我坚信,你一定会在这充满机遇和困难的道路上迈开大步,奋力拼搏,达到那光辉灿烂的顶峰。我预祝你成功!"讲到这里,他把手握成拳头,举到与肩相平,并持续了几秒钟。这个手势,显示了力量和信心,也表达了热烈的期望和祝愿。

〔训练〕

1. 结合实例谈谈,在口语表达中有态势配合与无态势配合的差别,配合协调与配合不协调的差别。

2. 给下面一段诗朗诵设计手势动作。

"朋友,微笑吧,微笑是沉静的美,
同志,微笑吧,微笑是文明的桥。
让全世界都投来惊喜和羡慕,
在中国充满了微笑!"

(提示:第一二行可用单手掌分别向左向右,三四行可用双手掌向前。)

3. 给下面的演讲词设计手势动作。

①"我想提个问题,谁能用一个字来概括青年和祖国的关系呢?我认为,这种关系概括起来,就是一个'根'字。"(《青年与祖国》)

②"看!从黑龙江的边陲到海南岛的天涯海角,从喜马拉雅山麓到东海之滨的上海,一个个青年在改革的风口浪尖上伫立。他们无所畏惧,他们有胆有识,他们敢作敢为,他们无愧是改革的弄潮儿。"(《青年应成为改革的弄潮儿》)

(提示:个人先进行设计,然后在小组演示,看谁的设计准确到位,配合自然优美。)

3. 身姿

身姿，主要指站姿、走姿、坐姿。身姿不仅可以强化口语信息的表达效果，还可以反映一个人气质、风度、素养和内心活动。比如，正襟危坐表示恭谨；左右摇晃是紧张不安；两腿颤动是胆怯或焦躁；摇二郎腿是怡然自得；站姿端正，有节奏的移动是神态潇洒自如等。

有人曾把理想的身姿概括为："站如松，坐如钟，走如风。"在生活中，只要站有站相，坐有坐相，走有走相，符合自己身分，符合交际环境，做到端正、自然、大方，就可以了。

一般的站姿是，两脚基本平行，相距与肩同宽；或两脚一前一后，相距适中。要站直站稳，抬头挺胸，精神饱满。一般的坐姿是，挺胸收腿，肩平，腰直，身正，呼吸均匀。一般的走姿是，挺胸抬头，目光集中，步态从容，手臂自然摆动。

身姿与人的素质修养、心理态度密切相关。因此，身姿训练既要注意外部形态，更要重视内心的体验。在口语交际中，一个人只有自尊自信，待人真诚热情，处事宽容大度，身姿态势自然就会文雅、有礼。

身姿和眼神、手势，在态势语中互相联系，是一个不可分割的整体。在分解训练中，必须注意整体配合。只有加强整体配合，才能显示态势表情达意的整体效应，增强态势配合的修辞效果。

〔训练〕

1. 练习上下台的身姿态势。

　① 从座位上沉稳站起。

　② 迈步走上讲台时，要精神饱满，神态自然，步子沉稳，面带微笑，不左顾右盼。

　③ 上台后站直站稳，轻轻吸一口气，环视听众。

　④ 问候听众，面对听众讲话。

⑤ 讲完话后对听众致谢。
⑥ 下台动作沉稳,体态端庄,走姿与上台相同。

2. 为下列名言设计整体性的态势,体验态势配合的修辞作用。

① "伟人们之所以看起来伟大,只因为我们自己在跪着。站起来吧!"

② "人生最重要的事,必须有一个伟大的目标,更要有达到这一目标的决心。"

③ "世界上最宽阔的是海洋,比海洋更宽阔的是天空,比天空更宽阔的,是人的心灵。"

(提示:个人设计好后登台演示。)

3. 讲述《"0"的断想》,注意眼神、手势、身姿与口语的协调配合。

"0"的断想	手势建议
0 是谦虚者的起点, 　　是骄傲者的终点。	(掌心向上抬起,中区。 翻转掌心下压。)
0 的负担最轻 　　但任务最重。	(抬臂,掌心向上,轻晃。 紧握拳,用力,拳心向内。)
0 是一面镜子, 　　让你认识自己。	(举臂,掌心向内, 目视掌心。)
0 是一只救生圈, 　　让弱者随波逐流。	(掌心向下,划圈, 由内向外缓缓移动。)
0 是一面敲响的战鼓, 　　使强者奋勇前进。	(上举拳,有力, 伸掌指上前方,用力。)

〔提示〕 态势动作表情要和语句内容配合协调。动作要有连贯性,过渡要自然。可根据自己体会设计恰当手势,力求准确得体、自然大方。

三、语境把握

口语交际与书面语交际的显著不同在语境。时间、处所、对象等语境因素,为口语修辞提供了特殊有利条件。

(一) 时间

在口语交际中,时间是言语表达的条件,它可以传递信息,又可充当非言语信息载体。

在口语修辞中,时间常常作为双方态度、感情的暗示手段。首先,双方平等地占用谈话时间,可显示彼此平等尊重。在交谈时乱插话、乱抢话都令人不快,被视为不礼貌行为。其次,双方对交际时间的感受,能显示彼此关系是否和谐。一个人同好朋友在一起和同不喜欢的人在一起,对时间的感受截然不同。令人神往的会晤,总要稍微延长时间。如毛泽东会见尼克松,用了65分钟,就使新闻界获得了会谈成功的信息。过早中断会晤,总和双方不和谐相联系。此外,在困难的情况下,双方按时赴约,可显示彼此真诚守信。如果约会姗姗来迟,不是意外,便是不重视,不情愿,或摆架子等。时间传递正反两种倾向信息,都可以作为修辞手段为口语交际服务。当然,时间在交际中传递信息不如语言那样明确,对它的破译需要从交际的整体上考察。

由于交际双方处于同一时间,可以建立时间同感,口语修辞便可以从以下几方面着手。一、选择时间。选择对方乐于接受的时间交谈,可以不使对方感到紧张或麻烦,可以增加愉快和谐气氛,为交际成功创造条件。二、抓住时机。常言:"机不可失,时不再来。"时效性,是口语的价值和生命。该说的话必须立即说,错过时机就会变得毫无意义。如马雅可夫斯基对挑衅者的反击。挑衅者对马雅可夫斯基说:"你的诗不能使人沸腾,不能使人燃烧,不能感染人。"马雅可夫斯基立即回答:"我的诗不是大海,不是火炉,更不是鼠疫。"这句话的价值就在于及时而有力。三、浓缩时间。当交际时间不够用时,可以加大信息量,可以加快表达速度。只要言简意赅,就可以少胜多。四、延长时间。如用沉默争取主动,用拖延时间来施加压力等,都能得到意想不到的效果。五、演示时间。真切地让人感受到某一时间段发生的事情。如有人在《防止人口爆炸》的演讲中,先让电子表"嘀嘀"响了十秒,然后说:"就在刚才的10秒里,我国又增加了8人。照这个速度,我们每分钟都要增加48人,每小时都要增加2800人……"这种巧妙的表达方式,产生了强大的震撼力。

〔训练〕

1. 举例说明时间在口语修辞中怎样作为情感、态度的暗示手段。

① 平均分配交谈时间——
② 主观感受时间的长短——
③ 准时赴约——

2. 举例说明口语修辞利用时间同感能发挥什么作用。

① 选择时间——
② 抓住时机——
③ 浓缩时间——
④ 延长时间——
⑤ 演示时间——

(二) 空间

口语交际中的空间是指处所及交际者之间所处的距离和位置等,这些因素都有特殊的修辞功能。

处所能为交际提供一种背景意义。适当选择交际处所能起到烘托气氛、产生交际优势、增强表达效果等修辞作用。例如读书座谈会,选在歌舞厅就不如选在阅览室效果好;青年志愿者聚会,选在草坪广场就比在礼堂好。花前月下,话语自然甜蜜;长途客车上,应酬多于谈心:这些都是交际处所的氛围效果。另外,交际处所的选择,还要看是否有益于交际者优势的发挥。在自己的办公室里召集会议,会加大自己说话的份量,因为他人知道你是这里的主人。实验室里,博学多才的专家说话,能增强影响力;演出厅内,能歌善舞者能成为人们仰慕的对象。处所改变能影响交际效果的例子随处可见。一般说来,办公室让人感到严肃,公事公办是基本原则。家庭比较温馨,富有人情味,能适度冲淡社会地位差异。与不好接触的人交往,最好走进他的家庭而不是走进他的办公室。许多在办公室不能解决的非原则性问题,在访问家庭时可以得到圆满解决。

总之,谈什么话题,和什么人谈,追求什么效果,都必须考虑处所是否适宜。

交际中各人的空间距离和位置安排也有暗示作用。生活中有这样的例子,二次世界大战时,墨索里尼喜欢在自己空荡荡的办公室里和人谈话。他在一个巨大的写字台后安放了一把高椅子,魁梧的身躯高高在上,俯视着交谈对象。而罗斯福则喜欢在周末与来访者交谈,他和客人们围座在壁炉旁边,有时还点一支蜡烛。通常情况下,亲昵还是亲近,有不同的距离常规。距离太近让人厌烦,尤其是对异性、长者或权威人物;距离太远则是明显的疏远,更让人不舒服。在会议桌上,不要超越自己的"领地"去"侵犯"他人,以免引起对方烦躁不安。

交往位置调整的一般原则是:平等的场合,要淡化中心位置,如串门访友;不平等的场合,要突出中心位置,如争议谈判。在一般交际场合,位置安排要主次有序,客主有别,以便有条不紊地有效交流。

〔训练〕

1. 举例说明处所在口语交际中的修辞作用。

① 烘托气氛——

② 显示优势——

③ 提高效率——

2. 举例说明在下列交际环境中,应该怎样调整空间距离。

① 演讲者与听众——

② 和同学争论问题——

③ 和异性同学聊天——

(三) 对象

说话要看对象。口语修辞,只有了解对象,适应对象,言辞才能准确、有效、得体,取得良好效果。

跟不同年龄、性别、社会地位的人交往,要礼貌热情,注意发挥他们在交往中的积极作用。对老年人要注意语言禁忌,重视他们的经验。对中年人要关心他们的生活,理解他们的忠告。对青年人,要启发他们的兴趣,欣赏他们的活力。对少年儿童要鼓励他们的上进心,激发他们的求知欲,谈话要明确、形象、直观。对异性要有礼貌,语言注意分寸。对社会地位不同的人要平等对待,热情大方,不卑不亢。

中学生,心理、生理都处于发展的不稳定、不成熟阶段,他们希望独立,要求尊重,好奇好动,自制力差,容易受到心理暗示的影响。和他们交往,如果语言艰深晦涩,语调冷峻,声音刺耳,一定是不受欢迎的。另外,12岁以上少年能聚精会神地注意某一事物的稳定时间是30分钟左右,假如不厌其烦地谈一个话题,他们则接受不了。

跟不同文化修养、不同性格、不同职业的人交往,要因人而异,求得共识。对文化程度低的人,不谈本专业的高深知识,话语要通俗,语气要谦和,不打断对方谈话,不取笑对方。对文化水平高的人,择词用语要慎重,谈吐要文雅。对性格急躁的人,说话要简明准确。对沉默寡言的人,应引发他的谈兴。对敏感多疑的人要用语慎重,表达完整。对主观固执的人,要多摆事实,多探询商讨。对特殊职业的人,要尊重其职业习惯。与外宾交往,要了解尊重他们的文化习俗。

总之,与不同年龄、性别、职业的人交往,都必须因人而异,采取不同的言语、语调、语气,不同的表达方式,做到文明礼貌,恰当得体,以达到加深理解,有效交流。

〔训练〕

1. 假如你批评一位迟到的中学生,他当众顶撞了你,请设想出几种巧妙处理这件事的方法。

2. 有一次,周总理接见外宾,翻译将邓颖超译成总理的"爱人",周总理纠正为"妻子",为什么?

四、技巧运用

在口语交际中,人们为了达到一定的交往目的,需要选择组织相应的言语技巧,以有效控制言语行为,增强言语表达效果。可供选用的技巧很多,我们主要讲下列五类十种:第一类是直快与委婉,即直、曲两种修辞倾向的对比;第二类是类比与反衬,即正、反两种修辞倾向的对比;第三类是模糊与夸饰,即弱、强两种修辞倾向的对比;第四类是简约与丰繁,即炼、达两种修辞倾向的对比;第五类是严整与幽默,即庄、谐两种修辞倾向的对比。

(一)直快与委婉

直快的言语表达具有言语通俗、情溢言表、快捷真切、脱口而出等特点。它在修辞上有展示个性魅力,拉近心理距离,打破矫情俗套,产生震撼力量等效果。

委婉的语言表达有措词柔和、角度灵活、话语平和动听等特点。它在修辞上表现出具有善意宽容的气度,文雅深沉的风格,曲折巧妙的韵味。委婉又包括选用委婉词和运用委婉方式等。

直快与委婉,各有各的优势,各有各的使用范围。一是强调真情,贵在推心置腹,单刀直入,理直气壮;一是留有余地,贵在设身处地,心平气和,曲径通幽,以柔克刚。直和曲在口语交际中应各得其所,相映生辉。

〔训练〕

1. 依据下例分析直快和委婉在口语交际中的作用。

① 1991年底在中美知识产权谈判中,美方代表一见面就出言不逊,说:"我们是在和小偷谈判。"吴仪马上针锋相对地顶了回去:"我们是在和强盗谈判。请看,你们的博物馆里的展品,有多少是从中国抢来的!"对方顿时哑口无言。

② 陈毅在一次千人大会上演讲的开场白:"听我作报告,可以随便一点,愿意听就听,不愿听可以自由退席。不愿听又不好意思走的,允许就地打瞌睡。不愿意打瞌睡的,我教你一个办法,你可以思想开小差,脑子里唱大戏。"

③ 1883年3月17日,恩格斯在马克思墓前的讲话:"3月14日下午两点三刻,当代最伟大的思想家停止思想了。让他一个人留在房里还不到两分钟,等我们再进去的时候,便发现他在安乐椅上安静地睡着了——但已经是永远地睡着了。"

④ 歌德同一位批评家在一条小路上迎面相遇。批评家傲慢地说:"我从来不给傻子让路。"歌德笑着回答:"先生,我跟您正好相反。"说完侧身往路旁一站,批评家无言以对,涨红着脸溜走了。

2. 举例说明应该怎样使用直快与委婉的修辞技巧。

（二）类比与反衬

　　类比是比喻的扩展，修辞上又叫扩喻。它的本体和喻体一般都是短句。常组成平行句式，有的本体在前，有的喻体在前，本体和喻体间不用比喻词。类比是在两种事物间求同的修辞格式。它由人的丰富联想而产生，能由此及彼，以事说理，事理合一，富有情趣。类比可使哲理形象化，玄机通俗化。

　　反衬是衬托的一种，它用相反或相异的事物作为背景，烘托主体。"欲擒故纵"，说的就是反衬。反衬不仅以次要的衬托主要的，更以反面的衬托正面的，让正面的更加鲜明突出。以动衬静，以哀衬乐，以非衬是，以褒衬贬，都能使口语表达艺术力量倍增。

　　类比和反衬代表的修辞倾向，一是在两事物间求同，一是在两事物间求异，但却异曲同工，殊途同归。它们都是用联想的方法，来揭示事物的实质。二者一正一反，相得益彰，可使口语表达绚丽多彩。

〔训练〕

1. 用类比的方法驳斥下列歪理：
   ① 窃书不为贼。
   ② 作品越高，知音越少。
2. 分析下例中类比的修辞作用。
   ① 班主任津贴增加后，学校因财政困难想恢复到以前的标准，开会讨论。一中层领导站起来说："在冬天，一个人穿毛衣毛裤，并不觉得冷，可如果有人给他披上大衣，一会又把大衣拿掉，他就感觉到冷了。"这段话启发了学校领导。最后决定克服困难继续兑现已增长的班主任津贴。
   ② 孟子对齐宣王说："一人远行，把妻子儿女托付给他的一位朋友照顾。这人远行归来，看见妻子儿女在受冻挨饿，他该怎么

办?"
齐王说:"和那朋友断交!"
孟子又问:"管理刑罚的长官不能管理下役,怎么办?"
齐王说:"撤职!"
孟子接着说:"一个国家的政治搞得不好,怎么办?"
齐王理亏,左右看了一下,把话题岔开了。

3. 分析下例中反衬的修辞效果。

① 离开午饭还有四五分钟,某君才轮上发言。他说:"今天我准备讲很长的话——"全体与会者一楞,不少人在下面交头接耳小声议论。他接下去的话是:"大家不会欢迎的。"听众活跃、鼓掌。他接着又说:"所以,我准备只讲三分钟。"又响起一片掌声。

② 台湾电视节目主持人凌峰在1990年中央电视台春节晚会上演唱《小丑》前说:"在我的人生观看来,我认为每个人都在扮演许多次的小丑,有时候是在孩子面前,有时候在父母面前,有时候是在爱人面前,有时候是在领导面前。我呢?是在观众面前。"

(三) 模糊与夸饰

模糊是充分利用语言中普遍存在的模糊性进行修辞的一种方法。它包括词义的模糊,形象的模糊,表达方式的模糊。模糊在口语交际中不仅给人雾里看花的朦胧美,还可以抓特征,减少琐碎冗余信息。在帮助人们接近精确答案时,模糊又表现出一种特有的机智,具有不可替代的优势。

与模糊相比,夸饰表情达意更强烈,更投入。它常用来渲染气氛,突出形象,加强艺术效果。夸饰以真实为基础,这种真实是事物本质上的真实,感情上意境上的真实。所以它虽然故意夸大或缩小客观事物,但仍使人感到真实合理。流传民间的生动口语常含夸饰,可反映朴实真切的民风民情。夸饰借真实突现的语境而生,能激发人们的联想与共鸣。

模糊与夸饰,在修辞张力上一弱一强,一收一放,相映成趣,各有风采。但它们出现的场合都有某种限制。只有适合场合,才会使表达效果锦上添花。

〔训练〕

1. 陈原先生在《社会语言学》中说,用模糊语言寻人比用精确语言更清晰。试举例证明这一观点。

2. 有人问一位不认识麂和麂的少年:"关在小笼子里的两只动物哪个是麂,哪个是麂?"少年答道:"鹿旁是麂,麂旁是麂。"人们拍掌叫绝。少年的回答妙在何处?

3. 搜集身边10条常见的夸饰语与同学交流。

例①提到一位足球运动员时,有人说:

"即使上帝穿上球衣也无法阻拦他。也许只有手枪才能阻止他的进攻。"

例②美国南北战争时通货膨胀,一美国人说:

"在过去,我们把钱放在衣服口袋里到商店去,而用篮子装回食物;现在,我们把钱放到篮子里到商店去,而用衣服口袋装回食物。"

(四) 简约与丰繁

简约是化繁为简的修辞方法。它言简意赅,而且明快上口,扣人心弦。简约是思维敏捷,语言技巧高超的表现。它最符合语言运用的经济性原则。简约的方式多种多样,如一语中的的概括,旁敲侧击的暗示,锤炼名言警句的强调,长话短说的压缩,关键词语的提示等等。

丰繁是词汇丰富,表达方式富于变化,用较长的篇幅表现细微含义和真挚深情的修辞方法。它具有容量大的优势。层次舒展,角度转移,特点放大,情感流动都能在同一序列中有条不紊地充分展现。丰繁构成的话语或铺陈,或博喻,或对比,或呼告,能形成意境,剖析事理,产生激励,增强语言的表现力。

简约与丰繁,一个短小精悍,一个绚丽丰满,各有各的优势,各有各自发挥优势的交际场合。在实际运用中,它们既相辅相成,又能形成鲜明的对比。

〔训练〕

1. 分析下例中简约的修辞作用。

① 1939年邹韬奋先生出席公祭鲁迅先生的大会,轮到他演讲,时间已经很晚。邹先生走上讲台说:"我愿用一句话来纪念先生:许多人是不战而屈,鲁迅先生是战而不屈!"邹韬奋先生的话引来满场掌声。

② 学贯中西的大学者钱钟书的小说《围城》及学术专著《管锥篇》饮誉海内外,一些青年作家向钱先生请教,先生说:"要想自己的作品能够收到图书馆里,得先把图书馆安放在自己的作品里。"

2. 分析下例丰繁手法在形象、情感、哲理上给人的感受。

① 一篇演讲词:"美国有几百万的民众是胼手胝足过着日子,而且憔悴,显出营养不足的样子,他们缺乏面粉充饥。可是,尼亚加拉瀑布,每小时都要无形中消耗掉与25万块面包相等的瀑布能量。我们可以想到:每小时有60万只鸡蛋越过悬崖,变成一只巨大的鸡蛋饼,跃到湍急的瀑布中。如果从织机上织下来的白布能够有4千尺宽,它的价值也等于尼亚加拉瀑布所消耗的能量,……这是个多么惊人的消耗啊!对于这个无形的消耗,有人主张拿出一笔款子来利用这一巨大的水能,想不到也有人来加以反对呢!"

② 一篇演讲词:"一个多月中,日本侵略军在南京屠杀了30万中国人。30万人排起来,可以从杭州连到南京。30万人的肉体,能堆成两座37层高的金陵饭店。30万人的血,有1200吨。"

(五) 严整与幽默

严整是与幽默相对应的修辞方法。它有严肃、严谨、务实、规范等特点。严整强调逻辑性,风格庄重,突出交际者之间的社会关系和社会责任,讲究明确达意。它不回避术语,注重论证,朴实无华,目的明确。严整的修辞方法强调真理的缜密性,事实的客观性,并自觉遵循常规的制约,不枝蔓旁生。例如讲学术问题,信息复杂,条目错综,必须环环紧扣,面面俱到,条理清晰,论证严密,才能让人信服。工作总结,调查报告,新闻发布更不能含糊其词,夸夸其谈。严整能增加可信度与权威性。

幽默是一种心态开放,机智乐观,高雅风趣的修辞方法。幽默能使人发笑,但在本质上是严肃的,在思维上是灵活的,在语言上是超常的,在表达上是创新的,在态度上是友好的。它可以利用声音、形体、环境等多种条件,采取错位、变形、趋同、急转等多种方式给人以意外的美感。温和、博识、达观、创意是幽默的特征。贬义褒用,褒义贬用,小词大用,大词小用,雅语俗用,俗语雅用,古词新用,新词古用,术语通用,成语谐音,造成意的相符和情的相悖等,是幽默的基本表现手法。

严整和幽默是不同的修辞,二者在一定条件下,也可以联合使用,互相补充。弄清它们的特点和关系,又善于在运用时融为一体,便能在谈话时刚柔相济、情理兼备,具有特有的口语艺术魅力。

〔训练〕

1. 结合下例谈谈严整与幽默的修辞作用。

① 林肯演讲词:"87年前,我们的先辈们在这个大陆上创立了一个新国家,它孕育于自由之中,奉行一切人生来平等的原则。"

② 一政治家说:"正像达尔文发现了有机界的发展规律

一样,马克思发现了人类历史的发展规律,即历来为繁茂芜杂的意识形态所掩盖着的一个简单事实:人们首先必须吃、喝、住、穿,然后才能从事政治、科学、艺术、宗教等等。"

③ 毛泽东接见从海外归来的李宗仁时,他忽然说:"哈哈,德邻先生,你上当了。"李宗仁不免一怔。毛泽东笑着说:"蒋介石骂我做'匪',你这次回来不是误上贼船吗?"客人转而大笑。

④ 两人在争吵,甲说:"你那么厉害干吗?你能吃人不成?"乙答:"我不能,因为我是回民。"

2. 美国安布罗斯·比尔斯《魔鬼辞典》对词语的解释与众不同。请看他的解释有什么特点。你能摹仿做这样的解释吗?

"大炮——一种用以校正国家边界的仪器。"

"忠告——面值最小的硬币。"

"美貌——妇女迷住情人,吓死丈夫的力量。"

"道歉——为将来再次冒犯打下伏笔。"

"信封——文件的棺材,帐单的刀鞘,情书的睡衣。"

粉笔——

流言——

朋友——

金钱——

友谊——

爱情——

〔训练检测〕

一、目标要求

1. 了解口语修辞的性质和重要作用。

2. 掌握口语修辞的基本方法,在口语实践中,注意语音调节、态势配合、语境把握、技巧运用,自觉提高口语表达的能力和水平。

二、方法步骤

1. 讨论口语修辞的意义和作用。个人写好发言提纲,推荐在班上发言。

2. 检查部分〔训练〕效果。(以"语音调节""态势配合"部分为重点。)

3. 根据训练效果评定成绩。

第三章 综合训练

第一节 朗读与朗诵

一、朗读与朗诵的意义

朗读与朗诵,是把书面语言转化为口头语言的一种语言再创造活动。它们的共同点:都是以书面语言为表达内容,都要求必须深入理解作品;都是以口头语言为表达手段;都要求字音正确、语句流利、语调语气和谐,充分表情达意。

朗读与朗诵,是语文学习的基本形式,是宣传教育的重要工具,是普通话训练的有效途径。因此,在生活学习和工作交往中,是一种比较常用而重要的口语表达形式。

朗读与朗诵的区别:

1. 表达文体不同。 朗读的选材十分广泛。诗歌、散文、议论文、说明文以及各种文章、书信等都可以读;朗诵在选材上只限于文学作品,而且只有辞美、意美、脍炙人口的文学精品,才适合朗诵。

2. 应用范围不同。 朗读是一种教学宣传形式,主要用于课堂学习和电台、电视台播音;朗诵是一种艺术表演形式,多在舞台上、在文娱活动中使用。

3. 表现形式不同。 朗读的口语形式平实、自然,可以依照作品边看边读,目的在于准确表达原作的思想内容;朗诵的口语形式生动、优美,必须脱稿成诵,目的在于艺术表演,使听众受到思想感情熏陶和语言美的享受。朗诵要求语音动听悦耳,态势动作和谐优美,为了增强表演效果,往往还需要化妆、配乐,使用舞台灯光、背景等手段。

由于朗读与朗诵口语表达基本功的要求大体相同,本教材暂合在一起进行教学训练。

二、朗读与朗诵的基本要求

(一) 深入理解　整体构思

朗读和朗诵前,必须认真研读作品,深入体察作者的意图,正确把握作品的主题思想,明确作品的社会意义。作品的主题是通过段落层次来体现的,因此还必须明确作者的思路,理解作品的结构和层次安排,全面理解和驾驭作品。在分析理解作品的基础上,还需要从语音表达角度对语调语气处理和节奏变化等,进行总体设计。这是朗读与朗诵取得成功的前提条件。

〔示例〕

　　小时候
　　乡愁是一枚小小的邮票
　　我在这头
　　母亲在那头

　　长大后
　　乡愁是一张窄窄的船票
　　我在这头
　　新娘在那头

后来啊
乡愁是一方矮矮的坟墓
我在外头
母亲在里头

而现在
乡愁是一弯浅浅的海峡
我在这头
大陆在那头

(余光中《乡愁》)

〔评析〕

这首诗共分四小节,诗人通过暗喻、衬托等手法,把抽象的"乡愁"表现得生动具体、耐人寻味,集中表达了台湾人民渴望亲人团聚的强烈心愿。根据作品的主题思想和朗读目的,可确定全诗基调为沉郁舒缓,语气多抑少扬,深长隽永。全诗选用了四个喻体:"邮票"、"船票"、"坟墓"、"海峡",交织着时空事态的运动,内涵丰富细腻。从整体看,前三个诗节是对后一节的映衬,朗读时要注意语调变化。读到后一节,声音应略提高,并加重音强,放慢语速,以突出主题。

(二)字正腔圆 气足声亮

朗读和朗诵必须做到:语音规范标准,字正腔圆。

字正腔圆,指声母准确,韵母完整,字音清晰圆润、悦耳动听。朗读时,要做到不掉字,不添字,不颠倒,不重复,不中断,自然流畅,干净利落。朗诵时,还应做到声音明亮,气力充沛,富有弹性,以气托声,以声传情。只有字正腔圆,气足声亮,朗诵时,才能做到高低自如,强弱得体,激昂如大江东去,委婉如涓涓流水,具有较强的艺术感染力。

(三) 语调自然　夸而有度

朗读和朗诵的语调都应既朴实自然而又鲜明生动,不可拿腔捏调,改变自然的音色。但朗读和朗诵在语调的运用上又各有不同。

朗读的语调应自然平实,节奏平稳,语速适当,既有内在感情色彩的丰富变化,又保持声音形式的质朴无华。

朗诵作为一种表演形式,要用优美的嗓音、生动的语气、丰富的感情、独特的感受和优雅自如的态势,牢牢地吸引和打动听众,产生撼人心魄的力量。这就要求朗诵者必须掌握一定的声音技巧,运用语调的跌宕起伏、强弱疾徐,加强语言的表现力和感染力。但是,语调的艺术夸张又必须适度。这个"度",便是内心感受的程度。如果情感的体验没有达到一定的真切度,而一味追求声情的起落强弱,那只会给人矫揉造作之感。

〔训练〕

1. 朗读《桂林山水》选段,体会语调表情达意作用。

"人们都说:'桂林山水甲天下。'我们乘着木船,荡舟漓江,来观赏桂林的山水。

我看见过波澜壮阔的大海,欣赏过水平如镜的西湖,却从没看见过漓江这样的水。漓江的水真静啊,静得让你感觉不到它在流动;漓江的水真清啊,清得可以看见江底的沙石;漓江的水真绿啊,绿得仿佛那是一块无瑕的翡翠。船桨激起的微波,扩散出一道道水纹,才让你感觉到船在前进,岸在后移。"

〔提示〕

这段文字描写桂林漓江水之美。应认真阅读分析,深切体会漓江水的"静、清、绿",用情意真切、起伏适度的语气语调,力求把文字化为生动可感的形象画面。

2. 朗诵《雪花》选段,体验语调跌宕起伏变化。

"你来了,袅袅娜娜,悄然无声,仿佛是九天仙子降落凡尘。你玉骨冰肌,晶莹圣洁,莫不是美的精灵?

你姿态潇洒,胸襟博大,把万物包容。需要荡涤的,就去荡涤,需要滋润的,就去滋润……哦,你原是善的化身!

你没有一丝伪饰,没有半点欺蒙,你表里如一,通体透明。这就是你最可贵的品质——洒满人间的真诚。

雪花,我赞美你,你是真善美的化身。"

〔提示〕

这首散文诗采用拟人、象征等手法,以美、善、真为抒情层次,热情歌颂了雪花真善美的品质,表达了对人间真善美的向往和追求。试声情并茂地朗诵这首散文诗,注意语调的跌宕起伏变化。

(四) 态势得体　上下交流

在朗读和朗诵过程中,态势是不可缺少的辅助表意手段。但朗读的态势幅度较小,一般表现为眼神和面部表情的恰当运用。朗诵的态势则显得特别重要。得体、优雅、灵活、自然的态势是朗诵成功的必要条件。

朗诵者上台后,要全身心投入"角色",情感要到位。切忌目光不定,眼中无神。恰当地运用眼神,可以有效地传达思想感情的细微变化,给人以强烈的感染。朗诵者眼前要有具体的"视象",要有如临其境、如见其状、如闻其声的真实感。只有这样,眼中才能放出神采来。朗读作品时,同样要有"视象",要充分调动感情和生活体验,用眼神和表情细腻生动地表现作品内容。朗诵过程中,需要动作配合时,要明确地把动作做出来。出势要手随音行,话到手到;停势要稳,不可乱晃;收势宜慢,灵活自如。

态势应是思想感情的真实流露,必须与感情的抒发自然吻合。
　　朗诵的态势动作一要少而精,二要生活化。要自然、大方、得体、潇洒。

〔训练〕
朗诵《回延安》诗句,体验态势表情达意的作用。
　　　　心口呀莫要这么厉害地跳,(单手抚胸。)
　　　　灰尘呀莫把我眼睛挡住了……(手顺势前伸。)

　　　　手抓黄土我不放,(双手深情地捧握。)
　　　　紧紧儿贴在心窝上。(双手向胸。)

　　　　……几回回梦里回延安,(双手由胸前展。)
　　　　双手搂定宝塔山。(双手前伸,眼中要有视象。)
　　　　　　　　　　　　　　　(贺敬之《回延安》)
〔提示〕
　　贺敬之《回延安》,写诗人对革命圣地延安的无限怀恋和向往,情挚意笃,感人至深。试朗诵以上诗句,并伴以适当的手势,体会诗句的感情。

三、朗读与朗诵的技巧

　　朗读、朗诵的技巧主要有:停连、重读、抑扬等。
　　下面介绍几种常见的标点符号:
　　| 　停顿号,表示语句中停顿。
　　‖ 　表示语音稍长的停顿。
　　·　重音号,标在一句话中重读词语下面。
　　⌒　连续号,只用于有标点处,表示缩短停顿时间,或急连或缓连,可视内容需要定。

△ 挫号,用于句中,表短促停顿。
↑ 高升号,表示句调上扬。
↓ 低降号,表示句调下抑。
→ 平直号,表示句调平稳。
⌒⌢ 曲折号,表示句调有波折。
M→ 表示慢速。
Z→ 表示中速。
K→ 表示快速。

朗诵的技巧性更强,要求更高,可根据表达自行设计标记符号。

(一)停连和语速

停连,包括停顿和连接,是指语流中声音的中断和延续。停连,既是生理的需要,心理的需要,也是语法、逻辑划分的需要。

在朗诵过程中,何处停,何处连,都要紧紧围绕一个目的,即表情达意。生理上的停顿(换气)必须服从感情表达的需要,为了感情的抒发,也常常要冲破语法停顿的约束。

〔示例〕

在苍茫的大海上,狂风卷集着乌云。在乌云和大海之间,海燕|像黑色的闪电,在高傲地飞翔。

一会儿|翅膀碰着波浪,一会儿箭一般地直冲向乌云,它叫喊着,——就在这鸟儿勇敢地叫喊声里,乌云听出了欢乐。

在这叫喊声里——充满着对暴风雨的渴望!在这叫喊声里,乌云听出了|愤怒的力量、热情的火焰和胜利的信心。↓

海鸥|在暴风雨来临之前|呻吟着,——呻吟着,|它们在

大海上飞窜,想把自己对暴风雨的恐惧,掩藏到大海深处。

海鸭也在呻吟着,|——这些海鸭啊,享受不了战斗生活的欢乐:轰隆隆的雷声|就把它们吓坏了。

蠢笨的企鹅,胆怯地把肥胖的身体|躲藏在悬崖底下……只有那高傲的海燕,勇敢地,自由自在地,在泛起白沫的大海上|飞翔!

(高尔基《海燕》)

语速,指说话时吐字的快慢。语速与停连关系密切:停顿多,语速就慢;连续多,语速就快。朗诵最忌过快、过慢或速度均衡,要根据作品基调安排疾徐变化。一般讲,表现欢快、激动、紧张的感情,语速较快,声音连续也多;表现悲痛、抑郁、抒情的,语速宜慢,声音停顿也就多些。

① 车队|像一条河,
　　缓缓地流在|深冬的|风里……

(李瑛《一月的哀思》)

② 漓江的水|真静啊,静得|让你感觉不到|它在流动……

(《桂林山水》)

③ ……音响就越大了。战鼓声、金锣声、呐喊声、叫号声、啼哭声、马蹄声、车轮声、机翼声,掺杂在一起,像千军万马|混战起来。

例①抒发悼念周总理之情,语速应低沉缓慢,给人以沉痛感。例②描绘桂林山水的秀美,抒情色彩浓郁,语调应舒缓延宕,充满喜悦。例③描写一派嘈杂声,语速宜快,声音连续较多。

〔训练〕

1. 根据划出的标记,朗诵下文,体会声音的停连和语速的快慢。

"炸裂呀，我的身体！炸裂呀，宇宙！让那赤条条的火滚动起来，像这风一样，像那海一样，滚动起来，把一切有形，一切的污秽，烧毁了吧，烧毁了吧！把这包含着一切罪恶的黑暗|烧毁了吧！"（《屈原》）

〔提示〕

这是郭沫若历史剧《屈原》中的一段独白。它表达了屈原对黑暗与罪恶的愤怒诅咒和誓死消灭黑暗与罪恶势力的坚强决心。朗诵时，要认真感受，投入角色，用语音塑造屈原的感人形象。

2. 请给下面的短文划出停连符号，并反复朗读和朗诵。

我打猎回来，走在林荫路上，猎狗跑在我的前面。突然，我的猎狗放慢脚步，悄悄地向前走，好像嗅到了前面有什么野物。风猛烈地摇撼着路旁的梧桐树。我顺着林荫路望去，看见一只小麻雀呆呆地站立在地上，无可奈何地拍打着小翅膀。它嘴角嫩黄，头上长着绒毛，分明是刚出生不久，从巢里掉下来的。

猎狗慢慢地走近小麻雀，嗅了嗅，张开大嘴，露出锋利的牙齿。突然，一只老麻雀从一棵树上飞下来，像一块石头似的落在猎狗面前。它扎煞起全身的羽毛，绝望地尖叫着。

老麻雀用自己的身躯掩护着小麻雀，想拯救自己的幼儿。可是因为紧张，它浑身发抖了，发出嘶哑的声音。它呆立着不动，准备着一场搏斗。在它看来，猎狗是个多么庞大的怪物啊！可是它不能安然地站在高高的没有危险的树枝上，一种强大的力量使它飞了下来。

猎狗愣住了，它可能没料到老麻雀会有这么大的勇气，慢慢地慢慢地向后退。

我急忙地唤回我的猎狗，带着它走开了。

（〔俄〕屠格涅夫《麻雀》）

（二）重音和强调

重音,是指朗诵和朗读时为了表情达意的需要,要着意强调的词或词组的读音。话是一句一句说的,每句话总含有明显的和潜在的目的,而这个目的又总是集中体现在个别重点词语上。

〔示例〕

　　如果没有
　　礁石的阻拦
　　我怎能开得
　　这般地美丽

　　所以
　　每当我完成了
　　一次撞击
　　只有欢笑
　　没有叹息

　　只要我活在海上
　　就不会把礁石忘记

（余守春《浪花》）

〔评析〕

这首借浪花与礁石的关系来表现前进和阻力的辩证关系的诗,显示了强者的襟怀。诗中加重音号的词语反映了诗意的重点,应当用重音突出。

重音,不可简单理解为加重音强,表现重音的方法可以多种多样:

1. 重捶,或**重读**。如:"让暴风雨来得更猛烈些吧!"(高尔基

《海燕》）

2. 拉长音节。如："让我们从地球出发,飞向太阳……"（艾青《光的赞歌》）

3. 轻拖,或轻读。如："漓江的水真静啊……"（《桂林山水》）

4. 声轻气多,嘘声。如："像生前,从不愿惊动我们,轻轻地从我们身边走去……"（李瑛《一月的哀思》）

重音的处理,应根据表达需要确定。

强调,是指用重音的方法来暗示言外之意,它特指在具体情境中表达话语的"潜台词"。

〔示例〕

"……奶奶把小女孩抱起来,搂在怀里。她们俩在光明和快乐中飞走了。飞得很高,很高。飞到那没有寒冷,没有饥饿,没有痛苦的地方去了。"

（安徒生《卖火柴的小女孩》）

〔评析〕

仅从字面看,这段话是快慰高兴的,但从故事情节和主题思想看,这段话却含有悲剧性的潜台词:在那个不平等的社会里,像这样穷苦人家的孩子,只能到那所谓的"天堂"里,才能寻找到温馨和快乐。

朗读和朗诵带有反语、隐喻、象征、衬托等表现手法的作品,特别要注意强调语句的目的和效果,不能让人产生误解。

〔训练〕

1. 按标出的重音朗读下列段落。

桂林的山真奇啊,一座座拔地而起,各不相连,……桂林的山真秀啊,像翠绿的屏障,像新生的竹笋,色彩明丽,倒映水中;桂林的山真险啊,危峰兀立,怪石嶙峋,好像一不小心就会栽倒下来。

(《桂林山水》)

2. 用恰当的方法处理诗句中的重音,并反复朗诵。

我们在天安门前深情地呼唤:
周——总——理
广场回音:
"呵,轻些呀,轻些,
他正在中南海会见外宾,
他正在政治局出席会议……
总理呵,我们的好总理!
你就在这里呵,就在这里!
——在这里,在这里,在这里……

(柯岩《周总理,你在哪里?》)

3. 朗读下面的段落,揣摩加重音号语句的语调和语气。

她又擦了一根,火柴燃起来了,发出亮光来了。亮光落在墙上,那儿忽然变得像薄纱那么透明,她可以一直看到屋里。桌上铺着雪白的台布,摆着精致的盘子和碗,肚子里填满了苹果和梅子的烤鹅正冒着香气。更妙的是,这只鹅从盘子里跳下来,背上插着刀和叉,蹒跚地在地板上走着,一直向这个穷苦的小女孩走来。这时候,火柴灭了,她面前只有一堵又厚又冷的墙。

(安徒生《卖火柴的小女孩》)

(三) 语气和抑扬

语气,是指一句话中能够表达说话人感情和态度的音调。

人们的思想感情是丰富细腻的,因而语气是多姿多彩的:喜则气满声扬,悲则气沉声抑,怒则气足声粗,憎则气旺声硬,爱则气柔声轻,冷则气少声淡,惊则气提声颤,静则气舒声缓,强则气壮声宏,弱则气虚声微,等等。

朗诵和朗读时,传达各种语气的主要方式是句调的抑扬变化。句子的语气有以下四种基本类型:

1. 高升调(↑)一种由低而高的调子。多用于疑问句,或表示愤怒、紧张、警告、号召等语气。

① "当你在积雪初融的高原上走过,看见平坦的大地上傲然挺立这么一株或一排白杨树,难道你就只觉得它只是树? ↑"(茅盾《白杨礼赞》)

② "砍头不要紧,只要主义真。杀了夏明翰,还有后来人。↑"(夏明翰《就义诗》)

2. 低降调(↓)一种由高而低的调子。多用于感叹句和一部分祈使句,表示坚决、肯定的语气。

① "这就是我——一个共产党员的自白,高唱凯歌埋葬蒋家王朝。↓"(陈然《我的"自白"书》)

② 为什么我的眼里常含泪水? 因为我对这土地爱得深沉。↓"(艾青《我爱这土地》)

3. 曲折调(⌣⌢)一种先降后升或先升后降曲折变化的调子。多用于讽刺、含蓄或表惊讶、厌恶、迟疑等语气。

① "——这些海鸭呀,享受不了战斗生活的欢乐:轰隆隆的雷声就把它们吓坏了。"(高尔基《海燕》)

② "'二老怪',不用发呆,你的老规程如今没人买!"(阮章竞《漳河水》)

4. 平直调(→)一种平稳无明显曲折的调子。多用于陈述句,用来说明意见,叙述事实。平直调并非绝对平直,末尾音常有些下降。

"有的人活着/他已经死了;有的人死了/他还活着。"
(臧克家《有的人——纪念鲁迅有感》)

〔训练〕

1. 请参照文中的标记朗诵下列诗段,注意语气的抑扬变化。

　　　　风流哟,风流,什么是风流? ↑
　　　　我心中的情丝像三春的绿柳! ↓

　　　　风流哟,风流,谁不爱风流? ↑
　　　　我思索的果实像仲秋的石榴。↓

　　　　我是一个人,有血,有肉,→
　　　　我有一颗心,会喜,会愁。→

　　　　我要人的尊严,要心的美好,↓
　　　　不愿像丑类一般鼠窃狗偷。→

　　　　我爱松的高洁,爱兰的清幽,→
　　　　决不学苍蝇一样追腥逐臭。↓

　　　　我年轻,旺盛的精力像风在吼,↓
　　　　我热情,澎湃的生命似水在流。↑

　　　　　　　　　　　　（纪宇《风流歌》）

2. 读下面的演讲辞,注意把握语调和语气。

　　　今天,这里有没有特务?你站出来!是好汉的站出来!你站出来讲!凭什么要杀死李先生?(厉声,热烈的鼓掌)杀死了人,又不敢承认,还要诬蔑人,说什么"桃色事件",说什么共产党杀共产党,无耻啊!无耻啊!(热烈的鼓掌)这是某集团的无耻,恰是李先生的光荣!

　　　　　　　　　　　（闻一多《最后一次的讲演》）

〔综合训练〕
按朗读与朗诵的基本要求,依据下列诗文进行强化训练。

沁园春·雪

毛泽东

〔提示〕

这首词写于1936年2月。全诗通过咏雪,热情歌颂祖国的大好山河,评论封建社会的历史人物,表达了革命必胜的坚定信念,指出今日的无产阶级和革命人民才是真正的历史创造者,是真正的"风流人物"。全诗构思巧妙,气势磅礴,表现了毛泽东卓越的政治远见和广阔的革命胸襟。因此,在朗诵时,要感情充沛,声音高亢洪亮。还应注意划分语节,把握节奏。

  北国风光,
  千里冰封,
  万里雪飘。
  望长城内外,
  惟余莽莽;
  大河上下,
  顿失滔滔。
  山舞银蛇,
  原驰蜡象,
  欲与天公试比高。
  须晴日,
  看红装素裹,
  分(fèn)外妖娆。

上阕写景。前三句颇有气势,在朗诵前,先应酝酿好感情。朗诵时要划分语节,把握节奏。"望"字统领下面几句,之后稍有停顿。"欲与天公试比高"一句要注意语速稍慢,之后停顿。后三句为想象,意境优美,给人以鼓舞和信心,在朗诵时要情绪饱满,充满喜悦和憧憬。上阕语调多上扬。

　　　　江山如此多娇,
　　　　引无数英雄竞折腰。
　　　　惜秦皇汉武,
　　　　略(lüè)输文采;
　　　　唐宗宋祖,
　　　　稍逊(xùn)风骚。
　　　　一代天骄,
　　　　成吉思汗(hán),
　　　　只识弯弓射大雕(diāo)。
　　　　俱往矣,
　　　　数(shǔ)风流人物,
　　　　还看今朝。

　　下阕转入对历史的回顾和评论,语气语调发生转变,略带低沉,语调多下抑。"惜"字领起对古代英雄人物的评论,贯穿到"只识弯弓射大雕。"朗诵时应略带惋惜之情。后三句结束对历史的评述,转入赞扬无产阶级、人民大众,是全词的高潮和主旨所在。朗诵时应充满激情,满怀希望和信心。"俱""风流人物""今朝"都应重读并充满豪情。

黄　河　颂

光未然

〔提示〕

　　《黄河颂》是《黄河大合唱》组诗中的一首。它分为朗诵词和歌词两部分。朗诵词概括地介绍全诗的主要内容。歌词通过比喻、象征的手法,高度概括地描写黄河的雄伟形象,热情地歌颂了中华民族的英雄气概。

(朗诵词)

　　啊!朋友!
　　黄河以它英雄的气魄,
　　出现在亚洲的原野;
　　它象征着我们民族的精神:
　　伟大而且崇高!
　　这里,
　　我们向着黄河,
　　唱出我们的赞歌。

朗诵词概括了全诗的主要内容,目的是引起大家的注意。声音应浑厚有力,语调平稳,音量稍低。"啊"的发音要适当拖长,但不宜过高。"黄河""伟大""崇高"等应用重音加以突出。

(歌词)

　　我站在高山之巅,
　　望黄河滚滚,
　　奔向东南。
　　金涛澎湃,
　　掀起万丈狂澜;
　　浊流宛转,
　　结成九曲(qū)连环;
　　从昆仑山下
　　到黄海之边,
　　把中原大地劈成南北两面。

通过描绘黄河的雄伟气势,创造出极其开阔深远的意境,象征我们民族的英雄气概。前三行,语速可稍慢。中间四行,朗诵时应紧凑。后三行,语速同开头,但要注意划分语节。

啊！黄河！
你是中华民族的摇篮！
五千年的古国文化，
从你这儿发源，
多少英雄的故事，
在你身边扮演！
啊！黄河！
你是伟大坚强，
像一个巨人
出现在亚洲平原之上，
用你那英雄的体魄——
筑成我们民族的屏障。

　　此节歌颂黄河哺育中华民族的历史功绩。"啊！黄河"应用沉思赞扬的语气，充满激情引起下文。第二个"啊！黄河"主要是为了表现中华民族不容侵犯、勇敢坚强的斗争精神，因此，应用坚定有力的语气，并贯穿下文。

啊！黄河！
你一泻万丈，
浩浩荡荡，
向南北两岸
伸出千万条铁的臂膀，
我们民族的伟大精神，
将要在你的哺(bǔ)育下
发扬滋长！
我们祖国的英雄儿女，
将要学习你的榜样，
像你一样的伟大坚强！
像你一样的伟大坚强！

此节继续赞扬黄河并热情讴歌英勇抗日的中国人民。"啊！黄河"应用热烈赞美和坚定的语气,以体现中华民族抗战必胜的信念。结束句语气强烈,重复的一句应更加坚定、沉稳、有力。

微　　笑

杨军伟

〔提示〕

这首诗通过礼赞"微笑",热情歌颂了人与人之间的真诚、友爱和文明。朗诵时节奏应舒缓稍快,多扬少抑。语调应自然流畅,感情真挚深切。

微(wēi)笑是心灵上无声的问好,
微笑是淡雅友爱的花苞。
它是像蓝天一样宁(níng)静的小诗,
它是试探性的信任和礼貌。
不要只在上级面前才把微笑慷慨馈(kuì)赠,
不要见到关系户才咧(liě)开嘴角,
不要为了谋求私利去廉价拍卖,
不要因为迷惘和失望把它扔进冰窖(jiào)。
在繁忙的柜台,在拥挤的车厢,
在摩肩接踵(zhǒng)的人行道,
越是火星容易燃爆的地方,
越是需要有微笑。

前四行讲什么是微笑,也是对微笑的赞美,语气要肯定深切,音调不宜太高。接着讲不应该怎样对待微笑,四个"不要"应用否定语气,重音放在"上级"、"关系户"、"谋求私利"、"迷惘"、"失望"上,用批判和规劝的口气。最后四行讲应该在什么地方微笑,要语气肯定,感情热烈,语音加重,语速加快,以突出微笑的重要作用。

我们的事业展开了金色的翅(chì)膀，
　　喜悦溢出了嘴角(jiǎo)，漫上了眉梢(shāo)。
　　微笑应该成为我们经常的面容，
　　微笑应成为我们共同相处的一个信条。
　　朋友，微笑吧！微笑是沉静的美；
　　同志，微笑吧！微笑是文明的桥。
　　让全世界都投来惊喜和羡慕，
　　在中国，充满了微笑。

前四行讲为什么要微笑以及怎样对待微笑，后四行讲微笑的价值并号召大家微笑。这是全诗的重点和思想感情发展的高潮，朗诵时，要气势连贯，节奏明显，语调逐渐加强，感情热烈豪迈。最后一句，语气应坚定、有力，能引发联想，使人回味。

爷爷和孙子

列夫·托尔斯泰

〔提示〕

这是俄国著名作家列夫·托尔斯泰的作品。文章虽短，但哲理很深，能发人深省。它通过具体生活细节的描写，生动地告诉人们为什么要孝敬父母，赡养老人。朗读时，要区别陈述语言与对话部分。对话部分，要注意掌握三个人物语言情态的变化。

　　爷爷已经很衰老了。他行动迟缓，耳聋眼花，吃起饭来，鼻涕(tì)口水一个劲儿地流。可是，他的儿子和儿媳嫌他脏，不让他同桌吃饭，把老爷爷一个人赶到墙底角去吃饭。

开头叙述部分的语言，要读得平稳，音量不宜太大。描写老爷爷的句子，应读得稍慢，符合老年人的行为特征。

　　有一天，老爷爷端着个瓷(cí)碗，在墙角蹲着吃饭。时间长了，他想挪动一下。一个不小心，"啪"！瓷碗掉地下了。儿媳见了就破口大骂:"啊呀!你这个老不死的!你怎么把家里的东西全打坏了呢!你这么大岁数,待在家里边,什么事也不干,有什么用呢?好啦,明天哪,你就拿木盆吃饭吧!啊!"老爷爷听了,什么话也没有说,只是长长地叹了一口气。

此段,由"一个不小心"处,语调由平稳转向急促。"啪"字的发音要轻脆、响亮。儿媳的这段话,要用尖刻的语气来表现,音调稍高,速度较快,一句紧连一句。要刻画出儿媳蛮横无理的性格特征。"啊"是叹词,发音要高而短促,带有警告的意味。儿媳的话后,要有较长的停顿,然后用沉重、低缓的语气语调叙述老爷爷的神态。

又过了几天,小两口在家里坐着没事,忽然发现他们的宝贝儿子,用木头在做东西。

年轻的爸爸就问他:"啊!别佳!你在做什么呢?"

"您问我吗,亲爱的爸爸?"

"是啊,你在做什么呢?"

"我嘛,我在做木盆呢!"

"做木盆?"

"是啊,等您和妈妈将来老的时候,也用木盆来吃饭,省得打碎碗哪!"

年轻的爸爸与儿子的对话,要读得亲切、和善,音调轻松。开头"啊"字的发音可适当拖音。儿子别佳的答话要读得天真自然,可拖长音节,增加停顿,能够让听众从天真的孩子口中悟出深刻的道理。

小两口听了面面相觑(qù),感到这样对待老爷爷很惭愧。

从此以后,他们又和老爷爷同桌吃饭,也照顾老爷爷的生活了。

小两口翻然悔悟的表现要读得平稳、缓慢,音调渐低。结束一段,说明小两口思想转变,与老人重新和好,应提高音调,读得欢快、流畅,给人以云开雾散之感。

陶罐和铁罐

〔提示〕

这篇寓言故事,通过陶罐与铁罐的对话及遭遇,说明尺有所短,寸有所长,不应以己之长比他人之短的道理。朗读时要注意揣摩人物形象,掌握陶罐与铁罐的特点,用不同的语调语气表现它们不同的个性。

〔解说〕国王的御厨里有两只罐子:一只是陶的,一只是铁的。骄傲的铁罐总是看不起谦虚的陶罐,常常奚落它。你听听,铁罐多傲慢哪!

开头解说部分引出陶罐和铁罐,要注意运用重音突出强调"骄傲"与"谦虚"的对比。最后一句,在"多"的后面要适当拖音,"傲慢"一词应重读。

〔铁罐〕你敢碰我吗,陶罐子?

〔陶罐〕不敢,铁罐兄弟。

〔铁罐〕哼,我就知道你不敢,懦弱的东西!

〔陶罐〕我确实不敢碰你,但这不能叫懦弱。我们生来的任务是盛(chéng)东西,并不是来互相碰撞的。在完成我们的本职任务方面,我不见得就比你差。再说……

〔铁罐〕住嘴,陶罐子! 你怎敢和我相提并论! 你等着吧,要不了几天,你就会破成碎片,完蛋了! 我却永远在这里,什么也不怕。

〔陶罐〕何必这样说呢? 我们还是和睦相处(chǔ)好,吵什么呢?

〔铁罐〕和你在一起我感到羞耻,你算什么东西! 我们走着瞧吧,总有一天,你要变成碎片的。

铁罐一开始的问话极有挑衅的意味,既傲慢无理,又表现出对陶罐的轻视。"你"字可适当拖音,"碰"字用重音加以突出。陶罐的答话柔和,但不软弱,稍慢。"再说"与"住嘴"处,衔接要快,前后语速、音量对比要明显。铁罐的声音应粗、快、高,以突出它的蛮横、无理;陶罐的声音应细、慢、稳,以突出它的谦虚和友善。

[解说]陶罐不再理会铁罐了。随着时间不断地向前推移,世界上发生了许多事情。王朝覆灭了,宫殿倒塌了。两只罐子被遗落在废墟间。历史在它们的上面积满了渣滓(zhāzi)和尘土。一个世纪连着一个世纪,也不知过了多少个世纪。一天,人们来到这里,掘开厚厚的堆积物,发现了那只陶罐。

叙述部分的语言应读得庄重、平稳,语速较慢。"一天"之前应有一个稍长的停顿,之后的语速适当加快。

[甲]哟!这里头有只罐子!

[乙]真的,一只陶罐!

[丙]我看看!

[甲]哎哟!小心点儿!千万别把它弄破了,这是古代的东西,很有价值的。

甲的语言应表现出兴奋、惊奇,乙的语言还应有小心、爱惜的意味。"一只陶罐"应用重音来突出,语调上扬。紧接着一句,"小心点……很有价值的"要转为低柔,音量放低,以表现出珍惜之情。

[解说]大家把陶罐捧起,把它身上的泥土刷掉,擦洗干净,和当年在御厨的时候完全一样:朴素、美观、釉(yòu)黑锃(zèng)亮。陶罐听到人们夸奖,兴(xīng)奋地说:

"谢谢你们!我的兄弟铁罐就在我的身边,请你们把它也掘出来吧,它一定闷(mēn)得够受了。"

[解说]人们立即动手,翻来复去,把土都掘遍了,但一点

铁罐的影子也没有。——它,不知在什么年代被氧化了。人们只发现几块锈蚀不堪的铁片,而且也不能断定那就是铁罐的剩余部分了。——以自己的强点去比人家的弱点是不应该的,人家也会有比你强的地方。

朗读把陶罐从土里掘出来的句子时,表达要轻快、流畅,略带喜悦之情。经受住时间考验的陶罐的语言基本风格不变,仍然谦虚、友善。解说开始时稍快,到"它"字以后渐慢,与铁罐开头的傲慢形成对比。最后一句,揭示了这篇寓言故事的寓意。读前应有较长的停顿,语气应庄重、平稳,用重音突出"自己"与"人家","强点"与"弱点"的对比,以引人深思。

山　（节选）

廖华歌

〔提示〕

本文通过对山的品格的赞美,喻示我们的祖国、民族和事业像山那样坚韧不拔,能经受住各种考验,不断地走向成熟,走向进步。全文哲理性较强,意境雄浑、深厚,耐人寻味。朗读时应采用朴实、庄重、坚定的语气。

　　如果有人问我,你最崇慕的形象是什么?我会毫不迟疑的回答:山。我能够用自己的眼睛认识周围的世界的时候,所看到的第一个形象便是山。我是在山的怀抱里降生,在山的怀抱里长大的。山,像我严肃而慈爱的父亲,给了我生命,给了我力量,给了我坚毅的性格和不屈的信念。我可以永不反悔(huǐ)地说,我属于大山。

此段叙述了山对自己的成长的重要影响,讲述了崇慕的原因。朗读时应庄重、平稳。开头的问句,语调下抑。回答"山"时,前后应有明显的停顿,以突出强调崇慕的对象。排比句要读出气势。

啊,我的故乡的山!我的北(běi)方的山!你苍劲而雄伟,豪放而广翰(hàn),像我北方的父亲,朴实、坚毅、深沉、刚强。我曾久久地凝望着你,让灵魂走向你的深远,走向你的童年。我知道你是不甘于大地的平庸(yōng),不甘于沉沦。为了冲破地平线那环形的拘囿(jū yòu),为了瞩(zhǔ)望那遥远的世界,才开始了对原始的挑战,开始了对永恒的逆迕(wǔ),第一次给地平线一个颤抖的曲(qū)线。凭着满腔发烫的欲望,满腔创造的激情,你拔地而起,终于支起了春天的一角,上升,上升。于是,大地失去了平衡,大地弓起了脊(jǐ)背,大地昂起了头颅,大地开始奔腾旋转(zhuàn)了。于是,大地上也便有了"共工怒而触(chù)不周之山,天柱折,地维绝"的神话。

　　本段通过分析山的形成过程,给人以深深的思索与启迪:只有不甘于平庸,不断地超越自己,才能走向成功。朗读时要把握作者的思路与感情。开头三句是对山热情的歌颂,应充满激情。"朴实"、"坚毅"、"深沉"、"刚强"四个词语既要读出气势、又要注意语调的起伏变化。从"我知道"到"上升、上升"应满怀激情,表现出山的巨大的创造力。

　　我曾无数次目睹着你,每日每日弓腰肩起太阳,举臂捧着月亮,支起明丽的天地,支起安谧的梦境。笑望着儿女们在你的怀抱里生息、劳作。那太阳,可是你搁起的炽(chì)烈的心脏?那星月,可是你慈爱、温柔的目光?

　　此段写出了山的博大、崇高、无私,是对山的品格的进一步挖掘。开头两句,结构紧凑,朗读时应注意保持连贯。后面两个反问句,在朗读时应有起伏变化,波峰应放在"炽热"、"慈爱"、"温柔"等词语上,语调上扬,以表现出对山的赞美。

　　啊,山!你是大地耸起的骨(gǔ)骼,你是大地醒着的头颅,你是大地负重的肩胛(jiǎ)。你的峡谷,蓄着深沉;你的峰巅,挺着庄严。走向你,便走向博大,走向崇高。每一颗心灵怎能不发出不可遏制的震颤(chàn)!

你雄壮的身躯,笼起饱满的肌腱(jī jiàn)。那是大刀阔斧所随意雕出的力量的象征。你是海,你是凝固了的大海。你是大海汹涌奔腾的一瞬(shùn),力的塑雕。你是力与美、动与静、刚与柔的完美结合。你同海一样健壮、博大,却比海更具有男子汉的威严与气魄,也更能激起人们向上的野心,更能挑起人们征服的欲望。你用满身的皱折,揭示着生命的秘密。那石钟乳,滴着你奋斗的汗水;那千层岩,嵌(qiàn)着你崛(jué)起的艰辛;那火成岩,凝着你奔腾时发烫的激情。

开头的排比句朗读时声音要宏亮、有力。接下来两句含蓄、深沉,语气坚定、平稳,音量稍低,与前面形成对比。下面一自然段从"你同海一样"到"征服的欲性"应读得坚定、有力、有气势,以此来鼓舞人们的斗志。

你深悟,生命在于不停地运动,高峰在于创造性地崛起。你沉默,你走向成熟。那大动荡的冰川纪已经过去,但你在沉默中,正继续着真正惊天动地的造山运动。那盘旋于山谷中的雄风,理解你;那奔腾而去的小溪,理解你;那负载着你的大地,理解你;你仍在崛起,崛起!

已经形成的山,并没有停止向上跋涉,它仍在继续努力崛起。这种持之以恒的精神更增添了山的魅力。因此,此段应用敬佩之情来表现。"真正""惊天动地""造山运动"几个词要读得有力度,以突出山的伟大的抱负。

啊,山!故乡的山!你是一座雄伟的纪念碑。你是大自然为之在东方土地找到的神圣铸(zhù)像。望着你向前行陟(zhì)腾跃欲飞的雄姿,我看到了一个正在腾飞崛起的民族,也想到那世界上最高的山,便是那世界上最伟大的民族昂起的头颅(lú)。

山的坚毅、刚强、博大、崇高和坚韧不拔,象征着我们伟大的民族,喻示着我们民族正朝气蓬勃地走向美好的未来。这是文章的主旨所在。最后几句,"望着你|向前行陡腾跃欲飞的雄姿"及"便是|那世界上|最伟大的民族|昂起的头颅",要读得坚定、有力,充满深情和希望,以激发听众美妙的遐想。

〔训练检测〕
一、目标要求
1. 明确朗读与朗诵的意义和基本要求。
2. 掌握朗读与朗诵的基本技能技巧,在朗读与朗诵时做到:字音正确清晰,语句干净流畅,语调自然和谐,能准确表情达意,具有一定的艺术感染力。
二、方法步骤
1. 检查各种〔训练〕的效果。
2. 熟读背诵《沁园春·雪》、《黄河颂》、《微笑》、《爷爷和孙子》、《陶罐和铁罐》等,按朗诵要求面对全班同学朗诵。
3. 同学和老师按朗诵结果评定成绩。

第二节 解 说

一、解说的意义

解说是对事物进行解释说明的一种综合性口语表达方式。各种事物的形状、功用及其发展变化规律,都必须通过"解说"才能让人了解。各行各业,凡是需要说明某一事物,解释某种事理,都离不开解说。它常用于教学释疑、影视解说、实用图片展览的讲解、科普知识介绍、导游讲解、看图说话、体育比赛解说等方面。解说训练,有助于积累知识、获取知识,有利于培养敏锐的观察力、快捷的反应能力、准确的表达能力。

二、解说的基本要求

1. 语言简明生动

解说必须简明扼要地揭示事物的本质属性。解说语言应准确显豁、简洁明快、流畅高效。要想取得好的信息传播效果,还必须用形象的语言,介绍人文景观、风土人情、世界奥秘等,要绘声绘色地描述和评议。

2. 感情真挚饱满

好的解说,并不只是把掌握的材料有条不紊地抛出来,讲几句大实话让人知晓,重要的还是调动听众的感情,引发他们的联想,使他们产生感情共鸣,在获取知识和信息的同时,得到美的享受,受到爱的启迪。所以,解说时必须感情投入,因情赋声,以声传情,声情并茂。

3. 讲究表达技巧

解说要充分体现自身的艺术特点,要善于通过语调的高低、语速的快慢、音量的轻重、语气的徐疾等,具体表现各种事物的形态。要利用自然优美的态势,用灵活精要的语句,来揭示自然科学的神秘面纱,展示社会科学的美好画卷。

〔示例〕

导游员在解说黄果树瀑布区的"夜雨洒金街"时这样说:"大家知道这儿为什么叫'夜雨洒金街'吗?"参观者有的摇头,有的在七嘴八舌地议论。导游员见大家很有兴致,便接着说:"原来呀,这是云贵高原独特的地理气候造成的。白天,云蒸霞蔚,水汽被大量蒸发上天;到了晚上,气温骤降,水汽便大量凝结,蒙蒙细雨就飘飘洒洒地降落在大街上。这条街由此而得名了。"

〔评析〕

这段解说词通过设置疑问,引发参观者的兴趣,烘托气氛,使大家的注意力都集中在所要讲解的景物上,效果非常好。

三、解说的种类

解说的种类,可以从不同的角度划分。

从内容上,可以分为知识性解说、影视解说、导游解说、体育解说、图片解说等;知识解说讲解准确,层次清晰,讲究方式方法,避免枯燥无味;影视解说常常伴随着音乐画面,解说与音乐画面配合完美贴切;导游解说要突出知识性、趣味性,能充分调动游客的兴致;体育解说是一种较高层次的表达,对解说员的素质要求较高。因为体育比赛总是处在动态的发展变化中,这就要求解说员能根据现场变化及时调整解说内容;图片解说的对象是静态的,要能根据看到的情景内容,发挥想像力,突破常规思维模式快速组织语言。

从形式上,可分为简约性解说、详实性解说等。简约性解说是指用概括、凝练的语言来解释说明对象,短小精悍,通俗易懂,多用于一般性介绍;详实性解说是用丰富、细致的语言解释说明对象,内容充实、准确严密,多用于专业性介绍。

从风格上分,有平实性解说、形象性解说等。平实性解说,平铺直叙,朴实无华,多用于浅显的知识类介绍;形象性解说较多采用多种修辞手法,以增强解说的形象性和趣味性,多用于娱乐性介绍。

尽管解说可以划分出不同的种类,但在具体解说中往往是不同内容、不同形式、不同风格的综合运用。

〔示例〕

《匈牙利狂想曲》

　　弗朗兹·李斯特创作了十五首《匈牙利狂想曲》，其中第二首最著名、也最受人喜爱。"狂想曲"是作品形式的名称，指幻想性的作品，它不拘泥于传统形式，可多可少地由一些单独的片段构成。《匈牙利狂想曲》是由吉普赛音乐的旋律构成的。吉普赛民族在历史上是一个有着悠久浪漫史的民族，因地位卑微，屡受践踏和迫害，饱尝颠沛流离之苦，最后在匈牙利找到了避难所。他们的音乐也在匈牙利得到了真正的同情和理解，被吸纳为匈牙利的民族音乐。吉普赛音乐具有流浪民族那种放荡不羁的特点。它像风一样自由自在，并且总是洋溢着热情。吉普赛音乐多半是即兴创作的，按照演奏者的不同情绪即席发挥，有时常见由深沉的忧郁转变为狂热的放纵。

〔提示〕

　　这篇解说词属知识介绍类、简约平实性解说。解说中运用简单、概括的语言把"狂想曲"、"匈牙利狂想曲"及其旋律以及"吉普赛音乐"的特点讲解的准确清晰、通俗易懂。

〔示例〕

云南"三江并流"

　　云南位于北纬21度9分至29度至29度15分，东经97度39分至106度12分之间，滇西北连接着青藏高原，那里孕育出了世界上著名的大江，澜沧江、怒江、金沙江像三条野性难驯的猛龙，在云南北部冲破亚洲和印度板块的挤压。在

100公里的区域内呼啸而下,切割出地球上的一大奇观——浩荡与壮美的三江并流。三江并流范围涉及3500多平方公里,地形地貌千变万化。这里孕育出了世界上最深的峡谷和大量的冰蚀湖泊、林海雪原,其中处处蕴涵着深远而凝重的人文资源。三江并流不仅是国家级名胜风景区,而且已被世界教科文组织评为世界自然遗产。

〔提示〕

这是一段关于云南"三江并流"自然奇观的解说词。内容既有知识性又有宣传性,多处运用数字准确地加以描述,说明细致,直观易懂。描写三江的句子,形象生动,富有激情。

〔示例〕

第16届世界杯足球赛西班牙对保加利亚队的比赛解说词

在1998年中央台现场直播第16届世界杯足球赛时,黄健翔解说西班牙队对保加利亚队的比赛。比赛一开始,他说:"世界杯足球赛像一个大舞台,我们看到各种各样的足球队登上大舞台表演,看到各种角色出没,有悲剧,有喜剧"。比赛结束前说,"这场比赛是西班牙队进球最多的一场,胜利是辉煌的,但是这个'辉煌'毕竟来得太晚,太短"。比赛结束时说道"6∶1胜保加利亚队!但是,进球的人(西班牙队)已没有胜利的喜悦;输球的人(保加利亚队)也显得麻木;看台上的球迷在这辉煌的胜利面前则黯然神伤"。

〔提示〕

这段解说属体育解说类、简约形象性解说。与其他类别的解说稍有不同的是,体育解说自上个世界90年代开始涌现的新的解说风格,在解说中更多的融入了解说员富有个性特色的评论,打破了传统的"嘴跟球走"的机械性的解说的局面,令人耳目一新。球赛开场时的解说词,用类比的方法把世界杯足球赛队与队之间残酷的竞争形象地概括出来。快到终场时一个"辉煌",赞扬了西班牙队的战功,一个"但是",一个"毕竟",使感情急转,表达了人们对这样一个在过去世界杯赛上屡获成功的球队的无限惋惜之情。比赛结束时主持人用富有文学色彩的语言,从三个角度描述了"进球的人"、"输球的人"、"看球的人"的不同心态,给这场球赛做了一个生动传神的收尾。语言表达言简意赅,意义深远。由此看来,作为体育节目解说的主持人,不仅要精通体育运动方面的专业知识,还要加强语言的修养,增强语言的表现力与感染力。

〔训练〕
1. 说说地球上为什么会有白天和黑夜。
2. 说说目前环境污染的主要原因有哪些。
3. 把你比较熟悉的知识讲解给大家听。
4. 解说一段你比较喜欢的影视剧片段。
5. 请为你熟悉的城市、学校或风景点,设计一段解说词。
6. 请同学们收集一些图片在班上解说。

四、解说综合训练

根据解说的基本要求,按照下列材料进行强化训练。

枫　桥

枫桥原是苏州城外枫江上一座普通的桥,因唐朝诗人张继的一首《枫桥夜泊》而名扬天下。所有来苏州的人,必定会来枫桥看上一看。

当年张继赴京赶考曾两次路过枫桥,但两次的心情截然不同。北上赴京时,踌躇满志;落第四乡时,失意落寞。午夜梦回,月色如霜,寒山寺的钟声触动了张继的心境,于是信笔写下"月落乌啼霜满天,江枫渔火对愁眠,姑苏城外寒山寺,夜半钟声到客船"的千古佳句。如今,一千多年过去,往事如烟,留在人们记忆里的只有永远的诗名,永远的枫桥。

〔提示〕

这是一篇导游解说类、简约形象性解说。把张继和《枫桥夜泊》融入解说词,形象生动,耐人寻味,更增添了枫桥的文化魅力。

〔示例〕

谁的鼻子最灵

生物学家曾经解剖过狗的鼻子,发现在狗的鼻腔里面,约有2000万个嗅觉细胞,并且占鼻腔150平方厘米的面积。而人的嗅觉细胞有500万个,覆盖鼻腔上部粘膜约有5平方厘米。据计算,狗的嗅觉要比人灵敏一百倍左右。生物学家又对无数其他动物的鼻子进行解剖,结果证明:地球上的动物,狗的鼻子最灵。

〔提示〕

解说时语调平稳,数字要说得清清楚楚,结论语气肯定。

中华民族的摇篮——黄河

黄河是中国第二大河,全长5464公里,流域面积75万多平方公里。"黄河之水天上来,奔流到海不复回",这就是唐朝大诗人李白对黄河的赞叹。

黄河发源于青海巴颜喀拉山西段北麓卡日曲河的涌泉。流经青海、四川、甘肃、宁夏、内蒙古、陕西、山西、河南、山东九省区,最后注入渤海。

黄河是中华民族的摇篮,考古学家在黄河流域的陕西蓝田、山石丁村等处都发现了猿人化石,在西安半坡发现了母系氏族的遗址。这都证明了从遥远的古代起,我们中华民族的祖先就已经在黄河流域从事生产和生活了。我国古都咸阳、西安、洛阳、开封都位于黄河流域。历史上北京也在黄河流域。黄河流域有三亿多亩肥沃的耕地,黄河用自己的乳汁哺育了中华民族。

〔提示〕

这段解说词说明性文字居多,清晰简练,一目了然。

巴黎的艾菲尔铁塔

艾菲尔铁塔,是巴黎最著名的建筑。它庞大的身躯,耸立在市区之内,巴黎的居民每天都能看到它。

艾菲尔铁塔被称为"铁的淑女",它的身材很苗条,有7000吨重。这位历尽沧桑的老小姐,最近还进行减肥计划,专家们为它除去了1000吨的多余重量,使它容光焕发,再度成为众人瞩目的焦点。每年有200万以上的游客涌来这里。到1983年累计参观人数就已经超过1亿,比参观巴黎的艺术宝库——卢浮宫,还多出一倍。

在夜色中,我们登上艾菲尔铁塔。闪烁的灯光,似乎赋予了它另一种生命。法国政府利用镭射营造出来的效果,使得铁塔的气氛浪漫多了。看艾菲尔铁塔不能走马观花,在时间的运转之中,您一定会发现它那哥特式建筑所带来的空灵轻逸,就像画家笔下的艾菲尔铁塔,每个角度,都具有它的美。

艾菲尔铁塔的高度一直是令法国人最自豪的。管理人员告诉我们,这座铁塔的总高度,包括顶上的转播针,是320米。

〔提示〕

这段解说形象、生动,语言风格活泼、传神。

凝视乐山大佛

雕塑是凝固的思想,是立体的音乐,是心灵之花的写照,是跌宕的故事和飞扬的情感在空间的定格。很多年前,去四川乐山,坐船在急流汹涌的江上航行,眼帘中突然出现江对岸的大佛时,心中的震惊无法用语言表述。千百年来,这巍峨的巨佛就这样用平静超然的目光凝视着奔流的江河,凝视着所有前来仰望它的人。面对大佛,似乎它不是一尊塑像,而是面对无数默默无闻地用心血和生命创造了历史和艺术的先人。先人用这样奇特的构思和创作,完成了他们理想中的天人合一。在大佛那平静超然的目光凝视下,任何狂妄自傲的情绪都被抑制了。这样的表情,必定出自于聪慧而淡泊的心灵,出自灵巧而坚毅的手,出自具有深厚文化底蕴的民族。我们面对的,并不是冰冷的石头,而是浸透了艺术家泪水和心血的生命。

〔提示〕

这段解说,语言精练,情感浓郁,联想丰富,富有哲理,耐人寻味。

〔训练检测〕

一、目标要求

1. 明确解说的意义和要求。

2. 掌握解说的分类,能够综合运用各种不同的表达方式和风格类型。

二、方法步骤

1. 检查"解说的种类"一节训练项目的练习效果。
2. 运用所给材料进行解说强化训练。
3. 根据训练情况评定成绩。

第二节 讲 故 事

讲故事是一种用通俗、口语化的语言再现书面记载或口头流传故事的口语表达形式，是一种源远流长、群众喜闻乐见的口语艺术活动。

一、讲故事的特点

1. 教育性

讲故事是一种有效的宣传教育形式。它通俗易懂、寓教于乐，使听众在轻松愉快的气氛中开阔眼界，活跃思维，获得知识，受到教育。

2. 趣味性

讲故事在材料的选择和语言的表达上，都非常讲究趣味性。注重故事情节的曲折变化，人物形象的鲜明突出，讲究语言的生活传神。

3. 表演性

讲故事要求声情并茂，语言要有一定的夸张性和艺术表演性。语音要抑扬起伏，张弛有致，并辅之以恰当的面部表情和身姿手势，使故事人物栩栩如生，活灵活现，以取得良好的艺术效果。

4. 衍生性

讲故事，一般不囿于书面材料一字不漏地机械背诵。讲述者在理解、熟记故事情节的基础上，要溶入自己的再创造。为了使讲述更吸引人、感动人,可以对材料进行增减改动,"添枝加叶",使之更优美动听。

二、讲故事的基本要求

1. 情节曲折　结构完整

俗话说,"无巧不成书"。故事的"巧",就是指情节巧妙、曲折动人。在讲述时应对情节的发展,悬念的设置,作精心安排。力求做到:既曲折奇特,又合情合理;既出人意外,又入人意中。

讲故事还要注意情节结构的完整性。不管什么故事,都得有头有尾,前有交待,后有结局。有的结局也可以不明说,留给听者自己去猜想、思考。

故事的情节发展,应当前后连贯,符合生活的逻辑。要围绕一明确的中心展开情节。有些故事情节复杂,头绪繁多,一波未平,一波又起,悲欢离合、吉凶祸福、成功与失败、必然与偶然互相交织,讲述时特别要理清头绪,把情节发展的前因后果,一一交待明白。

2. 人物鲜明　关系理清

故事中事件和人物是密不可分的。人物的行动演化出事件,事件的发展又表现人物性格。因此,讲故事要在刻画人物形象表现人物性格上下功夫。

刻画人物性格可以从语言、动作、心理等几方面入手。

言为心声。语言是表现人物性格的重要手段。处理人物语言要特别注意人物的个性,力求做到"闻其声如见其人"。可以通过富有性格特点的语气语调,以及一定的声音造型(即音色腔调)表现人物的个性,显示人物的音容笑貌,揭示人物复杂细微、丰富多彩的心理活动。

篇幅较长情节较复杂的故事,人物也比较多。讲这类故事除了要把情节的脉络理清外,还要把各种人物之间的关系交待清楚。每一个重要人物出场都应作具体介绍,给听者留下一个较深的印象。

3. "话""表"结合　绘声绘色

讲故事是一门有声语言艺术,其主要表达手段是"话"和"表"。"话"就是讲述,是指讲故事的人直接叙述故事的情节和内容。"表"就是表演,是指讲故事的人运用自己的声音、姿态、表情、动作等把故事中人物的性格、思想感情,形象地表现出来;把故事发生、发展的环境气氛恰当地渲染出来。

"话"要口语化。口语化的语言讲着顺口,听着悦耳,自然朴实,俗中存雅,充满浓厚的生活气息。

讲述的语调要适当变化。讲故事应运用抑扬顿挫、灵活多变的语气语调叙述情节,刻画人物,再现情景,解说事理。这样才能把故事讲述得生动有趣引人入胜。例如说到高兴处,语调上扬,气满声高,以烘托出兴奋热烈的气氛;讲到悲伤处,语调下抑,气沉声缓,以显示出压抑的情感气氛;讲到危急处,声音适当压低加强,衬托出紧张的气氛,等等。

讲故事的节奏要适宜。要根据故事情节的发展和听者的接受能力确定说话的节奏。一般来说,故事开头要从容不迫,以便把听者引入故事的情境。而后节奏可以加快,到高潮处或紧要关头,更应适当加速,以烘托出紧张气氛。结尾时可放慢节奏,以中速为宜,有时也可快速推进嘎然而止。

节奏的变化跟语速的快慢关系密切,也跟停顿有关。叙述主要情节,语速宜慢,以便交待清楚;叙述次要情节,则可快速带过,使情节迅速推进。情节变化,层次转换时,要有适当的停顿,这样既可以体现讲述的节奏感,又能给听者以思索和回味的余地。语速无论快慢,都应当吐字清晰,层次分明。讲到快时要做到快而不乱,讲到慢时要做到慢而不断。

总之,"话"要做到清楚、流畅、生动。

"表"要做到表情动作恰当。讲故事时运用表情动作应和故事内容的要求相吻合,要自然得体,恰如其分。这样既可以形象、鲜明地表现故事的内容,又可以吸引听众,引起联想,帮助听众更好地理解故事内容。

"表"的声音造型要神似,摹拟要巧妙。故事中的人物,在年龄、性别、身分、性格等方面各不相同,因而在声音上也应各有特色。讲述故事要把各种人物区分开来,就需要运用不同的声音造型。例如小孩说话声音高而细,吐字靠前,语速较快;老人说话声音低而粗,吐字靠后,语速缓慢。刚直豪爽的人,说话声音厚实,吐字饱满有力;善良柔弱的人,说话声音半虚半实,吐字轻缓……。声音造型的运用要恰当地表现人物性格,贵在神似,不必追求逼真,更不必拿腔捏调。讲故事有时需要摹拟自然界中的各种声音,如风雨声、雷电声、流水声、汽笛声、机器声及各种动物的叫声等,这叫做"拟声"。"拟声"运用得好,可以增加故事的真实感、形象性,使人如闻其声,如临其境;可以渲染出某种气氛,牵动听者的心弦。

总之,"表"要做到形象、自然、恰当。

"话"和"表"这两种表达手段,在讲故事的过程中应相互结合使用,以"话"为主,以"表"为辅,绘声绘色,活龙活现,这样就能把故事讲得真切生动,引人入胜。

三、讲故事训练

根据讲故事的基本要求,运用下列故事进行强化训练。

1. 比较《南辕北辙》这则成语故事的两种讲稿,你认为哪一个更符合讲故事的要求,并把它讲述出来。

南辕北辙

讲稿一：

　　战国时期，魏王要出兵攻打赵国，正在外出游的大臣季梁听到这个消息后，马上回来面见魏王，说："我旅游时在太行山下碰见一个人，他要去楚国，却一直往北走。我问他为什么，他说他的马好。我说，你走错方向了。他说他的盘缠足。我再一次提醒他路走反了，他又说他的车夫技术高。谁都清楚，他的条件越好，离楚国越远。现在大王仗着国家强大、兵多将足，用攻打别国的方法建立王霸之业，和这个驱车向北去楚国的人有什么两样呢？"

讲稿二：

　　这个故事发生在战国时期。

　　有一回，魏国的大夫季梁到赵国去旅行。有一天他忽然得到魏王想发兵攻打赵国的消息。"魏王怎么能攻打赵国呢？"季梁立刻感到了一种不安。为了制止魏王攻打赵国，季梁决定终止旅行，马上回魏国去。

　　季梁一回到魏国，脸也顾不得洗，衣服也顾不得换，便匆匆忙忙地去见魏王。魏王看他风尘仆仆、慌慌张张的样子，觉得很奇怪，问道："季梁大夫，你不是说要去很长时间吗？怎么这么快就回来了？难道有什么特别要紧的事情吗？"

　　季梁不紧不慢地说："事情并不算特别要紧，只是我遇到了一个怪人以及他的怪事，我愿意早一点告诉您罢了。"

　　魏王说："什么样的怪人怪事，值得你这样着急呢？"

　　季梁说："我在赵国太行山下，遇到了一人乘着一辆马车由南向北走。我问他，'你的车跑这么快，要去哪里呀？'他说，

'我要到楚国去!'我一听,赶快说,'你走错了,楚国在南边,你应该往南走。'那个人却说,'没关系,我的马好,跑得快,再远的路我也不怕!''你的马虽然好,可你走的并不是去楚国的路呀?''不怕,我带的路费多,多花点时间也没关系。''哎!你的路费多又有什么用呢?这确实不是去楚国的路呀。'那乘车人仍然坚持着要往北去,并且说:'我的车夫赶车的本领特别高,我们一定会走到楚国的!'我说,'我知道你的马快、钱多、车夫好,但你如果坚持朝北走,你的这些好条件只会让你离楚国越来越远!'"

　　听了季梁讲的的故事,魏王觉得很好笑,就问季梁:"难道天下真有这样糊涂的人吗?"

　　季梁说:"有,不光赵国有,我们魏国也有。"

　　魏王不以为然:"什么,我们魏国也有?在哪里?我怎么不知道?"

　　季梁说:"请恕臣下直言,我认为大王您也会做这样糊涂的事。"

　　魏王一听,非常吃惊,问道:"你何出此言呢?"

　　季梁说:"大王,您的志向是称雄诸侯,建立霸业。为了达到这个目的,你倚仗着国家的强大与军队的精良,想利用攻打赵国的办法,来扩大地盘和抬高威望。可你这样做,别的国家会怎样想呢?我觉得,你这样攻打别国的次数越多,离开你的宏伟志向就越远。这种做法和那个仰仗马快、钱多、车夫好,去楚国却朝北走的赵国人有什么两样呢?"

　　季梁的这番话,说得魏王脸都红了。他意识到了自己所犯的错误,于是放弃了攻打赵国的计划。

〔提示〕

　　文中引言颇多,讲述时应加以区别。还应注意人称的变化,可以学习运用"第一人称"和"第三人称"两种方式进行讲述。

2. 仿照《南辕北辙》这则成语故事,自己加工整理一则成语,讲给大家听。

3. 下面是一则小故事的梗概,请同学们充分发挥自己的想像力,为这则故事设计、增添内容,使情节丰富、生动,然后讲给大家听。

快　　乐

一群年轻人到处寻找快乐,却遇到许多烦恼、忧愁和痛苦。他们向苏格拉底请教,快乐到底在哪里?苏格拉底说:"你们还是先帮我造一条船吧!"船造好了,这帮年轻人把苏格拉底请上船,一边合力荡桨,一边齐声唱起歌来,他们非常快乐。苏格拉底说:"快乐就是这样,它往往在你为着一个明确的目的忙得无暇顾及其他的时候突然造访。"

4. 讲述《诸葛亮相亲》这则故事。

诸葛亮相亲

三国时,沔阳有位隐士叫黄承彦,很有才学,50来岁,同20多岁的诸葛亮经常来往,谈论天下大事,十分投机,成为忘年之交。黄承彦有个女儿,他有心把女儿嫁给诸葛亮,但是,诸葛亮相貌堂堂,一表人材,而女儿呢,十八九岁了,长得很不好看,五短身材,脸色黑黄,取名叫阿丑。怎么能同"卧龙"相配呢?

黄承彦曾问她对自己的婚事有什么想法?阿丑说:"古来都说郎才女貌是美满姻缘,可我不这样认为。我虽然长得不好,但从小跟父亲学习,才学不亚天下男子。要让我选女婿,我还要选一个长得出众的美男子呢,这叫'女才男貌'。"

谁知这话传到了诸葛亮耳朵里，他认为阿丑是个有志的女子，心中十分敬慕。嫂嫂看出他的心事，便到沔阳黄承彦家，探问能否成就这门亲事，黄承彦听了大喜。阿丑听说诸葛亮是稀世之才，便表示希望诸葛亮来一趟沔阳，见面谈谈再定。

诸葛亮当时正受了刘备、关羽、张飞的两顾茅庐之请，心情十分矛盾，他很想找黄承彦商议，同时也想会一会黄阿丑。

诸葛亮到了黄家，黄承彦喊出阿丑与客人相见。诸葛亮看到，阿丑虽然长得不美，但大方直爽，颇有风度。互相问候之后，诸葛亮便把刘备两顾茅庐的事情和他的想法告诉黄承彦，请老人家参谋。

黄承彦问："你到底想不想出山呢？"

诸葛亮说："想来想去，还是隐居南阳，躬耕陇亩好些。这样天下纷争的局面，还是苟全性命于乱世，不求闻达于诸侯吧！"

不等黄承彦解说，阿丑却插话道："小女子才疏学浅，但愿向先生进一言；避乱隐居，当然有道理，然而处在乱世之中，是很难过清静日子的。苟全性命，也不容易。孔融是个书生，为曹操所杀；祢衡高傲自好，也死于非命。先生难道不应该吸取教训吗？依我看，先生人称卧龙，有救世之才，应当挺身而出。况且刘备是一位有雄图大略的人物，曹操很早也看出他是个英雄，他两次访你，说明他知人爱才，你应该出山辅佐他。大丈夫一生一世，为什么默默无闻，而不干一番轰轰烈烈的大事业呢？"

阿丑的话使诸葛亮大为惊奇，没想到这样一个年轻女子竟有如此的见识。于是，诸葛亮下定了出山的决心，同时也拿定主意，要娶阿丑为妻。

〔提示〕

这则故事主要讲述诸葛亮选妻重才不重貌,因此在讲到阿丑的貌与才时要能运用语言表达突出对比。

5. 用形象生动、富于变化的语言讲述《巧舌如簧》这则寓言故事。

巧舌如簧

[法]拉·封丹

一只蝙蝠冒失地一头闯进了黄鼠狼的家。黄鼠狼见到有美味儿送上门来,口水都流出来了,恨不得一口把它吞下肚里。

"怎么!"黄鼠狼叫道:"我与你们老鼠势不两立,你竟然还敢跑到我面前送死,怎么——难道你不是老鼠吗?你要敢否认,那我也不叫黄鼠狼了。"

"请原谅,"倒霉的蝙蝠说,"瞧我的血统,能是老鼠吗?感谢上帝,给了我一双翅膀,老鼠有翅膀吗?"

蝙蝠讲的似乎很有道理,黄鼠狼没有办法,只得放它一条生路。

事也凑巧,没过两天,这倒霉蛋儿又撞到另一只黄鼠狼家中,它又面临一次生命威胁。

长嘴的黄鼠狼夫人贪婪地看着这只鸟说:"啊,可爱的小鸟,你来的刚好,我正愁没菜下饭呢!"蝙蝠一听,非常着急,它大声地辩解道:"您没搞错吧,亲爱的夫人,鸟是有羽毛的,你看我浑身上下没有一根毛,我是一只地地道道的老鼠哇。我要高呼,老鼠万岁!"

黄鼠狼夫人一听,觉得蝙蝠讲得也在理,于是就把它放了。

就这样,蝙蝠用它的巧舌躲过了两次杀身之祸。

常常有一些人,他们善于在不同的环境下变换自己的嘴脸,于是总能在危险情况下化险为夷,转危为安。

〔提示〕对话部分要突出区别。要根据情节内容的变化设计语气语调,并辅之以恰当的表情动作。

6. 熟悉下面这则故事,并用自己的话把它讲述出来。

无人能独自成功

鲍 靖译

早在15世纪,纽伦堡附近的一个小村子里住着一户人家,家里有18个孩子。18个孩子,光是为了糊口,一家之主、当金匠的父亲几乎每天都要干上18个小时——或者在他的作坊,或者替他的邻居打零工。

尽管家境如此困苦,但丢勒家年长的俩兄弟都梦想当艺术家。不过他们很清楚,父亲在经济上绝无能力把他们中的任何一人送到纽伦堡的学院去学习。

经过夜间床头无数次的私议之后,他们最后议定掷硬币——失败者要到附近下矿四年,用他的收入供给到纽伦堡上学的兄弟;而胜者则在纽伦堡就学四年,然后用他出卖作品的收入支持他的兄弟上学,如果必要的话,也得下矿挣钱。

在一个星期天做完礼拜后,他们掷了钱币。阿尔勃累喜特·丢勒赢了,他离家到纽伦堡上学,而艾伯特则下到危险的矿井,以便在今后四年资助他的兄弟。阿尔勃累喜特在学院很快引起人们的关注。他的铜版画、木刻、油画远远超过了他的教授的成就。到毕业的时候,他的润笔费已经相当可观。

当年轻的画家回到他的村子时,全家人在他们的草坪上祝贺他衣锦还乡。音乐和笑语伴随着这顿长长的值得纪念的会餐。吃完饭,阿尔勃累喜特从桌首荣誉席上起身向他亲爱的兄弟敬酒，因为他多年来的牺牲使阿尔勒累喜特得以实现自己的志向。"现在，艾伯特，我受到祝福的兄弟，应该倒过来了。你可以去纽伦堡实现你的梦，而我应该照顾你。"阿尔勃累喜特以这句话结束他的祝酒词。

大家都把期盼的目光转向餐桌的远端，艾伯特坐在那里，泪水从他苍白的脸颊流下，他连连摇着低下去的头，呜咽着再三重复："不……不……不……"

最后，艾伯特起身擦干脸上的泪水，低头瞥了瞥长桌前那些他挚爱的面孔，把手举到额前，柔声地说："不，兄弟，我不能去纽伦堡了。这对我来说已经太迟了。看……看一看四年来的矿工生活使我的手发生了多大变化！每根指骨都至少遭到一次骨折，而且近来我的右手被关节炎折磨得甚至不能握住酒杯来回敬你的祝词，更不要说用笔、用画刷在羊皮纸或者画布上画出精致的线条。不，兄弟……对我来讲这太迟了。"

四五百年过去了。几百幅阿尔勃累喜特·丢勒的著名的肖像画、钢笔和铅笔素描、水彩画、木炭画、木刻以及铜版画悬挂在全世界每一个大博物馆里。但是很可能，你，同大多数人一样，熟知的只是阿尔勃累喜特·丢勒作品中的一件，其他更多的作品你可能只有一个复制品挂在家里或者办公室里。

有一天，为了报答艾伯特所做的牺牲，阿尔勃喜特·丢勒苦心画下了他兄弟那双饱经磨难的手，细细的手指伸向天空。他把这幅动人心弦的画简单地命名为《手》，但是整个世界几乎立即被他的杰作折服，把他那幅爱的贡品重新命名为《祈求的手》。

下一次当你看见这幅动人的作品时，请多花一秒钟看一看。他会提醒你，没有人——永远也不会有人能独自取得成功。

〔提示〕

这则故事讲述的是一枚硬币决定兄弟两人命运的故事,情节生动,耐人寻味。讲述时一方面语速稍慢,突出现实的艰难与残酷;一方面语气要坚定,因为这则故事所要传达给听众的是"没有人能独自成功",在每一位成功者背后都站立着一个默默奉献的伟大的人。

〔训练检测〕

一、目标要求

1. 明确讲故事的特点和要求。

2. 重点体会讲故事要"口语化"、"形象性"、"趣味性"等风格特点。

二、方法步骤

1. 运用所给材料进行讲故事强化训练。

2. 举办故事会或讲故事比赛。

3. 根据训练情况评定成绩。

第四节 演 讲

一、演讲的意义

演讲,是就某个问题,面对听众发表意见,说明事理,从而感召听众的口语交际活动。

演讲,以口语和态势语为表现手段,以事理情结合为内容,以说服听众为目的。从组织结构和应用规律上看,它是一门科学;从现实作用和社会效果上看,它是一种工具;从表达手段和表现技巧上看,它是一种艺术。

演讲广泛应用于多种场合。各种集会,迎来送往各种礼仪活动,都需要演讲。许多有重要历史意义的著名演讲,已成为人类宝贵的精神财富。

演讲是政治斗争的武器。古今中外许多著名的政治家都是杰出的演讲家。

演讲是培养人才的重要途径。演讲活动可以为现代社会培养各方面开拓型人才。

演讲是宣传教育的有效形式。演讲可以使徘徊者坚定,使沉沦者振作,使观望者奋起,使成功者百尺竿头更进一步。在当前的新形势下,演讲在培养一代新人,树立一代新风,推动社会主义物质文明建设和精神文明建设方面,正在发挥着越来越大的作用。

演讲具有综合性、艺术性、现实性等显著特点。

演讲的综合性主要表现在它是演讲者、听众、演讲时境、演讲内容与语言(包括有声语言和态势语言)等多种要素的协调配合和综合运用。演讲的综合性,还表现在演讲者必须具有多方面的知识修养和能力,如高尚的道德情操,渊博的文化科学知识和高超的表达技巧等。只有思想博大精深,思路敏捷开阔,见解新颖独特,表达技巧娴熟精湛,演讲才能激发听众的兴趣,受到听众的欢迎。

演讲的艺术性主要表现在演讲手段——口语和态势语的表达技巧上。演讲本身虽不是艺术活动,但它的表现形式却具有一定的艺术魅力,能给听众以艺术美的享受。有位演讲家在谈到演讲的艺术性时说:在演讲开始几分钟内,就要有相声般的幽默;演讲过程中,要有小说般的形象;演讲高潮时,必须有戏剧般的冲突;演讲结束之前,要有诗歌般的激情。这的确是经验之谈。演讲若能达到这种境界,就可以使听众受到德的熏陶、智的启迪、美的洗礼。

演讲的现实性是说演讲要面对社会现实,解决社会现实问题。演讲的主体,是现实社会中的人;演讲的内容,是现实社会中的事;演讲的目的,是说服现实社会中的听众。因而,演讲自始至终都是实实在在的现实社会实践活动。古今中外，从我国盘庚迁都演讲，到毛泽东同志的《在延安文艺座谈会上的讲话》，从美国总统华盛顿的《告别演说》到美国宇航员奥尔德林的《登月返回后在国会联席会议上的讲话》，都以显著的现实作用受到人们的推崇。

二、演讲的基本要求

演讲的基本要求是：感情要真，事例要新，道理要深，语言要美。

1. 感情要真

唐代诗人白居易说："感人心者莫先乎情。"曲啸同志说："情不真则无以惊心动魄，这是演讲成功的经验之谈……我在演讲的过程中特别注意这个问题。我讲'爱'，就满腔热诚地'爱'，我讲'恨'，就痛心疾首地'恨'。于是我看到：听众与我一起进入共同的喜怒哀乐。在教育理论中常常强调动之以情。感情的陶冶，常常是打开心灵大门的钥匙。常言道：情不通，则理不达。倘若演讲者与听众的感情相悖，即便是金玉良言，听众也难以接受。"

成功的演讲都是情理兼备，感情充沛，以情感人，以理服人的。闻一多先生的《最后一次演讲》充满了对李公朴烈士的缅怀之情，表现了对暗杀李先生的国民党特务的满腔愤怒。这篇演讲不仅在当时引起了在场听众的强烈反响，就是几十年后的今天，我们重读这篇演讲辞，也无不受到强烈的震撼，依然感到热血沸腾。

在演讲中感情表达，必须注意以下几点：

第一，要自然。演讲表达的感情应该是发自肺腑的诚挚之情，是真情的自然流露。不能言不由衷、表里不一，或无病呻吟、矫揉造作。

第二，要适度。无动于衷、冷若冰霜的演讲固不可取，但如果感情表达太火、太过，效果也会适得其反。表达感情一定要掌握好分寸。

第三,格调要高。演讲表达的应该是对祖国对人民的热爱,对真善美执着追求的积极高尚的感情。不宜表达悲观、颓唐的消极感情,更不应表现一己之得失的个人私情。

2. 事例要新

演讲要体现新的时代精神,就必须采用新的材料,新的事例。在演讲中注意选取新颖典型的事例,可以满足听众求新思维的需要,使演讲更具有吸引力。

〔示例〕

孟宪利的演讲《科技不应孤独》

当人类的和平还远远没有实现的同时,一场不流血的全球性跨世纪之争正在激烈地进行。美国的"新星球大战计划"、西欧的"尤里卡计划"、日本的"人类新领域计划",这些耗资巨大的战略计划正在日益演变成一场大战!……

社会公众对科技的认同是科技得以发展的动力和源泉,而广大青少年对科技的向往和追求则是科技得以腾飞的真正的希望。遗憾的是,我们中的许多人仅知道享用现代舒适的物质生活,而对创造这种生活的科学技术却只能低吟"其实我不懂你的心"。北京某家机构曾对"厂长最关心什么"进行民意调查,其结果依次是生产、销售、材料供应,最后才是技术改造。而就在我来此演讲的路上,我问两名中学生陈章良是谁,他们中的一个告诉我说:陈章良是灭鼠大王。多么滑稽而又多么危险!……

科技是第一生产力……对此我们领导人的认识是清楚的。1993年江泽民仅为两本书题写过书名,其中一本便是《当代领导干部科学技术基本知识》,其用意不言自明。……

〔评析〕

以上演讲片断中的事例,涉及厂长、中学生,又有党和国家的最高领导人。这些事例有一个共同的特点：新！最新的甚至发生在来此演讲的途中。这些新材料的观点新、思想新，对不太关心科技的人来说有震聋发聩之力。他之所以能荣获第二届北京青少年科技博览会"科技与跨世纪"演讲比赛一等奖，与引用新鲜例证有很大关系。

3. 道理要深

演讲是靠深刻的哲理说服征服人的，深刻的道理是演讲艺术的灵魂。一篇演讲如果只满足于简单地罗列一些事例，不作分析、概括，不从中提炼、升华出深刻的道理，就好比画龙而不点睛，听众难以从演讲中得到启迪。只有将新鲜生动的事例与深邃的道理、精辟的论述有机结合起来，演讲才能有血有肉，有生命力。

〔示例〕

郭沫若《在萧红墓前的五分钟演讲》

年轻人之所以为年轻人，并不是单靠着年纪轻。假如是单靠年轻，我们倒看见好些年纪轻轻的人，却已经成了老腐朽、老顽固，甚至活的木乃伊——虽然还活着，实际上早已死了，而且死了几千年。

反过来，我们在历史上也看见有好些年纪老的人精神并不老，甚至有的人死了几千年，而一直都好像还在活着的年轻人一样。所以一个人的年轻不年轻，并不是看生理上的年龄，而主要的还是精神上的年龄。若是"年轻精神"充分的，虽老而不死；"年轻精神"丧失的，年虽轻而人已死了。

〔评析〕

上述演讲片断由生理上的年龄谈到精神上的年龄，提出了"年轻精神"的观点，分析独到，见解深刻。特别是末尾的警句，今天读起来，仍觉得精辟透彻，回味无穷。

要使演讲有一定的理论深度，演讲者必须具备较高的理论素养。在准备演讲时只有深入思考，独具慧眼，才能用看似平常的语言,讲出一番不寻常的道理,发人深思。

4. 语言要美

语言是思想感情的载体。要表达真挚的感情,讲述新颖的事例,阐明深刻的道理,就必须要有优美的语言。

〔示例〕

培根论治学

英国哲学家培根在阐述治学方法和态度问题时说:"世人治学的方法大致可以分三类:一类是蚂蚁式的,专靠收集别人的成果,仅做一般搬运和储存,缺乏自己的主见;一类是蜘蛛式的,只讲求内在的苦思,凭自己腹中有限之物吐露,终将枯竭;一类是蜜蜂式的,外求与内思相结合,不断汲取群芳之精华,再经过辛勤的酿造而成,这是最为合理有效的治学方法。"

〔评析〕

培根用通俗、精巧的比喻,将三类治学方法和态度表述得准确生动,通俗易懂。整段文字构思新颖别致,语言生动巧妙,给人留下了深刻的印象。

演讲者,不仅要善于运用口头语言,还必须善于运用态势语言。态势语可辅助口语表情达意,增强口语的说服力和感染力。

在演讲中,态势语与口语配合要和谐默契。各种态势(包括眼神、身姿、手势)运用,必须做到准确、适时、得体。

在演讲中,优美的形态不仅可以增强口语表达的生动性和说服力,还可以美化演讲者的形象,增强演讲的艺术魅力。

口语和态势语是口语表达的基本素养,语言美是成功演讲的基本要求。要使自己的演讲获得成功,就必须加强语言美的修养和锻炼。

三、演讲的分类及其训练

演讲的分类标准很多。

按内容分,有政治演讲、学术演讲、教育演讲、军事演讲、公关演讲、外交演讲等;

按目的分,有说服性演讲、鼓动性演讲、传授性演讲、娱乐性演讲等;

按方式分,有备稿演讲和即兴演讲等。

这里我们主要讲一下以演讲方式为标准的分类。

(一)备稿演讲

备稿演讲,以演讲前有比较充裕的准备时间为主要特征。下边从拟稿、排练、临场应变三个环节进行相应的训练。

1. 拟稿

拟稿是备稿演讲准备工作的核心,也是演讲成败的关键。演讲稿有开头、主体、结尾三个部分。拟稿时要努力做到:"响"开头,"曲"主体,"蓄"结尾。

"好的开头等于成功的一半。"备稿演讲要不同凡响,就要精心设计好第一段话,力求开头就一炮打响,调动起听众的情绪。

开头的方法很多。在比较庄重的集会上演讲,开头可以顺承题目,说明演讲的目的或缘由,阐释演讲的主旨或结构等。竞赛性演讲,往往不采用这种常规套路。

〔示例〕

樊天辉《叹息,还是奋斗》的开头

　　有一个大家都很关心的问题:我们所说的小康生活水平究竟是什么?有人告诉我,小康水平就是全国每一个人的平均收入从现在的每年390美元,提高到1000美元。也有人对我说,中国的人均产值水平现居世界一百多位,即使达到小康水平,也只能上升到七八十位,而且还需要 20 年——糟糕!哦!还有人这样问我:一千美元又怎样呢?能买别墅、汽车、飞机?这样一算就不够了,当然不够。总而言之,还是一个字:穷。这是事实。那么,面对这样的事实,是叹息,还是奋斗?

〔评析〕

这则开头根据听众的心理特点和演讲的主旨,先提出一个能激发听众思考的问题。这个问题既不简单到叫人不屑一顾,也不是过于艰深,让人摸不着头脑,而是听众似乎能回答出来,却又回答得不十分准确的问题。这样,便一下子吸引住听众的注意力。

拟定演讲稿开头要注意以下几点:

第一,要力求简明,尽量切入正题。

第二,要力求新颖别致,不说套话。

第三,既不能盛气凌人,也不可谦虚过度。"今天我没什么准备"、"我可能讲不好"之类的开头,让听众一听就泄气。

〔训练〕

为下面的每个演讲题设计开头:

1. 劝君珍惜少年时
2. 同学,扔掉你手中的香烟
3. 青年与祖国

"文似看山不喜平。""曲"主体,就是说讲稿的主体部分要波澜起伏,要根据内容和情感的发展,统筹安排,做到条理清楚,层层深入,过渡自然,有张有弛,使演讲的情感曲线时起时伏,直至达到高潮。高潮,是演讲中最精彩、最感人、最扣人心弦的地方;是演讲者的思想感情表达得最鲜明、最动人、最有力的地方;也是听众受到震撼和冲击最强烈的地方。高潮的位置通常在主体的后半部分，结束语之前，有的与结束语基本重合。语言铿锵有力，简洁明快。经常运用排比、对偶、设问、反问等辞格，造成一种奔腾而下、不容置辩的气势。按照李燕杰同志的说法，演讲中的高潮，应以热情点燃人们的生命，用哲理启迪人们的智慧，让诗意唤醒人们的憧憬。

〔示例〕

缪建伟《在这张严肃的考卷面前》的高潮部分：

同学们，祖国荒原在呼唤春风，废墟在盼望着更生，机器在企求原油，禾苗在渴望着雨露。母亲正热切期待着自己的儿女去改变贫穷的面貌啊！我们快到至今还沉睡在愚昧中的深山去，到"被爱情遗忘的角落"去，到渴求人才的农村和边疆去，到祖国需要我们的地方去！"天涯何处无芳草！"祖国哪一片土地不是我们大显身手的战场？我们沸腾的热血要融化昆仑山巅的冰雪，我们动人的歌声要化作葛洲坝水电站轮机的欢唱，我们火红的青春要催动海兰江畔的伽椰琴弦，我们宏伟的理想要插上宇宙飞船的翅膀！

〔评析〕

这篇演讲把大学生毕业分配比作一张严肃的考卷，通过自身经历说明并不是每个大学毕业生都能答好这张考卷的。演讲列举了一些热血青年响应人民召唤，到祖国最需要的地方去的感人事迹，为演讲的高潮做好铺垫。在演讲的高潮中，先是连用四个排比句说明祖国对人才的渴求，又连用四个排比句，呼唤同学们奔赴祖国最需要的地方。继而引用唐诗名句和反问，指出广阔天地，大有作为，最后又连用四个排比句，表明大学毕业生献身四化的决心。整个高潮部分联想丰富，气势恢宏，豪情奔放，有强烈的感召力。

"编筐编篓，贵在收口。"演讲稿结束语是演讲留给听众的最终印象。从记忆规律上看，人们对演讲的开场白和结束语的印象是最深刻的。成功的结束语应该有收束全篇、深化主题、感召听众、发人深省的作用。"蓄"结尾,就是要求演讲者最后不要把话说得那么直露,要留下思维空间,让听众去思索、去回味、去"填空"。含蓄的结尾也有助于省去冗长的说理成分,使演讲显得凝炼、简洁。

〔示例〕

裴·亨利在美国独立战争前夕弗吉尼亚州一次演讲的结尾语:

回避现实,是毫无用处的。先生们会高喊:和平!和平!但和平安在?实际上,战争已经开始,从北方刮来的大风都会将武器的铿锵声回响送进我们的耳鼓。我们的同胞已经身在疆场了,我们为什么还要站在这里袖手旁观呢?先生们的希望是什么?想达到什么目的?生命就那么可贵?和平就那么甜美?甚至不惜以戴锁链、受奴役的代价来换取吗?全能的上帝啊,阻止这一切吧!在这样的斗争中,我不知道别人会如何行事,至于我,不自由,毋宁死!

〔评析〕

这则结尾,在指出和平已不复存在之后,发出"不自由,毋宁死"的战斗誓言,引人深思,使人惊醒。这句话不仅在演讲当时使听众振聋发聩,而且后来成为人们信守的格言。这正是演讲结尾的社会影响和作用。

〔示例〕

鲁迅《在上海中华艺术大学的演讲》结尾:

今天,我带来一幅中国五千年文化的结晶,请大家欣赏欣赏。(说时一手伸进长袍,把一卷纸徐徐从衣襟上伸出。打开看时,原来是一幅印有病态十足女子像的月份牌,引起哄堂大笑。在笑声中结束了演讲。)

〔评析〕

这则结尾用反语作收束。有趣的是,同时还出示了直观"教具",以形象的展示配合抽象的说理。形式别致,使人难忘。

演讲还有其他多种结尾方式,比如照应开头、综述演讲的要点、提出希望、发出号召等等。

拟定演讲稿的结尾,要注意以下几点:

第一,切忌冗长拖沓,拖泥带水。

第二,不讲陈辞滥调。尽量不要讲"耽误了大家的宝贵时间"、"演讲水平不高,请大家多多指教"之类的套话。

第三,不要突兀而起空喊口号。

〔训练〕

根据下面的演讲稿,设计不同的结尾。

《我选择了"叶的事业"》提纲

　　A. 开头:引用泰戈尔的名言:"花的事业是甜蜜的,果的事业是珍贵的,但让我干叶的事业吧!因为叶总是谦逊地垂着它的绿荫的。"党的教育事业就是"叶"的事业,高考时,我选择了"叶"的事业。

　　B. 主体:我选择"叶的事业",是为了报答"叶"——教师对我的培育之恩;是为了报效祖国,加快祖国社会主义现代化教育事业的发展。

　　驳斥鄙视"叶的事业"的种种奇谈怪论。

　　C. 结尾:

2. 讲练

演讲稿写好后,准备工作最多只能说是完成了一半。正式登台前,演讲者还必须认真进行讲练。讲练可以加深演讲者对演讲稿的理解,增强记忆,可以预测正式演讲的效果,进行相应的调整;讲练还可以增强演讲者的信心和勇气。例如,林肯1863年11月19日发表著名的《在葛底斯堡国家烈士公墓落成典礼上的演讲》

由于经过长时间精心准备,反复练习,演讲时激起了听众强烈的共鸣,获得了极大的成功,被誉为演讲的典范。

3. 应变

演讲是一种综合性的社会活动,演讲者面临的是一种复杂多变的客观形势。因此,在演讲中有时会发生一些预料不到的变化,这就要求演讲者不但要具有良好的心理素质,还要掌握一些临场应变的技巧,以便达到当机立断、随机应变、巧妙处理,化险为夷的效果。60年代我国外交部长陈毅出访亚洲某国,在一个公众集会上正要致词,突然有一宗教界的长老要向他敬赠佛像。一时万众瞩目,都要看这位无神论的共产党员如何表示。陈毅不慌不忙,高高兴兴地接过佛像,朗声讲道:"靠老佛爷保佑,从此,我再也不怕帝国主义了。"一句幽默的言语,引起全场热烈鼓掌。陈毅的临场应变可谓高超巧妙。

演讲常见的意外变化有:怯场、忘词和口误等。

怯场是初学演讲者常见的一种心理障碍,是每个初学者都会遇到的,演讲者完全没有必要因此怀疑自己的能力,应当鼓足勇气,增强自信,以积极的态度克服和摆脱怯场情绪。常见的克服情绪的方法:① 深呼吸法:登台前,自我放松,缓缓吸气,再慢慢呼气,如此反复几次。② 高度放松法:上台前,暂时把讲稿放在一边,转移思想上的"兴奋灶",使自己情绪放松,神情愉悦。③ 先声夺人法:用响亮有力的语言讲好开头的第一句话,吸引听众的注意力,激发自己的演说欲望。④ 居高临下法:把观众想像为不如自己的学生,他们正期待着你的精彩演说。

忘词往往是因为高度紧张,或者受外界刺激,在演讲过程中思维链条突然中断造成的。避免忘词的有效方法是在演讲前充分熟悉讲稿,在演讲中专心致志,如果一旦中途有遗忘内容,可采用跳跃的方法将遗忘部分放置一边,先言其他,待想起后再巧妙融入演讲中去。

口误就是说错话。不明显的口误应一说即过,不做追究。严重的口误需要更明确的表达把正确的意思重新表达一遍。

〔训练〕

1. 按命题演讲训练要求,依据《新时代的流行色》和《为了悲剧不再重演》演讲词,进行摹拟训练。

要求:先熟读背会演讲词,把握演讲的思想感情和语调语气,然后自己反复演练,再登台试讲。要做到字音正确,语调恰切,态势自然,有真情实感。

2. 前些时,《青海日报》曾披露这样一个事实:一个年仅9岁的小学生夏雯,因期末考试两门功课成绩低于 90 分,竟被亲生父母活活打死。此后,《羊城晚报》又报导,一个19岁的大学走读生,因成绩达不到与家长签订的"条约"规定,竟把自己的亲生父母活活勒死。你对这两件事有何感想,该作何评论?请选好角度,自命题目,写一篇 500 字左右的演讲稿,然后经过演练在班上演讲。

3. 就大学生关心的社会热点问题,自选题目,写一篇 1000 字左右的演讲稿,经过演练后在班上正式演讲。

要求:中心明确,条理清晰,语言简练,态势得体。

附:演讲词两篇

新时代的流行色

陈月昇

青年朋友们,说起流行色,你恐怕会联想到大街上姑娘们漂亮的衣裙,商场橱窗里眩目的广告,甚至一盒巧克力的包装。赤橙黄绿,千变万化,姹紫嫣红,时时刷新。啊,不不!我所讲的流行色,可不是种种赏心悦目的色彩形象,而是当今时代人们的精神风貌。

当今的时代，是探索的年代、竞争的年代、改革的年代。时代要求人们顽强奋击、勇于创造、毛遂自荐、敢于冒尖。我们欣喜地看到，一大批有理想有抱负的青年，凝聚着自尊、自信、自强、自立的时代精神，在社会需要的时刻，挺身而出，在各自的岗位上作出了贡献。这种精神，不正是当今时代，应该大力推崇、大力提倡的"流行色"吗？可有些人却不这样看。不是吗？你瞧，我哥哥因为参加了厂长竞选，却从此招来了"狂妄自大，好出风头"的恶名；还有，我认识的一位纺织品公司的青年经理，他精明强干，颇有经济头脑。然而，就因为太有主见，尽管作出了成绩，却还是遭到了"此人太不谦虚"的指责。

　　哦，谦虚，朋友们，怎样看待谦虚？"虚己者进德之基"，这是宽袍大袖的中国人方孝孺说的；"智慧是宝石，如果谦虚镶边，就会更加灿烂夺目"，这是吃饭用刀叉的俄国人高尔基说的。这些，无疑都是赞美谦虚指导人生的格言。谦虚是东方民族的传统美德，是人们不安现状，永远进取的基石，也是当代青年需要继承和发扬的光荣传统。可问题是，在现实生活中，有些人扩大了谦虚的外延，改变了它的内涵，以至使人感到"谦虚"成了缺乏自尊和自信的表现，给人奴性十足的感觉。我以为这种被扭曲的谦虚，只不过是无能的表现罢了。它不合时代精神，是应该彻底摒弃的。

　　"天生我材必有用！"我欣赏李白这一诗句。在生活的舞台上，应该始终充满自信，充分表现自己。对此，我有一个小小的体会：去年十月，市学联的一个检查组光临我校，校领导决定搞个"一分钟信息发布会"，并且出乎意料地让我主持会议。开始，我有些犹豫：这种全校性质的活动，理应由学生会主持，我只是一个小小的班宣传委员，我去主持会议，人家会不会说我好出风头，不够谦虚呢？但我很快正视了自己，自信有这个能力。我不是希望有个机会来显示自己的才能吗？于是面对学联领导和全校同学，我用英语开了场。那意思是："风声、雨声、读书声，声声入耳；家事、国事、天下事，事事关心……"让我们在这个瞬息万变的时代，互相沟通信息吧！同学们踊跃地发布信息，个个兴高采烈，我也坦然自若，轻松愉快。我成功地主持了这次会议，并且得了一个"人才"的美称。

也许有人会说，这不是表现自己吗？可我要说，表现自己又有什么过错呢？大千世界，万事万物不都在表现自己吗？孔雀开屏，白鹤亮翅；一粒种子总要发一片芽叶，一株小草总要顶一朵花蕾……就连没有生命的矿物质不也是在自我表现的吗？金子要发光，硫磺有气味……更何况我们人呢？不正是由于万物的充分表现才使得大千世界辉煌灿烂的么？如果我们屈尊地保持那种夸张变形的谦虚，临阵畏葸不前，凡事后退一步，尽管你有经天纬地之才，万夫不挡之勇，也只能自我淹没，自我淘汰。所以，科学巨匠阿基米德说："给我支点，我可以把地球撬起来。"革命导师列宁也曾经说过："给我们一个革命家的组织，我们就能把俄国翻转过来。"

长期以来，含蓄内向被认为是中国人的惯有性格，而锋芒毕露则往往不易被人理解。正因为如此，为了表示自己的谦虚，我们不得不压抑自己的个性，扭曲自己的心灵。当有人称赞我们有才能时，我们心里很高兴，而嘴上却总是加以否认，然后再贬低自己一番。当某人被委任某种职务时，他总是先背上几句通用的台词：本人才疏学浅，能力有限……等等，等等。这夸大了谦虚的怪现象，究其根源，是两千多年来，无为、不争、"中庸之道"的封建意识，浸透了我们整个民族心理，至今，这种陈腐的观念仍然影响毒害着一些人。他们的思维模式是封闭的太极图式的：一元二体，互相转化，周而复始，蕴动于静。它把人的思想锋芒和创造力往内里压缩，然后再在外围加上一个框框,这便是所谓的含而不露、谦逊自守。显然,它已经成为我们时代的桎梏。在开放改革的今天,我们需要的是十字式的开放型思维模式。它是向外的、进击的,从中心点向四方辐射、延伸,它强调人的自我意识没有边界,没有止境,充分发挥人的想象力和创造力。

青年朋友们,我们肩负着历史的重托,是千里马,就应嘶风长鸣;是龙种,就应冲腾起舞。当今的世界有着千变万化的流行色,而只有这,自尊、自信、自强、自立,才是我们精神世界的流行色。我们要争当出头鸟,竞作弄潮儿,把我们的青春、热血、大智大勇,自觉地投入新时代的大熔炉里去,为中华的第三次腾飞发热发光吧!

为了悲剧不再重演

陶百妍

前些时,《青海日报》曾披露了这样一个事实:一个年仅9岁的小学四年级学生夏雯,因期末考试两门功课成绩低于90分,竟被亲生母亲活活打死。此后《羊城晚报》又报道,一个19岁的大学走读生因成绩达不到与家长签订的"条约"规定,竟把自己的亲生父母活活勒死。当我从报上看到这些骇人听闻、触目惊心的消息时,我的心在哭泣。我哭夏雯小小年纪就惨死在分数线下,我哭名望甚高的大学教授也惨死在分数线下,我更为自己,为我们众多的老师而哭。

为了分数,我们年轻的教师们不得不放弃花前月下的漫步谈心;为了分数,我们的中年教师们不得不丢下全家老小,一心扑在教学上,从早到晚身心不离教室;为了分数,我们的老年教师们不得不起早贪晚,任劳任怨,不知道什么叫老年健身迪斯科,顾不得头上银霜添了一层又一层。

分数,你牵动着多少家长的心灵;分数,你困扰着多少教师的日夜;分数,你操纵着多少学生的生命;分数,你制造着多少人间的悲剧……

敬爱的老师们,我们都为小夏雯的过早夭折痛心,流泪,可我们都静下心来,深刻地反思过吗?小夏雯的死,也有我们不可推卸的责任哪!

不知道从什么时候起,我们这些吃教育饭的人一说起学生的读书情况,自然而然地就是考试成绩多少哇,在班上名列第几呀,哪两个有希望进重点哪,然后把这种信息,一次一次地输送给家长。家长望子成龙,盼女成凤,于是老师、家长双管齐下,多重压力,将我们的学生,特别是毕业班的学生推进一个无边无涯的美其名曰"刻苦、勤奋、努力、拼搏"的苦海中去。

就拿我任教的学校来说吧。初三的学生,每天早晨6点多到学校,要到晚上8点多放学,学生在校时间长达14小时,一天到晚各科教师走马灯似的上课、考试。所有的自习课都被6门主课承包下来,学生自己毫无自由支配的时间。这样一天下来已经疲惫不堪了,可有的老师晚自习下课后还要留一节课外课辅导,还要布置家庭作业。暑假、寒假的试题和作业当然更要加码、再加码。没有星期日,也没有节假日,有的只是名目繁多的试题、讲义。有一年国庆节放假两天,可有的班每个学生发了各类讲义28张,有的学生跳了起来,叫苦连天地说:"28张讲义就是夜以继日地做,也做不完,我们还不如不放假!"

所以,我们在报纸上经常能读到学生的呼吁信:"让我们从繁重的题海战役中解放出来吧!"但呼吁归呼吁,积重难返,"大气候"不变,"我自岿然不动"。所以,我们的学生只好在笔记本上倾吐心声:伟大的老师啊,您崇高得多像那光芒万丈的太阳。可太阳每天都能按时落山,老师啊,你怎么总离不开教室,离不开我们?!

说实在的,哪个老师的愿望不是美好的?哪个老师又不在为自己苦行僧般的生活叹苦经,发牢骚!哪个老师不知道享天伦之乐,度安乐之年?

然而,为了维护那可怜的"尊严",为了争得那可怜的"声誉",为了顾及那可怜的"面子"——一句话,为了摘取重点学校那几顶可怜的"桂冠",我们都心甘情愿地"春蚕到死","蜡炬成灰",与学生同甘共苦,战三九严寒,斗伏夏酷暑,就这样月复一月、年复一年地熬了过来。可学生毕竟是学生,"物极必反"是颠扑不破的真理。违背教育教学规律,违背青少年身心发展规律,强按牛头喝水,结果是什么?结果是导致了一种极为可怕的现象,厌学情绪在学生中潜滋暗长,蔓延扩散。学生中有在校得过且过的,有上课漫不经心的,有作业马虎应付的,甚至有铤而走险、离家出走,甚至自杀轻生的。

讲到这里,我不由想起晚唐诗人罗隐的诗句:"采得百花成蜜后,为谁辛苦为谁甜?"心中有说不尽的辛酸和苦楚。我们国家为改变落后面貌,多么需要大批有理想、有道德、有文化、有纪律的一代新人!然而,这一代新人中却有相当一部分厌倦学习,不想读书了。一篇中小学教育危境纪实的报告文学《神圣忧思录》,曾经震撼了多少教师的心灵!难道我们这些从事教育工作的人,还要再亲手编写一部《神圣忧思录》的续篇吗?

敬爱的老师们,为了小夏雯的悲剧不再重演,为了儿子残杀父母的恶性案件不再发生,让你、让我,让我们大家都从自己做起,为了学生的身心健康,为了他们的茁壮成长,让我们真正担负起教书育人的重大责任吧!少跟学生们打题海战役,多考虑我们教育改革的方案构想,不要让年事已高的巴金先生再颤巍巍地站出来呼吁:"要给孩子以发展的天地",不要再让老人为"孩子们过早地失去童年"而痛心!

为了祖国的明天,拜托了!

四、即兴演讲及其训练

即兴演讲是临场有感而发的演讲。这种演讲没有文字讲稿作依托,它要求演讲者思维敏捷,快速构思,出口成章。

(一)即兴演讲的具体要求

1. 及早准备

及早准备,首先是做好心理上的准备。参加集会之前,就要根据集会内容,考虑自己届时有无可能被指定作即兴演讲。只要有可能,就要考虑将讲些什么、怎么讲,以免到时被动。另一种情况,如果出席集会,自己有强烈感受,主动要求即兴发言,就更需要精心准备,打好腹稿,必要时还可列出提纲。

2. 快速构思

在即兴演讲前,演讲者必须在现场快速构思。构思的重点是确定演讲的议题。演讲者可根据集会的主旨、时境、听众、会场布置以及自己的知识与生活积累,选择恰当的议题,找准切入点,借题发挥,引申开来。例如,某高校领导参加一个学生座谈会,他走进会场时看到学生正坐在台下等他上台演讲。他灵机一动,略加思索,由会场的座位安排作切入点,说道:"同学们,我想最好把今天的座位调整一下,摆成一个圆圈。这样,我就成了这个圆圈上的一点,大家都有了共同的圆心和相等的半径,我们就心心相印了。"这番话以座位为议题,将自己放在与学生平等、亲近的位置上,使会场气氛顿时活跃起来。

即兴演讲的议题涵盖面不可太宽。几分钟的演讲,能讲清一两个问题就相当不错了,没有必要也没有可能长篇大论。

快速构思议题只是解决了"讲什么"的问题。至于"如何讲",可参看本书下面介绍的"即兴演讲常用模式"。

3．多用例证

在即兴演讲中,例证除了能论证和说明演讲者的观点外,还可以吸引听众的注意力,可以帮助演讲者消除紧张情绪,增强自信心,使演讲渐入佳境。多用实例可以使理论观点具体化、形象化,更易于为听众接受。

列举实例可以多谈自己的亲身经历,这样能使听众感到亲切、真实。对实例的叙述要具体、生动,使听众如见其人、如临其境。

举例不能故弄玄虚,也不宜引用人所共知的老掉牙的故事。

4．贴近现场

成功的即兴演讲必须贴近现场内容、时境、听众。如1957年周总理访问尼泊尔时在加德满都市民欢迎会上的讲话,开头就说:"当我们站在这个广场上,同千千万万的尼泊尔人民在一起的时候,过去时代的珍贵的回忆就涌现在我的眼前。虽然我们两国之间横隔着世界上最险阻的喜玛拉雅山,然而我们的人民却自古以来就保持着友好往来。我祝愿两国的友谊像喜玛拉雅山那样巍峨永存。"又如闻一多先生在一次晚上的即兴演讲中,触景生情,指着月亮说:"朋友们,你们看,月亮升起来了,黑暗过去了,光明在望了。但是乌云还待在旁边,随时会把月亮盖住。"这样的演讲形象生动,寓意深刻,与现场景物达到了情景交融的地步。

(二) 即兴演讲常用的模式

即兴演讲常用的模式主要有"要言不烦"式、"扩句成篇"式、"三部曲"式、"借题发挥"式、"散点连缀"式等。初学演讲者如果能以这些模式框架为依傍反复练习,就可初步掌握即兴演讲的规律。

1."要言不烦"式

"要言不烦"式又叫做"一句话演讲"法。运用这种方式,要"一言以蔽之",用一句话简明扼要地表明一个观点。由于这个观点极易为听众理解和接受,因而不需要再进行烦琐论证。

〔示例〕

一位优秀中学教师在教师节庆典上应邀作即席演讲:

"我以为,作为一位教师,最重要的是我们能为学生做些什么,而不是学生或学生家长能为我们做些什么。"

〔评析〕

演讲虽然只有一句话,但有破有立,发人深思。说明教师的天职在于奉献,而不是索取。

2. "扩句成篇"式

"扩句成篇"式,可以说是"要言不烦"式的扩展。所"扩"之"句",乃是通篇演讲的中心意思或者说是核心句(可将这"核心句"称作"意核")。运用"扩句成篇"式进行演讲时,先要开门见山,展现"意核",然后加以扩展,对"意核"进行阐发,引用适当的事例或名言加以论证。

〔示例〕

姜昆在一次即兴演讲中说:

为青年服务,就要爱青年伙伴,注意发现他们身上的亮点。我遇到过这么一位青年伙伴。亚太地区足球赛,中国对科威特那场,我刚进体育场,前边一个青年一眼把我认出来了。他叼着烟,穿一身挺紧的衣服,说:"哎呀,快看,姜昆来了!"我忙说:"你歇会儿,歇会儿,干嘛呀!咱们来看球对不对?别影响大伙看球!"可是他照样同我说话,弄得很多人围着我。幸亏球赛开始了,这才为我解了围。我开始讨厌他,最后又喜欢他了。我怎么喜欢他了?李富胜扑了一个点球以后,我们攻进对方一个球——1比0!那小伙子高兴啊,一蹦多高。当然我也蹦了,但没他蹦得高!他一会喊"中国万岁",

回头说:"怎么样,姜昆,今晚写段相声段子,就写咱们的球赛。今晚我陪你打夜班了。香烟我供着,我一个人全带了!"那个兴奋劲,甭提了。当然作为一个足球爱好者应该有这种兴奋,这是对祖国的荣誉感嘛。……对足球的希望就是对祖国的希望啊!我们找到了共同点,我们共振了!

〔评析〕

这段演讲的"意核"就是开头那句话。后边的话全是前边"意核"的扩展。用一个典型例子说明什么是青年身上的"亮点"以及如何发现青年身上的"亮点"。话虽不少,但结构很简单:一个观点带一个例证。

写作上讲究"立片言以居要",这"片言"就是"意核",就是论点,在"扩句成篇"式演讲中,把"意核"放在开头就是"居要"。因为这样既能引起听众的注意,又给演讲者树立起一个可作依傍的"中心支柱"。接下来,分解"意核",扩展出来的每句话都粘在这个主旨上。复杂一些的演讲,可以有几个"意核"。只要在构思上排好这几个"意核"的先后顺序,分别"扩句成篇"就行了。"扩句成篇"式演讲,能使听众觉得有理有据,有说服力。

3. "三部曲"式

"三部曲"式演讲的结构分为开头、主体、结尾三部分。一般要求是"开头扣现场,中间谈看法,结尾表希望"。

〔示例〕

某同学在学校伙食工作座谈会上的发言:

学校总务处为改进食堂工作专门召开这次座谈会,征求学生代表的意见,我们都很高兴。刚才几位同学的发言都挺好,我也有同感。我只想提一点建议,就是学生食堂在售饭时间上如何保障正常的教学秩序的问题。按学校规定,午饭是12点开饭,但食堂不少窗口11点半就开始卖饭了,而且经常如此。这样一来,下第四节课才去买饭的同学就吃不到热菜,买不到好菜。于是第四节课上不到11点半,有的同学就坐不住了,还有人建议老师提前下课。再一个是早饭问题,按规定7点开饭,7点半结束,可不少窗口到7点50分预备铃都响了还在卖饭。买饭晚的同学干脆把烧饼、油条带到课堂上吃,影响了课前10分钟演讲。我个人认为这种作法已影响到学校的正常教学秩序。希望食堂今后售饭严格遵守学校的作息时间表。就说这些。

〔评析〕

这篇演讲是典型的"三部曲"式。开头紧扣座谈会的主旨,呼应以往的发言,让人觉得头开得很自然;主体部分谈个人意见有理有据,提的确实是应予纠正的问题;结尾谈希望时也点到为止,比较得体。

〔示例〕

1943年年底,英国蒙哥马利将军自意大利调任本土新职之前,发表了告别第八集团军官兵的演说:

  在这种场合说话很容易冲动,但我当努力控制自己,如果说不下去时,请各位谅解。我实在很难把离别之情适当地向你们表达出来。我就要离开曾经和我一起战斗的战友。在艰苦作战与赢得胜利的岁月中,你们忠于职守的勇敢与献身的精神,永远令我敬佩。我觉得在这支伟大的军队中,我有许多朋友。我不知道你们是否会想念我,但我对你们的思念,特别是回忆起那些个人的接触……实非语言能表达。我激动得说不出话,但我还是对你们说:第八集团军之所以有今天,是你们的功劳,是你们使得它在全世界家喻户晓。因此,你们一定要维护它的良好名声和它的传统。请你们以对我的一贯忠诚与献身精神同样地对待我的接任者。再见吧!希望不久又再见面,希望在这次大战的最后阶段,会再次并肩作战。

〔评析〕

演讲的开头诉说自己此时此地的激动心情,继而表达别离时的心意,最后提出希望:维护第八集团军的传统,不久后再见面,并肩作战。这篇演讲没有华丽的词藻,但情真意切,感人至深。

4. "借题发挥"式

"借题发挥"式演讲通常是由与演讲有关的某句话、某个词语触发灵感,再抓住这个触发点进行发挥,引申出另一番新意来。

〔示例〕

著名电影演员赵子岳除夕在北京监狱向服刑人员所作的演讲:

我和你们一道来辞旧迎新。我们辞旧迎新就是总结过去,展望未来;你们辞旧迎新应该是树立新的"我",甩掉旧的"我"。首先要正视旧的"我",然后要痛恨旧的"我",只有这样,新的"我"才能树立起来。我今年来看你们,说不定明年这个时候我还来看你们。我希望明年再来的时候你们都有一个新的"我"!

〔评析〕

赵子岳借特定时间——除夕,特定地点——监狱,将此时此刻人们常用的成语——"辞旧(岁)迎新(年)",引申为甩掉旧"我"迎接新"我",切境贴旨,语重心长,有感召力。

5. "散点连缀"式

演讲者发言前,有时会想到一些不相关联事物——即思维的散落"点"。这时如果能确定发言的意脉,用这根意脉之"线",将这些"散点"连缀起来,就会组成一篇很有意义的演讲。

〔示例〕

在上海市"钻石表杯"业余书评授奖会上的演讲:

今天,我参加"钻石表杯"业余书评授奖会,我想说的一句话是:钻石代表坚韧,手表意味时间,时间显示效率。坚韧与效率结合,这是一个人读书的成功所在,一个人的希望所在。

谢谢大家!

〔评析〕

这篇演讲由"钻石"、"手表"这两个"散点",联想到"时间、效率"两个"散点",以"读书"为意脉,将四个"散点"连缀成篇,可谓短小精悍。

〔示例〕

一位新上任的领导在就职演说中说:

来这儿主持工作随身带了三件东西:第一,我带来一只碗。平时,碗口总是向上,什么意见都能装,一定广采众议,悉心听取;形成了决议,碗口即朝下,包括我在内,谁也不能轻易再翻动——要实行集中指导下的广泛民主,在广泛民主基础上的最大集中。同时,还要用它装满"水",举起来,让大家看端得平不平。第二,我带来一张纸,决不用它打收条,打欠条。我要用血汗写下今后的历史,交上合格的答卷。第三,我带来一颗心。除了布置工作和检查工作,大家就是同志朋友关系,手足之间以诚相待。我要用自己的心换同志们的心……

〔评析〕

这则演讲将"碗"、"纸"、"心"三个"散点"用"准备如何做好领导工作"这根"线"连缀起来,显得"形散神聚",而且对每一"散点"都进行了合理的联想扩展,给人留下深刻的印象。

准备"散点连缀"式演讲时,应注意一是要选准"点",要选取那些有深刻比喻意义或象征意义的"点";二是要选好"线",以便将"散点"连结为一个整体,这样便于听众把握和记忆。

在构思比较复杂的即兴演讲时,可将几种"模式"揉在一起使用。

〔训练〕

1. 依据下列话题进行"要言不烦"式即兴演讲练习。
① 重点中学
② 考试
③ 诚信
2. 分别将下面的话"扩句成篇"。
① 公共场所应禁止抽烟
② 尊师重教,贵在行动
③ 有钱不等于有幸福
④ 大学生应培养自己良好的心理素质
3. 根据下面规定的情景,分别作"三部曲"式即兴演讲。
① 假定在学校的一次演讲比赛中,你荣获一等奖,在颁奖仪式上,主持人要你代表全体获奖同学发言。
② 假定你和10位同学一起到中学实习,在该校的一次全体教师会上,该校校长把你们这些实习生介绍给大家,并致了欢迎辞后,同学们推举你代表实习生发言。
4. 根据下面规定的情景,作"借题发挥"式即兴演讲练习。
你新接任班主任的班级中有个学生叫"李桃芬",在"就职演说"中你如何以此借题发挥?(提示:由"李桃芬"联想到"桃李芬芳"及《毕业歌》。)
5. 选择下列词所代表的事物说几句话,再由它们展开联想,连起来说一段话(最少包括三个词)。看谁的联想既合理,又巧妙。
蜜蜂　蜘蛛　蚕　大雁　松　竹　梅　荷花　旭日　春雨　酷暑　严寒　黄河　长城　蜡烛　路标　桥　路　灯
6. 每个同学在一张纸条上写3个不相关联的名词或名词性短语(例如:拿破仑、中国、飞机),再写上命题人的姓名,把纸条折好,混合起来。然后大家依次抽出一个题目,讲上一段连贯的话。话中要用上题目中的3个词,再由命题人进行评论。
7. 先出演讲题目(例如:《我是青年》、《路在脚下》、《我最敬仰的人》、《人间自有真情在》等等)让学生准备3分钟,再登台演讲。

〔训练检测〕

一、目标要求

1．了解演讲的意义、特点和基本要求。

2．掌握备稿演讲和即兴演讲的要领和方法,能作一般备稿演讲和即兴演讲,做到中心明确,条理清晰,语言简洁,态势得体,有一定的说服力。

二、方法步骤

1．检查各种〔训练〕的实际效果。

2．每个同学自选题目,写出演讲稿,经过自己演练后在班上演讲。

3．同学们临场抽题作一次即兴演讲。

4．教师根据演讲效果评定成绩。

第五节 交谈

一、交谈的意义

交谈,是指两人或多人之间的口语交际活动。它是社会最基本最常用的一种言语形式。

交谈是为了交流思想感情,建立良好的人际关系。在生活、学习、工作中,交谈可以传信息、增知识、建友谊、添能力。它是生活的纽带、学习的途径、工作的手段,是事业成功的条件。交谈的基本原则是:平等、互敬、主动、求同。

交谈使用的范围十分广泛。它既包括日常生活中的寒暄、谈心,也包括针对各项工作开展的劝说、采访和谈判活动等等。

现代社会,人们交往日趋频繁,交谈也越来越重要。善于交谈已成为现代社会人才的重要条件。师范生只有学会交谈、善于交谈,才能更好地完成教书育人的任务。

二、交谈的基本要求

(一) 分清角色

社会生活就像一个五彩缤纷的大舞台,我们每个人都在这个舞台上扮演着不同的角色。角色规范不仅制约着你的行为,而且制约着你的言语。西方的社会心理学家把角色语言概括为三个方面:1.必须说的话;2.允许说的话;3.禁止说的话。这三点告诉我们角色语言要求是严格的。如果在交谈中不注意自己的角色规范,就很容易在交谈中产生误解和不快。

〔示例〕

一个姑娘向老大爷问路:"喂!老头儿,往张村去还有多远?"连问三次,老大爷才开口说:"三拐杖。"姑娘奇怪了,说:"应该论里嘛,怎么论拐杖啊?"老大爷说:"论'里'呀,你应该叫我一声'大爷',正因为你不懂'里'(礼),我才拿拐杖教训教训你!"

〔评析〕

姑娘与老大爷是幼长关系,所以必须以晚辈的身份说话。按照角色语言的要求,称呼一声"老大爷"是必须说的话,询问路程是允许说的话,称呼"老头儿"则是禁止说的话。不按照角色语言要求说话,岂能不碰钉子?

把握角色语言主要从两方面入手:

1. 认清自己

我们在社会现实生活中担任的不同角色,会随着人际交往关系的变化而变化。在单位,面对领导是下属,面对下属,又是领导;在家里,面对父母是儿女,面对妻子是丈夫,而面对孩子又是父母;逛商店时,是顾客;乘车时,又成了普通的旅客……在这种关系的变化中,我们每个人都要及时摆正自己的位置,认清自己的身份,使自己的言谈适应角色的变化。反之会处处碰壁。

2. 了解对方

　　要使交谈融洽,达到预期的目的,还必须观察、了解交谈对象,做到话因人异。

　　观察了解对方,可了解其姓名、年龄、职业、职务、文化素养、性格爱好、生活阅历以及嗜好、忌讳等。了解的目的是为了建立良好的人际关系,取得最佳的交谈效果,避免引起不快。

〔示例〕

《论语·先进》中有这样一段记载:

　　子路问:"闻斯行诸?"(听到后就动手做起来吗?)

　　子曰:"有父兄在,如之何其闻斯行之?"

　　冉有问:"闻斯行诸?"

　　子曰:"闻斯行之。"(听到后就动手做起来。)

　　公西华曰:"由也问闻斯行诸,子曰,'有父兄在';求也问闻斯行诸,子曰,'闻斯行之'。赤也惑,敢问。"

　　子曰:"求也退,故进之;由也兼人,故退之。"(冉求平日做事退缩,所以我给他壮胆;仲由的胆量却有两个人的大,勇于作为,所以要压压他。)

〔评析〕

　　孔子针对子路、冉有两个人的性格不同,采用了不同的回答,取得了良好的效果。我们师范生也应该掌握这种方法,在传授知识、教育学生时要因材施教。

〔示例〕

有个向导很会说话,从未失礼过。一次,当他陪伴一位很有身分的法官打猎回来时,有人问他:"法官的枪法如何?"向导回答道:"法官的枪法很好。只是今天,上帝对飞鸟特别仁慈!"

〔评析〕

　　这里向导针对法官的身分所作的回答,既符合实际(什么也没打着),又不乏幽默(用上帝的仁慈为法官开脱),使法官不至于过分尴尬,一笑了之。

　　由此,我们不难看出,交谈中分清角色把握角色语言的重要性。只有充分地考虑到双方角色,才有可能使用规范的角色语言,创造良好的环境气氛,促使交谈向纵深发展,获得成功。

〔训练〕

　　1. 请就学校伙食问题,分别设计学生与校长、学生与班主任、同学之间的谈话。练习过后,请其他同学评述角色语言运用是否恰当。

　　2. 分析下列甲、乙二人与小华同学的谈话。你认为哪一种较好?为什么?

　　小华平时身体瘦弱多病,且多愁善感,这次患了重感冒,一连高烧几天,在家卧床休息,她的两位同学来看她。

　　甲:你平时身体就不好,应该多注意点。我听说,这次流感打针都不见效,这样下去,考试怎么办呢?

　　乙:小华,你得的是"流感",一般得一两个星期才能彻底康复,班上还有几位同学也感冒了。不过,你别着急,按时吃药,多休息,多喝开水,很快就会好的。

(二) 观察语境

　　语境包括社会环境、自然环境和说话的具体环境。我们这里主要指的是具体环境,即由一定的时间、空间和交际情景组成的言语交际场合。它是交谈不可分割的一个部分,是谈话取得成功不可忽视的一个重要因素。

一般说来,场合能够诱发交谈愿望,使不愿说的人谈兴大起,侃侃而谈。场合也能提供交谈的话题,缩短距离感;场合还对交谈的内容有一定的限制作用。

〔示例〕

我国一位民主人士,参加一次国际会议受到了外国友人很隆重的接待。宴会上,这位人士开始的一番讲话,受到了东道主的称赞:

"先生的口才真好,你可以当外交官。""这句话很对",他答道,"我是应该做外交官的,而我没做,这是我国外交部的一个失误。"这些话立即使在座的外国友人和当地的政府人员愕然失色。

〔评析〕

在上述这种严肃、正规的场合拿外交部开玩笑,不仅不幽默,反而使对方很尴尬。所以这种话在此处显然很不得体。从语境角度看,这是应该受到限制的话。

〔训练〕

1. 假如你是某班的班主任,这次期中考试你们班的成绩在全年级倒数第一,你非常生气。在下午班会时间,你来到了班里,看到:

① 班上叽叽喳喳,乱作一团;

② 教室里很安静,同学们都在认真地做作业。

针对以上两种情况,你该怎么说?请分别说两段话。

2. 读下列这篇故事,然后回答问题。

亲家为什么生气?

60年代,某农村有这样一件事:村上的牲畜饲养员,是位做菜能手,每家婚丧嫁娶都要请他帮厨。王大爷为给儿子完婚,也请他去做菜。在酒席上,王大爷对娘家人说了几句客气话:"俺们这儿是个穷地方,没有做菜好手段(好手艺)的人,我找来饲养员给你们做的这顿饭,好歹凑合着吃吧!"

亲家一听,大为不满,结果酒席弄得不欢而散。

思考题:

① 王大爷讲的是实话,为什么会惹得亲家生气?
② 在这种场合下,你认为王大爷应该怎么讲?
③ 你能否为王大爷的这段话找一个与之适合的场合?

(三)把握话题

1. 话题的选择

一般的交谈可选择的话题很多,但基本上应该是双方较熟悉、较感兴趣和新鲜的话题。有时候陌生人之间交谈选择话题有一定的难度,这就需要我们学会观察,寻找双方的相似性因素。心理学家研究表明,人们都喜欢同与自己有相似之处的人交往。这种相似之处能消除交谈者的戒备心理,缩短交谈双方的感情距离,引发双方交谈的愿望和兴趣。

人们之间的相似点很多:如,年龄、职业、经历、境遇、地域、兴趣、性格、观念等等。在交谈一开始,如能发现某些相似点,并能及时捕捉,定能使对方打开话匣子,把交谈引向深入,还可以促进双方相互理解,发展友谊,以至使初交成为挚友。

〔示例〕

美国的迪巴诺面包公司为了向纽约的一家大饭店推销面

包,多次同饭店的经理交谈,均无成效。迪巴诺经过调查,得知饭店经理担任国家饭店协会的理事长并热衷于这件事。于是,再去拜访时,迪巴诺就以协会为话题,果然引起了对方的兴趣。他们愉快地交谈了 25 分钟,饭店经理非常高兴,还极力邀请迪巴诺参加协会。这次交谈,并未谈及面包的事。但几天后,饭店采购部门来电,订购迪巴诺公司的面包。

〔评析〕

这是一次由选择对方较感兴趣的话题开始而成功地进行推销的实例。迪巴诺对饭店经理谈协会的事,让他感到双方有着共同感兴趣的事,于是,迪巴诺博得了经理的喜爱,交际获得了成功。

〔训练〕

1. 在日常生活中,你喜欢与哪些人打交道,这些人与你有无相似之处?请举例说明。

2. 按照交谈的原则要求,两人一组进行摹拟练习。

语言情景设计:放暑假了,你独自一人坐火车回家。假如你周围是下列不同身分的人,你应该同他们谈些什么?

他们是:

① 一位大学生

② 一位教师

③ 一位解放军

④ 一个农民老大爷

⑤ 文静的姑娘拿着一本你熟悉的小说

⑥ 从城市回乡探亲的打工仔(打工妹)

2. 中心话题的提出与控制

话题,反映着交谈者的动机,它规定和制约着交谈的内容、范围和重点。如果所要进行的交谈是工作交谈,或是采访、劝说、谈判等目的性很强的交谈,经过寒暄之后,就要把握时机,明确提出话题,并在交谈中注意控制。

同熟人、知心朋友交谈,提出话题可开门见山。这样可以节省时间,提高效率。有时候,话题不宜直接提出,可通过类比、引导等方法,先说别的,后转入正题,也可以达到预期目的。劝说、批评教育或同陌生人交谈,多用此法。

〔示例〕

一位教师在发现他的学生出现"早恋"现象时,巧妙地向学生讲起了家乡果园的事情。他说:"我们村子周围有一大片枣树园,寒来暑往,春华秋实。有一年秋末冬初,我突然惊奇地发现,有些就要落叶的果树上竟然开出了一簇簇小小的果花。不久,花谢了,居然也结出了山楂般大的果子。可惜没过几天,霜冻就来了,叶落尽了,小果实也烂掉了。那时,我捧着这些可怜的小果子,心里很难过。后来,我才明白,不该开花结果时开花结果,违反了自然规律,所以才难以成活。近来,同学们中的一些事情又引起了我的思索,我以为这与你们的年龄是不相符的。所以我希望你们能够从中得到一些启迪!"同学们听后深有感触,早恋现象逐渐减少,最后直到消失。

〔评析〕

这位教师运用的就是侧面迂回法,即先以失时花果为喻,说明违背自然规律会受到惩罚。而后让学生思考一些发生在自己身边的事,虽只字未提早恋,却句句中肯,使学生明白了早恋的危害,从而达到了说服教育的目的。

有时,对方不愿谈你想谈的主要话题,还可以巧用"激将"的方法,达到交谈的目的。

如果交谈的话题还需进一步去探讨、商榷,还需学会对话题的控制。

控制话题的方法很多,最常用的就是引导深入法。即在交谈中抓住交谈的某一内容或语句,加以适当引导,使交谈向纵深发展。

〔示例〕

　　战国时期,齐威王饮酒过度,淳于髡(kūn)想说服他改掉这个毛病。在酒席上,淳于髡说:"我喝一斗也醉,喝一石也醉。"齐威王不解:"你喝一斗醉了,怎么还能喝一石呢?"淳于髡说:"大王赐酒,我心里恐慌,饮一斗就醉了。如果无拘无束,男女混杂,放荡无羁,就能饮一石。所以说,酒喝多了,行为就失去了控制,就可能发生悲哀的事情。"

　　齐威王听了深受启发,说:"你说得太好了!"于是他改掉了长夜饮酒的毛病。

〔评析〕

这里淳于髡以饮酒为题,一步步把齐威王引导到所要谈论的正题,委婉地说出了饮酒过多会乐极生悲的道理,使齐威王茅塞顿开,戒掉了不良的习惯。

交谈时,如果对方偏离话题,可采用重提话题,暗示话题或用礼貌言语或手势,提醒对方。

〔训练〕

1. 待客访友练习(两人一组,自定情景)

要求:(1)轻松愉快地问候、寒暄;(2)询问近况;(3)注意聆听和话题的控制;(4)热情话别。

2. 求职应聘练习(两人一组,自定情景和社会角色)

要求:(1)招聘单位简单口述招聘要求;(2)招聘人员应通过问话了解应聘人员的业务能力、思维能力、品德素养、应变能力等;(3)应聘人员答话要积极、主动,并适时询问招聘单位的某些情况;(4)谈话小结,礼貌话别。

(四) 听说兼顾

交谈是一种双向交流的信息传递活动。交谈双方在传递信息和接收信息时都应互相尊重,积极主动,听说结合。

在交谈中善于倾听就能够及时捕捉信息,抓住对方讲话的意图和弦外之音,从而决定如何回答。因此,说是以听为依据的,要做到会说,首先应当学会倾听。

要想做一个好的倾听者,要注意以下几点:(1)要尊重对方。当对方讲话时,自己要注意力集中,眼睛注视对方,表情自然,不可东张西望。(2)要主动及时地做出反馈。倾听者要主动、迅速地对交谈对象的谈话做出反应,如点头、微笑或适当插话、询问。这样就能极大地鼓舞讲话者的热情。(3)不仅要理解讲话者的主要意思,还要善于体察出对方言谈中的言外之意。

〔示例〕

  1949年,国共两党谈判时,毛泽东分别接见国民党政府代表。一天,刘斐先生受到接见,他忐忑不安,不知怎么开口。毛泽东同志就和他拉家常,使他紧张的心情减去大半。接着,他们谈起共同关心的问题。刘斐对于和谈的前途尚有疑问,就试探地问毛泽东说:"您会打麻将吗?"毛泽东回答:"晓得些,晓得些。""您爱打清一色呢,还是喜欢平和?"毛泽东笑着说:"平和,平和,只要和了就行了。"

〔评析〕

刘斐的话中有话,毛泽东听出了弦外之音,并予以寓意深长的回答,不仅使刘斐疑虑顿释,并保持了轻松和谐的交谈气氛。

总之,在交谈中只要双方互相尊重,互相照顾,做到听说结合,密切配合,就能建立良好的交谈关系,形成良好的气氛,以保证交谈的顺利进行。

〔训练〕

思考并回答以下问题。
1. 你是否注意倾听别人的谈话？举例说明？
2. 在交谈中为什么要听说兼顾？

三、交谈分类训练

(一) 寒暄

寒暄是人们在社会交往中初见时的见面语、应酬话。比如："工作忙吧！"、"好久不见了！"等等。好的寒暄能为交谈双方架起友谊的桥梁，能为以后的交谈创造良好的氛围。

寒暄一般没有什么特别的实际内容，但往往能起到"抛砖引玉"的作用。

常用的寒暄方式大体上有以下几种。

1. 问候式

问候式的寒暄是日常生活中最常用的形式。交谈者可以根据不同的场合、对象进行不同的问候。比如，从年龄上考虑：对少年儿童问"几岁了？"或者问"上几年级了？"；对青年人问"身体好吗？"对成年人问"工作忙吧？"。从职业上考虑：对教师问"今天有课吗？"对工人问"厂里效益还好吗？"对经商的人问"在哪儿发财？"对朋友邻居、同事的问候就更为丰富了。如果问得好，能够密切关系，增进友谊。问候式寒暄，应是真心实意的表露，给人以亲切的感觉。要因人而异，不落俗套。

2. 夸赞式

夸赞式寒暄是指见面时，通过给对方恰当的赞美，使交谈造成一种愉快活泼的气氛。心理学研究证明，使精神愉快的简单法则，就是给人赞美。每个人都需要别人的肯定和承认，需要别人诚心赞美。比如,见到你的同事或同学穿了一件新裙子,可以说:"你穿上这裙子真漂亮!"见到老同志身体健康、红光满面,可以说"您可越活越年轻了!"别人发言结束后,可以小声说"很精彩!"等等。夸赞式寒暄,能表现人的热情,最忌讳虚情假意和言过其实。

3. 描述式

描述式是针对具体的交谈场景而触景生情地寒暄。比如对方刚做完什么事,正做什么事或将做什么事,都可以作为描述式寒暄的话题。如"上班啊!""下班啦!""正忙着呢!""还在用功啊!"这种寒暄,随口而来,符合生活实际,能表现对别人的理解和认同。

4. 言他式

言他式是初次见面较好的寒暄方式。比如:"今天真热呀!""听说贵州发大水了!"等等。这种寒暄往往能打破初次见面时的尴尬场面,为以后交谈作好铺垫。

总之,寒暄既要亲切、热情、自然,又要讲究分寸,适可而止。恰当地运用寒暄,它可以成为人际关系的润滑剂,可以沟通感情,可以产生一种认同作用,使交谈渐入佳境。

〔训练〕

1. 你经常使用哪种寒暄方式?请举例。
2. 情景练习:

周末,你因事去女生宿舍。一进门,发现屋内干净、整洁,这时你会怎么说?如果屋里较乱,你又将如何表达?

(二) 劝说

劝说是以说服为目的的交谈,也是一项艰苦细致的思想工作。要想使劝说获得成功,首先须树立自信心,相信自己能够说服对方。其次,就需要树立明确的目标,集中精力消除对方思想上的各种障碍及糊涂认识。第三,要注意在劝说时将自己"摆"进去。设身处地地为对方考虑,做到心理相容,取得对方的信任。第四,劝说要遵循明理、动情、适切等原则,不能争辩、争吵。第五,掌握几种劝说方法:(1)和风细雨,循循善诱。说话不急躁,善于一步一步引导,平等相待,晓之以理,动之以情。(2)避实就虚,迂回包抄。先谈其他共同性话题,以形成亲切感,然后自然转入有关话题。(3)以退为进,欲擒故纵。只谈对方的长处、优势,不正面涉及其短处和问题。激发对方,用激将法调动其潜在的积极性。

〔示例〕

黄老汉搬家

黄老汉60多岁,老伴双目失明,自己一只眼看不见,要了一个女儿叫凤。日子过得很艰难,他以为是住的地方风水不好。他说,两边的邻居都姓陈,是沉沉的东西把他家的运气压"黄"了。于是吵着要搬家,谁劝都不听。年轻的支书批评他:"都什么年月了,还迷信!纯粹是吃饱了撑的!要是在文革那阵,早该拉出去批倒斗臭了。"老汉一听气得拽着支书撒泼:"你小子有种,现在就拉我出去批斗枪毙!"这时,他的侄媳妇拉他回家,给他端上一碗绿豆汤说:"黄大爷,支书是您眼皮底下长大的毛孩子,还值得跟他生气?"见老汉气消了点,又说:"您老别怪侄媳多嘴,——您咋傻了呢!搬啥家?要是我,杀头也不挪开那个福窝呢!"老汉说:"福窝?啥福窝?""您听我说,那'陈'是文武大臣的臣。您老左有文臣,右有武臣,保护着您这个'皇帝'。您放心吧,好日子在后头呢!"老汉问:"这话当真?"侄媳说:"这不明摆着,您老俩口这一辈只有一只眼,你那宝贝凤丫头一人就俩(liǎ),比你这辈强吧!她聪明伶俐。黄凤黄凤,就是眼里的凤凰,龙凤呈祥的意思嘛!遇到今天的好政策,用不了几年,凤凰双翅一展,任他东邻西邻再沉也压不住。好日子就在后头哇,等着享福吧!"老汉越听越开心,信以为真,从此以后再不提搬家的事了。

〔训练〕

1. 结合上面〔示例〕谈谈,黄老汉为什么会听侄媳妇劝说?侄媳妇讲的明明不是科学真理,为什么能劝说成功?
2. 劝说你的一位同学改掉一种不良嗜好(如吸烟、赌博等)。
3. 劝说别人赞同你的一个建议或设想。
4. 劝说家人支持你的一项决定(如:继续深造、反对包办婚姻"定亲"、让姐妹上高中……)

(三)采访

采访是一种特殊的调查研究活动。采访者应有鲜明的针对性和目的性。在采访前做好准备,了解采访对象的有关情况,然后拟定采访提纲和采访方案。有时采访还需要与被采访者预约时间,这样才能节省时间,提高效率。在正式采访时,记者要以坦诚和热情感染对方,以建立和谐的协作关系,使对方知无不言,言无不尽。反之,会导致"话不投机半句多"的尴尬场面。

〔示例〕

一个初出茅庐的青年记者采访一位中年女科学家:

记者:解放三十多年来,我国的高等学府培养了许多人才。请问,您毕业于哪所大学?

科学家:对不起,我没有上过大学,我搞科研全靠自学。我认为自学也能成才。

记者:听说您又成功地完成了一个科研项目。请问,您的新的课题是什么?

科学家:看来您并不了解我的工作。我一直致力于这个项目的科学研究,目前,只是有了一些新的突破,但远远没有成功。所以谈不上什么新的课题。

记者:您的孩子在哪儿学习?

科学家:我早已决定把毕生的精力贡献给自己的事业,因此我一直独身至今。请原谅,这个问题,我不愿多谈。

记者:……(无话可说)

科学家:我的工作在等待着我,恕不奉陪。

〔评析〕

这是一次失败的采访。主要原因是,年轻记者缺乏采访的常识和经验,在对采访对象的一般情况、科研情况不了解的情况下,贸然采访。结果,不仅没有得到一点有价值的信息,还引起对方反感,自讨没趣。

〔训练〕

1. 根据下面采访的话题、语境,重新设计一段采访。要求:采访目的明确,问话亲切、自然,可答性强。

1988年秋,由于有了党的改革开放政策,渤海湾渔民富起来了,一位记者想写一篇引导渔民正当消费的稿件,来到渔村。

记者:大伯,今年渔业收入很好哇!

老渔民:(很高兴)不错!家家户户都富起来了。

记者:您有了这么多钱,准备作啥用啊?(本意想引导买渔具、船只,以扩大再生产)

老渔民:噢!盖几间新房。

记者:盖了新房,还干啥呀?

老渔民:买彩电。

记者:买了彩电,还干啥呀?

老渔民:(不耐烦了)买冰箱!

记者:(没觉察对方反应)买了冰箱,还干啥呀?

老渔民:(急了)您管得着吗?我的钱,我爱干啥就干啥!

2. 在班上实地采访某一方面有特长或在某方面取得优异成绩的同学。在了解掌握基本情况的基础上,制订采访纲目,然后进行采访。

3. 针对学校或社会上某些热点问题或某种倾向,对学生进行现场采访。注意话题的提出与控制。

(四) 谈判

谈判,是人们为了改善关系,谋求合作而进行的一种交换意见、磋商协议的言语交际活动。它是人们日常生活中相互协调的基本手段,也是解决各种分歧和矛盾的最便利的方法。如顾客与店主就某一商品讨价还价,最后双方均作出让步,以中间价成交,这就是一次简单的谈判。如果双方或多方代表就一些重大问题,坐到谈判桌前,那便是较为正规的谈判。这种谈判,一般要经历以下六个阶段:(1)导入阶段。通过介绍或自我介绍与对方相识,创造有利的气氛,为谈判打下良好的基础。(2)概说阶段。即对自己的基本观点进行简略的概说,让对方了解自己的想法,并注意对方的信息反馈。(3)明示阶段。即双方进入实质性的问题磋商和洽谈。双方的意图、报价、实力等已显露,分歧自然产生。(4)交锋阶段。即双方为了各自的利益,希望对方能做出让步。往往会出现对峙局面。(5)妥协阶段。即经过唇枪舌剑的交锋,双方开始本着互利的原则做一些让步。(6)协议阶段。即双方妥协后达成某种协议。这种协议一定要付诸于文字,不能口说无凭。至此,谈判宣告结束。

〔训练〕

两人一组,就以下内容做摹拟谈判练习。

① 针对做家教的具体问题与你的学生家长进行协商。

② 两个毕业班将联合举办一次晚会,双方班委就细节问题进

行商讨。

〔训练检测〕
一、目标要求
1. 明确交谈的意义和基本要求。
2. 掌握"寒暄"、"劝说"、"采访"、"谈判"的方法步骤,能够成功地交谈。
二、方法步骤
1. 检查"交谈的要求"部分各种〔训练〕的效果。
2. 针对"交谈分类训练"要求,确定内容在堂上进行"采访"或"谈判"练习。(由同学自己设计话题情景组织活动。)
3. 根据训练情况评定成绩。

第六节 论辩

一、论辩的意义

论辩是观点对立的双方探求真理、明辨是非,借以说服或驳倒对方的口语交际活动。

论辩有助于获取真知,提高认识。俗话说:"灯不拨不亮,理不辩不明"。真理总是同谬误相比较而存在,相斗争而发展的。

论辩有助于开发智力,增长才干。论辩是知识、智慧和意志的综合较量。通过论辩可以培养一个人的竞争意识、进取精神以及敏捷的思维能力和应变能力。

论辩有助于惩恶扬善,匡扶正义。善于论辩,可以凭三寸不烂之舌,揭穿各种谎言谬论,推倒各种不实之词,从而维护国家民族尊严,保护自己以及他人的声誉和权益。

论辩具有对抗性、逻辑性、机敏性等特点。

论辩的对抗性,指论辩问题是在持有对立观点的双方之间展开的。在论辩中,双方观点针锋相对、互不相让,是语言素养和论辩技巧的较量,也是智慧、意志的较量。

论辩的逻辑性,是指论辩双方都必须遵守逻辑思维的规律,做到概念明确,判断恰当,推理严密。1858年,林肯在论辩中说:"你能在所有的时候欺骗某些人,也能在某些时候欺骗所有人,但你不能在所有时候欺骗所有的人。"这段辩词以其逻辑的缜密赢得了世人的称赞。

论辩的机敏性,是指辩场风云瞬息万变,机会与陷阱同在,论辩者必须机智敏捷,反应迅速,随机应变。不仅必须兵来将挡,水来土掩,坚守住本方阵地,而且要能随时发现对方漏洞,伺机反击。

论辩的应用范围极为广泛。政治活动、经济决策、外交斗争、商业谈判、科学研究乃至日常生活都离不开论辩。除了一般有功利目的论辩以外,还有旨在提高人们口语表达能力的竞赛性论辩。

二、论辩的基本要求

论辩必须做到:紧扣论题,能攻善守,注重风度。

1. 紧扣论题

在论辩中双方都必须紧紧围绕论题发表意见。如果双方都背离论题、互不交锋,就不成其为论辩了。

例如,新加坡"首届国际大专辩论会"辩论"人性本善",反方复旦大学队从正方观点中合理地引申出"善花结恶果"的错误命题,穷追不舍。连续五次追问对方"善花是如何结出恶果来的?"正方难以回答,一再回避。结果,反方便占了上风,最后获胜。

2. 能攻善守

在论辩中,攻,是驳论;守,是立论。攻,就要集中精力攻击对方基本观点。守,就要确保本方引用的事实、数据、典故准确无误,而且论证严密,滴水不漏,不给对方以任何可乘之机。攻与守是辩证的统一。论辩讲究的是攻守兼备,不偏于一端。只守不攻,对论敌的观点不予反驳,构不成威胁,显得过于懦弱;只攻不守,看似咄咄逼人,但对论敌提出的问题始终避而不答,也会给人以色厉内荏的感觉。

3. 注重风度

注意风度,是从道德方面对论辩提出的要求。在论辩中,一定要尊重对方人格,做到"讲理不伤人"。"辱骂和恐吓决不是战斗",进行人身攻击,这不仅会失去听众的信赖,同时也降低了自己的人格。即便受到"论敌"的辱骂,也要努力克制自己,表现出良好的教养。如若"论敌"一再恶语中伤,方可有理有节地进行回击。

〔训练〕

分析下面的辩词违反了论辩哪些基本要求。

1. 对于什么是"人才",什么叫"自由流动",我方已不厌其烦地解释了四五遍了,为什么对方辩友充耳不闻,故作痴呆,傻乎乎地一问再问呢?我们真不明白,是你们真的智商太低,还是别有用心!

2. 甲:双休日没有啥优越性。星期六做完了家务,星期天就无所事事,难打发,真不如上班。

乙:双休日就是好,过去没时间辅导孩子做功课,没时间陪妻子逛商店。有了双休日,时间充裕了。

甲:双休日休息时间太长。年轻人东游西逛,惹是生非,酗酒赌博,聚众斗殴,这难道不是实行双休日的后果?

乙:有了双休日,过去不大走动的亲朋好友,往来也多起来了,有利于联络感情。

三、论辩的方法及训练

参加论辩,不但要对辩题有透辟的研究,还要掌握论辩的方法和技巧。

(一) 阐释论题

阐释论题,首先要阐释论题所包含的概念。阐释概念有下定义、外延列举、特征描述等方法。下定义就是借助词典或已有知识,揭示概念所反映事物的本质属性。外延列举是通过穷举或例举的方法说明某个概念反映的是些什么事物。特征描述就是对概念所反映事物的特征进行描绘或叙述。需要指出的是,下定义法虽然看来很准确很规范,但用起来有些问题。一些概念很难下精确的定义。比如说"温饱""人性"等概念就是这样。假如勉强下个定义,在论辩中就可能招致论敌的攻击。例如,将"恶"定义为"本能和欲望的无节制的扩张"。论敌就可以提出这样的问题:假如有一个朋友酒量是三两,一次酒逢知己,多喝了二两,这算不算"恶"?如果回答了这个问题,还可能引发其他的问题。在阐释论题时,除非必须硬着头皮给某个概念下定义外,要尽力避免对事物作抽象的概括。可尽量运用"外延列举"或"特征描述"的方法。还可以用语词解释的方法来阐释概念。比如像"温饱"就解释为"衣暖饭饱"。这种语词解释,虽从实质上看并未提供多少新信息,但它给人的感觉是你已经清楚地阐释过"温饱"的概念了。这样做不会给论敌留下任何把柄。

〔训练〕

1. 指出下文中部队首长阐释的论题是什么?为阐释这一论题又阐释了哪些概念?都运用了哪些阐释方法?

一军人在一次恶性政治事故中被炸死,其家属要求部队首长给他评革命烈士。理由是他不参军就不会被炸死,参军是为了保卫祖国,保卫祖国而死就应评革命烈士。部队首长解释道:"革命烈士不是指一般的牺牲,也不是凡在部队牺牲的同志就能评革命烈士。保卫祖国和建设祖国中牺牲的军民,包括:对敌作战牺牲或对敌作战负伤后死亡的;在作战前线担任向导,修建工事,救护伤员,执行运输等后勤任务牺牲的;或在战区守卫重点目标牺牲的;因执行革命任务遭敌人伤害,或被敌人俘房,逮捕后坚贞不屈,遭敌人杀害或受折磨致死的;为保卫或抢救人民生命、国家财产和集体财产而牺牲的;以上各项之外死难情节特别突出,足为后人楷模的牺牲人员。你丈夫均不在这些之内,当然不能评为革命烈士。我们总不能违反规定,把每一个在部队死难的同志都评为革命烈士吧。

2. 在论辩"人才不能自由流动"时,一位辩手批驳这个观点时说:"凡有一技之长的都是人才。若不准人才自由流动,一位演员一生只能在一个地方演戏,一位演奏家一辈子只能在一个地方弹琴,他们别说是名闻天下了,恐怕连饭都吃不饱。"这位辩手在阐释概念上有没有问题?

(二) 追加前提

任何观点的成立都依赖于一定的前提条件。比如说"水是液体"这个观点的成立就依赖于"标准大气压下,摄氏零度到 100 度之间"这一前提条件。如果前提条件发生了变化,观点也会发生相应的变化。在论辩中,为了更好地立论和反驳,常常需要追加前提条件,使本来比较抽象笼统的论题具体化、现实化。古希腊学者苏格拉底就善于使用这种方法。

欧提德莫斯认为,欺骗、偷盗行为是不正直的。苏氏在上述论辩中,避免泛泛议论抽象的欺骗、偷盗,而是运用追加前提的方法,将这个一般性的辩题具体化为"欺骗敌人"、"偷敌人的财物"、"骗孩子吃药"等子辩题。然后迫使论敌得出与自己观点相矛盾的结论。后人称这种方法为"苏格拉底式问答法"。

苏格拉底式问答法的步骤是:论辩开头不涉及双方分歧,而是顺应对方思路,站在对方角度提出一系列问题,诱使对方连连称是,以致丧失防卫意识和对抗态度最后落入圈套。

又如,1986年亚洲大专辩论会上,北京大学代表队就曾用追加前提的办法,把本方辩题"发展旅游业弊多于利"限制为"无条件、无节制、盲目地发展旅游业弊多于利",这样进可攻,退可守,最后赢得了论辩的胜利。

〔训练〕

1. 思考一下,如何给下列论题追加前提:

中学教师校外兼课弊多利少

班主任与学生间应保持等距离关系

师专经常举行全省统一考试大有必要

2. 一学生家长拒绝给孩子买"小霸王学习机",理由是买了后孩子会醉心于电子游戏,影响学习,视力下降。请你以学习机推销员的身分,设计一种"追加前提"的问话劝说家长。

(三)善用事实

事实胜于雄辩。在论辩中,人们常常选用典型事实或数据来证明自己的观点,反驳论敌的观点。

〔示例〕

嘴上无毛,就一定办事不牢吗?毛泽东同志担任工农红军第四军党代表时,只有35岁,担任中华苏维埃共和国临时中央政府主席时,也才38岁。贺龙同志在31岁时就担任了南昌起义的总指挥,指挥千军万马打响了武装起义的第一枪。邓小平同志在28岁时就领导了著名的百色起义,并担任了红七军的政委。陈毅同志也是在27岁时就担任了红四军的军委书记。由此可见,嘴上无毛与办事牢不牢之间并没有必然的联系,关键是有没有德才。有德有才,少年即可成英雄,无德无才老大只有徒伤悲。

〔评析〕

这段论辩用大量事实论证嘴上无毛与办事不牢之间并没有必然联系,关键是有没有德才。事实胜于雄辩。在论辩中用事实证明或反驳,只要事例确凿、典型,就最有说服力。

〔训练〕

1. 为证明以下论题,搜集可作论据的典型事例。

    高校特困生问题可堪忧虑

    高校学生人文素质教育急需加强

2. 为反驳以下论题,搜集可作论据的典型事例。

    老实人总是吃亏

    棍棒底下出孝子

(四) 逻辑推演

在论辩中需要借助于逻辑推理的地方很多,逻辑推理的种类也很多。下面只扼要介绍一种最常用的逻辑推理:三段论。三段论的客观基础是:一类事物所具有的属性,这类事物中的每一小类,每一个别事物也都具有;一类事物不具有的属性,这类事物中的每一小类,每一个别事物也都不具有。例如,笔具有写字画图的属性,毛笔、钢笔、铅笔等等,只要属于笔这个类的事物就都有写字画图的属性。笔不具有能切削的属性,因而毛笔、钢笔、铅笔等也都不具有能切削的属性。在论辩中,常常由一般性的事物具有或不具有某种属性可推断其中特殊性或个别性的事物具有或不具有该属性。

〔示例〕

在"实践是检验真理的唯一标准"的论争中,有同志说:"马克思主义也应当是检验真理的标准"。有人反驳:"如同任何真理都不能由自己证明一样,马克思主义也不能证明自己。"

〔评析〕

这里用了这样一个三段论进行逻辑推演:

任何真理都不能自己证明自己的真理性。

马克思主义是真理。

所以,马克思主义不能自己证明自己的真理性。

"马克思主义是真理"这个不言自明的判断,在论辩中,无论是证明还是反驳,正确运用逻辑推演都会显得雄辩有力,令人信服。

〔训练〕

试用三段论确立如下观点:

1. 教育规律是不能违背的。
2. 李钦不是此案的作案者。
3. 经济体制改革中的困难是可以克服的。

〔提示〕要推出上述个别性或特殊性的结论,必须先根据有关常识构造出一个一般性的前提。

(五) 反例斥谬

所谓反例斥谬,就是寻找与论敌的观点相反的事实或事例,从而指出论敌谬误的方法。当论敌作出一个错误的一般性推断时,只要能找出一个反例来,就足以证明论敌犯了"轻率概括"的错误了。例如,一个小学生告诉老师:"我发现所有带'风'偏旁的汉字都读作 fēng,像枫树的枫,疯子的疯,讽刺的讽等等。"老师反问道:"秋风飒飒的'飒'也带有偏旁'风',照你发现的规律,就不能读 sà,而要读 fēng 了?"一下子问得这个学生张口结舌。"反例斥谬"法是一种很有效的批驳方法。

〔示例〕

甲:通俗歌曲唱的都是哥呀妹呀的,主题都不严肃。

乙:张明敏的《我的中国心》也是这样吗?

"反例斥谬"从根本上说,就是寻找与论敌论断相矛盾的事实。

〔训练〕

用"反例斥谬"法反驳以下论断:

① 流行歌曲都是好歌曲。

② "沉默是金",不说话才显得深沉、有学问。

③ 社会科学都有阶级性。

(六) 以矛攻盾

根据形式逻辑的矛盾律,在同一时间内,对同一事物的同一方面所作的一对相互否定的论断不可能同时都正确。由其中一个判断的正确就可以必然推出另一个论断的错误。在论辩中,辩手不但自己要严格遵守矛盾律,而且要特别留心对方是否有相互抵牾的地方。一旦发现论敌犯了"自相矛盾"的错误,就可以抓住,加以抨击。这种方法就叫做"以矛攻盾"法。

〔训练〕

1. 一位青年要求到爱迪生的实验室工作,他对爱迪生说:"我要发明一种万能溶液,这种溶液能够溶解一切物品。"请你代爱迪生用"以矛攻盾"法驳斥这位青年。

2. 用"以矛攻盾"法驳斥下面的命题:

① 我基本上同意曹工的意见。

② 我们承认实践是检验真理的唯一标准,但我们同时也不否认,马克思主义也是检验真理的重要标准。

③ 这位演奏家现在正演奏的是一首久已失传的古曲。

④ 省卫生厅已有明文规定禁止使用樟脑酊剂,所以,我们在使用这种药物时要特别慎重。

（七）引申归谬

运用"引申归谬"法时,先假定论敌的观点是正确的,然后顺承论敌的思路进行联想,从论敌的观点合乎逻辑地引申出一个荒谬的结论来。这实际上是一种"以谬制谬"的方法。

〔示例〕

加拿大人朗宁1893年出生于我国湖北襄樊,是在中国长大的。他回加拿大竞选议员时,反对派说他是喝中国人的奶长大的,身上有中国血统。朗宁反驳道:"据说你是喝牛奶长大的,你一定有牛的血统。"

"引申归谬",关键在于从论敌的观点中合乎逻辑地引申出结论。如果引申的过程本身就不合乎逻辑,也会授人以柄,给论敌以攻击的口实。

〔训练〕

1. 有个迷信的人当众宣扬"轮回报应"。他说:"人不能杀生,因为今生杀了什么,来世就会变成什么。比如,你杀了牛,来世就变成牛；杀了猪,来世就变成猪。即便踩死了蝼蚁来世也会变成蝼蚁。"

请你用"引申归谬"法反驳他。

2. 据《古今谭概》记载,太原人郭林宗家中有一个庭院,院中有一树,郭要砍倒树。理由是:"住宅犹如方口,宅中有树,正如有木,成了不吉利的'困'字。"

11 岁的徐樨听说后,用"引申归谬"法使郭林宗打消了砍树的念头。猜一猜,徐樨是如何说的。

3. 有这么一则小幽默:

女儿:妈妈,妈妈,你头上有好几根白头发。

妈妈:当妈的头发白,都是女儿太调皮,给气的了。

女儿:哦,我明白了,妈妈小时候一定比我还调皮,因为……

请你用"引申归谬"法,把女儿反驳妈妈的话补完整。

(八) 形象类比

在论辩中,逻辑思维起着重要作用,但它显得过于凝重,缺乏活力和情趣。如果以形象思维加以配合的话,会使论辩充满生气和幽默感。因此在论辩中,聪明的辩手常常用形象的类比取代抽象的说理。

简单一点说,类比就是根据两个或两类事物某些属性相同,推出它们的其他属性也相同的论证方法。

〔示例〕

1937 年,上海各界人士集会,欢迎郭沫若先生回国和沈钧儒等"七君子"获释返沪。会上,有人发言鼓吹国民党一党专政和抗日必须统一于"政府之下"。郭老对此进行了精彩的反驳。他说:"政府好像是火车司机,人民好比火车上的乘客。司机、乘客是向着同一目的地,乘客应该一致服从司机开车,才能达到共同的目的地。但是如若替我们开车的司机,是个喝了酒的醉汉,或者已经睡着了,这个时候全车乘客都将有生命之虞,更不能安全到达目的地。这样我们就不能再服从他,而应该叫醒他了! 即使他没有喝醉,没有睡着,而这个司机不是个好司机的话,那他也是不会注意行车安全的。我们全车的人,为着自己的生命,为着胜利达到目的地,也就不能盲目地服从他。大家应该命令他停车。"

〔评析〕

在论辩中运用"形象类比"法,可以避免抽象的理论推导,化抽象议论为形象说理,很有说服力。

〔训练〕

1. 用"形象类比"法续完下面的论辩词:

① 腐败问题好比是百花园中的毒草,严厉惩治腐败,就好比……

② 有人问对于革命政权来说,最珍贵的是工人还是农民?那么我也要问,对于一个人来说,最珍贵的是……

③ 什么叫"国粹"?照字面看来,必是一国独有,他国所无的事物了。换一句话,便是特别的东西。但特别未必定是好,何以应该保存?譬如一个人……

2. 分析下面"形象类比"法的使用哪个正确?哪个不正确?为什么?

① 春秋战国时魏将吴起爱兵如子,在率兵攻伐中山国时,他亲身为受伤的士兵吮吸脓血,不料这士兵的母亲闻讯大哭。旁人问:吴起这么爱护你的儿子,你为什么还要哭呀?她说,我丈夫战死前,吴起也曾为他吸脓血。如今吴起又为我儿吮吸脓血,我儿岂不也快要战死了?我怎能不哭?

② 对于已经定型的京剧艺术来说,正如古典建筑像古皇宫等,没有必要因为它采光不好,再增加个天窗,安上空调一样,不能为了迎合观众,特别是青年观众的爱好,就机械地加上电子音乐,附上所谓的现代节奏。

③ 以前的京剧旦角戏只是用京胡伴奏。但到了本世纪二十年代初期,梅兰芳先生把二胡引入京剧。虽在当时也引

起过一些守旧派的少见多怪,议论纷纷,但过后不久也就平息了。到今天,再用二胡伴奏京剧,那个还会惊诧呢?不也是十分入耳吗?由此观之,把电子音乐引进京剧伴奏,刚开始有些人可能不太习惯,难以接受,但用不了多久,也会习以为常的。

四、竞赛性论辩

竞赛性论辩是双方知识积累、思维能力、语言表达、心理素质、道德修养的综合较量和锻炼,也可以使听众获得教益,受到熏陶。因此,论辩比赛深受社会公众尤其是青年学生的欢迎。

(一) 论辩比赛的组织

论辩比赛的组织包括确定赛制、评判标准和论题,约请主持与评委,安排赛程等。

1. 赛制

比赛双方,有1对1式、2对2式、3对3式,最常见的是4对4式。

4对4式是新加坡国际大专辩论会的赛制。正、反方各有4名队员组成,甲为主辩,乙、丙、丁为助辩,简称一、二、三、四辩。比赛开始,按正方甲、反方甲,正方乙、反方乙,正方丙、反方丙的次序进行程序发言,每人均限时3分钟;然后进行自由辩论,各方限时4分钟;最后由反方丁、正方丁做总结发言,限时各为4分钟。

2. 评分标准

正规论辩比赛的胜负由评委评定。评分标准及个人成绩、团体总分计算办法,由比赛组织赛前规定。

1988年新加坡第二届亚洲大专辩论会的评分标准为:

① 个人分数:

    内容、资料   25分

```
表达能力        25 分
风度、机智、幽默  25 分
自由辩论        10 分
观众发言        10 分
总分           95 分
```

② 团体总分

```
4 位辩论员合计    380 分
整体合作分数      20 分
总分            400 分
```

3. 辩题

辩题的选择是论辩比赛组织的第一大事。辩题如何，直接关系到论辩比赛的成败，标志着比赛的组织水平。因而重大的论辩比赛常常是公开征集辩题并组织专家甄别筛选。

辩题要求：

一要公平，不一边倒。一定要避开真理性和常识性的简单是非。如果硬让一方拥有真理，阐述常识，另一方反对真理，违背常识，论辩就无法进行。二要有意义，值得辩。这就得选取具有一定社会价值和公众普遍关心的问题。三要可辩，能辩起来。辩题并不高深莫测，辩手经过努力可以驾驭得住。双方能有话可说，有理可讲。使辩论具有观赏性，具有中等文化水平的观众能听得懂，乐意听。

下面是一些重大论辩比赛的辩题：

① 发展旅游业利大于弊
② 儒家思想可以抵御西方歪风
③ 物价上涨的趋势是可以抑制的
④ 进口高档消费品利大于弊
⑤ 温饱是谈道德的必要条件
⑥ 艾滋病是医学问题，不是社会问题
⑦ 人性本善/人性本恶
⑧ 大学生择业的首要标准在于发挥个人专长

⑨ 应对女性就业实行保护
⑩ 人类社会应重义轻利/重利轻义
⑪ 法制能消除腐败
⑫ 烟草业对社会利大于弊
⑬ 效率必然牺牲平等
⑭ 提倡购买国货有利于发展经济
⑮ 不破不立/不立不破
⑯ 金钱追求和道德追求可以统一
⑰ 维护社会秩序主要靠法律/道德
⑱ 愚公应该移山/搬家
⑲ 知难行易/知易行难

(二) 论辩比赛的准备

1. 吃透辩题

赛前准备阶段要尽可能周密地审题。要找准有利于本方立场的总体思路，寻找驳斥对方的"杀手锏"。例如，复旦大学代表队参加新加坡首届国际大专辩论赛，对"艾滋病是医学问题，不是社会问题"这一论题，事先就进行了细致的分析。最后明确思路："医学对艾滋病无能为力。艾滋病给人带来的严重危害，远远超过了医学问题。艾滋病在社会中发生和发展，必须用社会系统工程（包括医学治疗）加以解决，因而是社会问题。"在论辩中吃透辩题，发言时就会胸有成竹，理直气壮，立于不败之地。

2. 搜集素材

吃透辩题后，就要广泛搜集有关素材，并制成卡片备用。比如要辩论"维护社会秩序主要靠法律"，就要把与法律有关的知识和法规搞清楚。特别要重视搜集各种有力例证。这样比赛时既可以引经据典，也可以幽默调侃。如果材料准备不足，就会像打仗缺乏子弹，在赛场上只有被动挨打。如悉尼大学队与复旦大学队辩论

"艾滋病是医学问题,还是社会问题"时,由于悉尼大学队不知艾滋病的防治口号,在遭到复旦大学辩手盘问时,不得不以"更要加强预防"来搪塞,引起哄堂大笑。

3．准备辩词

准备辩词包括撰写程序发言的辩词和草拟自由辩论的辩词。以4对4赛制为例,4位辩手的程序辩词像是一篇分成4段"起承转合"的文章。即一辩开题,说明本方立场和基本观点;二辩、三辩,从特定角度演化本方立场、观点,展开论述核心观点;四辩总结发言,反驳对方观点,综述本方观点,再上升到新的高度。4位辩手的辩词各有侧重,又相互配合。程序发言实际上是一种备稿演讲。拟稿时要集中群体智慧,构思时立意要高。4辩的总结陈词,要努力与人类社会的真、善、美这些大问题联系起来,造成对方难以超越的境界。在稿子的篇幅上,除正方一辩外,二辩、三辩和反方一辩的发言时间要比限定时间少半分钟左右,四辩的发言时间要比限定时间少一分钟左右,以便发言开始时先驳对方。

在论辩中,进攻主要靠提问,防守主要靠应对。除了赛场上随机应变、突发奇想外,在准备阶段还要精心设计一些对方难以回答的问题,考虑好对方极有可能提出的问题,届时自己怎样回答,并进行反击。发问可以是本方已有现成答案而对方可能没有准备的问题。例如:"当今世界上有多少个艾滋病毒携带者?""今天治疗一个艾滋病患者需要花多少钱?"此外,还可以准备一些风趣幽默的辩词,到适当时可拿出来压倒对方,赢得听众。

(三)论辩比赛方略

论辩赛场上,可根据实际情况,采取以下方略:

1．攻其要害

辩论赛的大忌是双方在细枝末节的问题上纠缠不休,表面上热热闹闹,实际上偏离了主体。论辩取胜的关键在于迅速判明对方的要害所在,猛攻到底,从而在理论上彻底击败对方。例如:"温饱是谈道德的必要条件"这一辩题的要害是:在不温饱的状态下,能否谈道德?"人性本善"这个辩题的要害是:既然人性本善,那么恶从何来?形象一点说,就是善花如何会结出恶果?在论辩中抓住这一类问题不放,就能给对方论点以致命的打击。

2. 寻找破绽

论辩比赛双方高度紧张,难免出现失误。除了本方要避免口误外,还要努力寻找对方的这类破绽,及时进攻。例如,一位辩手在论辩中误称李光耀为"新加坡总统",对方就马上指出"这是个常识性错误,李光耀是总理而不是总统"。台北大学队与复旦大学队论辩,复旦队引用荀子的一句话时,台大队三辩脱口而出,说"荀子说错了"。复旦队四辩马上抓住不放:"你说荀子错了就错了吗?那么还要那么多儒学家干什么?"仍是这场论辩,台大队四辩说:"我倒想请问对方辩友,在人性本恶下,我们为什么要法律,要惩治制度呢?"复旦队一辩立即紧接高兴地说:"对呀!这不正说明了我方观点嘛!如果人性都是善的,还要法律和规范干什么?"

3. 短兵相接

所谓短兵相接,是指在自由论辩阶段,发言针锋相对,简明扼要。这样可以在有限的时间内,增加发言次数,增强进攻力量。运用这种方法,发言常常是一两句话,而且多是反问句。例如:"请问西方歪风这么多光靠孝顺能够解决问题吗?""请问对方同学,历史上哪一种病没有被根除呢?"在回答问题时运用短兵相接法,也要力求简洁明快,避免言多有失。从论辩的实际情况看,短兵相接在自由论辩阶段进攻最简便有力,最容易得分。

〔训练〕

1. 观看一次国际大专辩论会录像,然后讨论:a. 总的感觉怎样?b. 胜方的成功表现在哪些地方?c. 哪些论辩员表现出色?

具体辩词是什么？d. 有哪些论辩技巧值得学习？

2. 按照论辩赛的规程要求，组织全班同学进行论辩比赛。先征集辩题，然后组织辩论队，推选主席和评委，经过抽题做好充分准备后，再进行正式比赛。

〔训练检测〕

一、目标要求

1. 了解论辩的意义、特点和基本要求。

2. 掌握论辩的要领和一般论辩的方法。能参加一般论辩和赛场论辩，并知道怎样取胜。

二、方法步骤

1. 检查各种〔训练〕的实际效果。

2. 组织赛场论辩，全班同学人人参与。（由同学们按论辩赛规程要求进行组织活动。）

3. 根据每个同学在论辩中的发言（包括集中发言和自由论辩时的发言）评定成绩。

第四章 专业训练

"专业训练",是"教师口语"教学的重点,也是"教师口语"训练的落脚点。

一个人会讲普通话,会一般交谈演讲,并不等于就会讲课,更不等于就能成为合格教师。衡量一位教师口语水准高低,最终还是要看他的专业知识水平和职业素质修养,要看他履行"人类灵魂工程师"光荣使命,在"传道、授业、解惑"等工作中驾驭口语的能力。

教师口语"专业训练",是"教师口语"训练的高层次,也是教师口语攀登艺术高峰的新起点。教师口语作为一种语言艺术,具有无限广阔的发展空间和永无止境的理想境地。教师素质修养的进步没有终极,教师口语艺术的发展也没有穷尽。因此,要真正掌握教师口语的特点和应用规律,要攀登教师口语的艺术殿堂,全靠教师自己在教学、教育等实际工作中永无止境地辛勤耕耘,不懈追求,刻苦修炼。

教师专业口语,根据内容和语境不同,可分"教学口语"、"教育口语"、"交际口语"三类。

第一节 教学口语

教学口语,是指教师向学生传播专业知识的工作用语。它是长期在教学实践中形成的一种遵循教学规律、符合教学需要、适应教学对象、具有审美价值、带有教师个性特色的口语。

教育家苏霍姆林斯基说:"教师的语言修养,在很大程度上直接决定着学生在课堂上脑力劳动的效率。"这里所说的"语言修养",主要是指教学口语修养。教学口语是"传道、授业、解惑"的基本工具。掌握精炼优美的教学口语,是胜任教学工作、成为优秀教师的前题条件。上海特级的教师于漪的学生说:"听于老师的课,简直是一种艺术享受。"魏书生的学生也说:"魏老师的每堂课都给我们打开一个通向世界,通向未来的窗口。"这就是优秀教学口语的作用和威力。要做好教学工作成为受学生欢迎的优秀教师,就必须多方面提高语言修养,必须掌握教学口语的特点和应用规律。

一、教学环节用语训练

在课堂教学中,主要教学环节用语有:导入语、提问语、阐释语和小结语等。

(一) 导入语

导入语又叫导语。它是教师在讲新课内容之前,精心设计的与本讲内容有逻辑联系的教学语言。导入语随着设计者的目标不同,其作用也多种多样。有的借复习以往的知识,为进一步学习做准备;有的是为了融洽师生关系,创造良好的学习气氛;有的为引起学生兴趣,集中学生注意力;有的起承上启下、架桥过渡作用;有的为使学生开启思维,诱发思考,调动情绪等等。

导入语的内容丰富多彩。有灿如星河的古典诗词,富有哲理的格言警句,令人启发的谜语,富于幽默的故事,直观可人的实物标本,趣味横生的新闻,以及维妙维肖的摹拟等。

导入语的设计主要有以下几种形式:
1. 开宗明义导入

这种导入语,开门见山,和盘托出,清楚明了,易于接受。可以抓住教材的标题,从释题入手导入新课,也可以直接从某个定理、概念的解说入手导入新课。

〔示例 1〕

语文课《浣溪沙·和柳亚子先生》导入语:

"浣溪沙"是词牌名称,相传因越女西施在溪边浣纱得名。"浣",洗的意思,"沙"通"纱",古音通假。"和柳亚子先生"是词的题目。柳亚子先生是爱国民主人士,近代著名诗人。我们知道,1949 年 10 月 1 日,伟大的中华人民共和国诞生,中国人民从此站立起来。1950 年 10 月 1 日是新中国成立后第一个国庆节,举国上下,万众欢腾。各族人民的代表汇集首都北京,参加盛大的庆祝活动。10 月 3 日在中南海怀仁堂举行庆祝晚会,民族文工团演出了歌舞节目欢庆胜利。毛主席观看了演出,请柳亚子先生写诗纪念。他当场填了一首《浣溪沙》,描绘节日夜晚欢腾景象。毛主席看后,依原韵填了这首词相答。这首词展现了中国 100 多年的历史画卷,博大精深,情真意浓,值得我们认真学习,仔细品味。

〔示例 2〕

化学课《化学方程式》导入语:

元素可以用元素符号来表示,分子可以用分子式来表示,化学反应则可以用化学方程式来表示。本节学习的化学方程式是重要的化学用语之一,而一切化学反应都遵守质量守恒定律,所以在学习化学方程式书写之前,我们需要先学习质量守恒定律。参加化学反应的各物质的质量总和,等于反应后生成的各物质的质量总和,这个规律就叫做质量守恒定律。我们这节课就来学习这个新的定律。

〔评析〕

第一例导入语是从讲解课文题目入手,而后引出课文的内容;第二例导入语是从解释概念入手,进而引出本节课要学习的新定律。这种导入方式优点是,能促使学生较快明确本节课学习的内容,做到心中有数。

2. 复习旧知识导入

这种方法是通过复习旧知识或上节课学过的内容而导入新课学习。

〔示例〕

一位语文教师讲《〈呐喊〉自序》导入语:

学习新课前,先让学生讨论回顾中学时代学过的鲁迅小说,并依照发表时间顺序排列出来。老师讲:"大家已经把过去所学过的鲁迅的小说列出来了,是这样的:《孔乙己》、《药》、《一件小事》、《故乡》、《阿Q正传》、《社戏》。这些小说都选自《呐喊小说集》。大家初步了解了鲁迅先生的创作思想和社会观,今天我们学习《〈呐喊〉自序》这篇文章,来进一步了解他的社会观、文艺观及思想根底。"

〔评析〕

这种导入新课的方式,能引起学生联想,唤起记忆,既巩固了旧知,又点燃了新知的火花。可谓"温故而知新"。所以,教师普遍喜欢使用。

3. 讲故事导入

这种导入新课的方法,能满足学生的好奇心,激发学生学习兴趣,有良好的教学效果。

〔示例〕

一位数学教师在讲立体几何的"反证法"时的导入语:

从前,有三个古希腊哲学家,由于争论问题和天气炎热而感到疲倦了,就躺在花园里一颗大树下休息,结果睡着了。这时,走来一个爱开玩笑的人,用炭涂黑了他们三个的前额。三个人醒来后,彼此看了看,都笑起来,全都以为是其他两个人在互相取笑。其中有一个人突然不笑了,因为他发觉自己的前额也给涂黑了。他是怎样觉察到的呢?你能想出来吗?原来,甲发现自己以为前额没被涂黑是错误的,便推论出涂黑了是对的。像这样,为了说明某一结论是正确的,不正面直接说明而是通过说明它的反面正确的方法,就叫"反证法"。

4. 提出质疑导入

这类导入语,有的是为突出教材的重点难点;有的为培养学生严谨、周密的思维习惯。它能激发学生的求知欲望和学习兴趣。

〔示例1〕

生物课"泌尿系统的结构和功能"一节的导入语:

教师提出问题:"同学们还记得前面学习过的新陈代谢吧?如果这些代谢物在人体内存积多了又会怎样呢?(回答:会危害生命。)对!那么,该怎么办呢?怎样才能维持人体内环境的稳定,保证人体的正常生理活动呢?带着这些问题,我们来学习新的知识——泌尿系统的结构和功能。"

〔示例2〕

一位语文教师讲《阿Q正传》时的导入语:

教师提出问题:"为什么鲁迅给小说主人公冠之以英文字母'Q'呢?英语有26个字母,为什么单单选用'Q'呢?作者的用意何在?"

〔评析〕

示例1导语中的提问主要是引发学生回忆已知知识,再引出未知内容进行学习。示例2中导语主要是质疑,激发学生积极思维,开发学生智力,活跃学习情绪。

5. 引用佳句名言导入

根据教学内容,引用脍炙人口的格言、警句设计导入语,为学生喜闻乐见,能激起学习兴趣。

〔示例〕

　　一位数学老师讲数列时,引用了伟大的生物学家巴甫洛夫的名言:"不学会观察,你们永远当不了科学家。"老师接着说:"同学们,你们能通过观察,发现下列数的规律吗?"板书:

　　1,1,2,3,5,8,13,21,( ) 55,89,144,( )……

〔评析〕

这句名言和所讲的内容密切相关,能引导学生进入新课的学习,使学生受到教育和启迪。

6. 设置悬念导入

结合课文内容中的重点或难点,设计一种教学情景,造成悬念,引发学生思维,进而导入新课。

〔示例〕

　　一位化学教师讲钠一节时,先进行一个演示"水点火"的实验:在坩锅中放入一小块金属钠,迅速倒入2—3毫升乙醚,然后滴入3—4滴水,坩埚里便出现火焰。学生观察实验现象后都感到惊奇,想探其原因。教师接着说:"水不能燃烧,只可灭火,而在这个实验中却是水到火生。你们知道这其中的奥秘吗?下边我们来学习新的一课。"

〔评析〕

教学中设悬念就是设疑。疑是探索知识的起点,又是探索奥秘的动力。化学教师让学生先发现疑问,就能使学生产生兴趣和动力,积极思考,认真学习。

以上举例是导入语的几种常见类型。不管怎样设计导入语,都应能调动学生学习的积极性,激发学生浓厚的学习兴趣和思维智慧的灵光,都要结合教材和学生实际,达到提高教学效率和教学质量的目的。

〔**训练**〕

1. 自选文科、理科、技能科中的一节内容，按照"开宗明义导入"或"讲故事导入"或"旧知识导入"等类型，设计一段导入语，当众试讲。

2. 下面是中学语文课《周总理，你在哪里》的三种导语。试分析三种导语的不同特点。

① 同学们，你们知道吧？我国男高音歌唱家李光羲在法国曾唱了一首歌，轰动了整个巴黎，博得了崇高的荣誉。为什么呢？因为他不仅唱出了我国人民的心声，而且唱出了世界人民的心声。今天我们要讲的课，就是这首歌的歌词。

② 同学们，今天是元月七日，明天是周总理逝世纪念日。让我们学习诗人柯岩同志的感人诗篇《周总理，你在哪里》，以此来纪念我们敬爱的好总理，寄托我们的哀思，表达我们对他老人家的无限崇敬和爱戴。

③ 同学们，我们学过一篇记叙文《一件珍贵的衬衫》，谁还记得这篇文章是写什么的？对，歌颂了周总理的崇高品质。1976年元月8日周总理不幸与世长辞了，在他逝世一周年之际诗人柯岩写了《周总理，你在哪里》这首诗，以此纪念。现在我们来学习这首诗。

3. 下面两例导入语属于哪一类型？选同学试讲并加以评论。

① 数学《简易方程》课导入语：

同学们，今天我们先来做一个数学游戏。你们现在每个人心里想好一个数，然后加上2乘以3，得出的积再减去5，再减去原来想好的那个数。好了，只要你把最后的结果告诉我，我就能立刻猜出你原来想好的那个数。

（游戏结果正如老师所说）

学生问："老师，您是怎样知道的，快告诉我们方法吧！"

老师说："方法就是'简易方程'。（板书）学好这一章，你们就会全清楚了。"

② 物理课《运动和静止》的导入语：

同学们,我们在学习新课前,有这样一个问题需要你们帮助解决。一百多年前,法国有个商人,在报纸上登出一则广告说：每个人只要花四分之一法郎,就可以作一次长途旅行。结果汇款人得到的回答却是："太太、先生、小姐们,打开你的窗户向外看吧！由于地球在自转,每个人都在作长途旅行。你所看到的,就是沿途的风光。"最后,这个商人被人以"诈骗"的罪名告到法院。现在请你们站在法官的角度,用自己的物理知识来判断这个商人是否有罪？而要当好这个法官,学习了"运动和静止"后就可以胜任了。

(二) 提问语

提问语具有明确的目的性,很强的针对性和启发性。

提问语的类型主要有以下几种：

1. 填空提问

〔示例〕

一化学教师讲"氢气的性质"：

师：在空气中点燃氢气会发生什么反应？

生：化学反应。

师：这种反应属于哪种化学反应？

生：氧化反应。

师：氢气和氧化铜的反应是什么化学反应？

生：是还原反应。

〔评析〕

这种提问语,多是根据课文中一些需要记忆的知识提出来的。把问话组织成像笔试中的填空那样,然后依次发问,可以训练学生边看边记、边概括的能力。

2. 选择提问

讲授容易混淆的知识,多可采用选择提问或比较提问。
〔示例〕
　　　　化学教师讲"酸"的性质时提问:"产生这个反应的气体可能是什么? 是氢气呢,还是氧气或其他什么气体?"
〔示例〕
　　　　语文教师在讲《师说》一课时提问:"'惑',一作疑惑、疑难解;一作迷惑,糊涂解。本文作什么解?"
〔评析〕
选择提问缩小了问的范围,使答话不致偏离中心,而且使要辨析的难点更加明了、集中。运用此法有利于培养学生的思考能力和辨析能力。

3. 激疑提问

"疑"是刺激学生积极思维的诱因。激疑提问法的特点是浅处深问,无疑处发问,可激发学生深入思考。
〔示例〕
　　　　语文教师讲《西门豹治邺》一课时,连设三"疑",引起学生的思考和讨论。教师问:"西门豹是何时人? 怎样的人?"接着又问:"邺在何地? 当时在政治、军事、经济上的地位如何?"随后进一步"激疑",再问:"西门豹既非开国王侯;又非盛朝元老,为什么他的名字能够进入史书,载入列传,留存至今?"学生全陷入沉思,而后展开热烈讨论。
〔示例〕
　　　　一位语文教师讲《孔乙己》时,故意设疑问:"作品的主人公姓甚名谁?"有的学生被问愣了,想了想说:"不知道姓和名字,绰号叫孔乙己。"这一愣,说明他在动脑筋思考。

4. 递进提问

把几个连贯性的问题由易到难依次提出,层层递进,逐步深化,把学生的思维一步一步地引向求知的新天地。

〔示例〕

　　语文教师在讲《驿路梨花》一课时,设计了几个层层深入的问题。先问:"在那座没有主人的小茅屋里,柴、米、水、盐一应俱全,究竟是谁为不相识的来客安排的呢?"再问:"是那位推门进来的瑶族老人吧?"再问:"也许是梨花林里的哈尼族小姑娘吧?"再问:"那一定是哈尼族小姑娘的姐姐梨花吧?"这几个问题层层推进,最后把结果揭示出来。既导出了主题,又显示了结构,又富有吸引力。

总之,课堂提问的方式是多种多样的,但必须注意以下几个问题。

① 把握好提问时机。在学生对某问题想弄清还没弄清时,在学生想说却没有说出来时提问,能较好启动学生思维,可收到良好的教学效果。

② 提问语的难易要适度。提问要能引起全班大多数学生的关注。不能只激发少数人,而使大多数学生无动于衷。

③ 提问语不能滥用。教师要课前精心做好提问语的设计。要能问到关键处,问到点子上,问出高水平来。

〔训练〕

1. 分析评议下面提问语的特点和作用。

一位物理老师在讲"力是改变物体运动状态的原因"一课时,把一截粉笔竖直向上一抛,然后提出以下问题让学生回答。

① 粉笔在上升时受到几种力的作用?它们对粉笔的作用效果是否一样?

② 粉笔下落过程中受几种力的作用?作用效果是否一样?

③ 如在下降过程中两种力大小相等,粉笔是否会悬在空中?

2. 按照提问语的特点要求,根据下面材料,设计提问语并练习试讲。

① 我冒着严寒,回到相隔二千余里,别了二十余年的故乡去。

时候既然是深冬,渐近故乡时,天气又阴晦了,冷风吹进船舱中,呜呜的响,从篷隙向外一望,苍黄的天底下,远近横着几个萧索的荒村,没有一些活气。我的心禁不住禁凉起来了。

啊!这不是我二十年时时记得的故乡?

② 浸在水中的物体,受到向上的浮力,物体重量减轻。其"减轻"数值恰等于它排开水的重量。

③ 气温日变化的规律是:日最高气温出现在十四点左右,日最低气温出现在日出前后。

气温高低变化原因,主要取决于热量收支状况。当热量的收入大于支出时,热量盈余,温度升高;热量的收入小于支出时,热量亏损,温度降低;热量的收入等于支出时,热量平衡,温度保持稳定。

(三)阐释语

阐释语,也称讲授语。要将一种全新的知识传授给学生,要将学生不明白的问题解释清楚,阐释语的水平起决定作用。

阐释语讲求准确、简明、流畅、生动,并带有启发性、灵活性、趣味性。

阐释语的设计举例:

1. 画龙点睛式阐释

这是指教师找出教材中的重要概念、关键语段,或抓住重点、难点,要言不烦地进行精要阐发。这种阐释用语不多,却能说明问题,讲清道理。

〔示例〕

教师讲王安石的《泊船瓜洲》,解释"春风又绿江南岸"一句,引述了洪迈《容斋续笔》中的一段话:"初云:'又到江南岸',圈去'到'字注曰:'不好'改为'过'。复又圈去而改为

'入',旋改为'满'……凡如是十许字,始定为'绿'。"这阐释使学生悟出了"一字贴切,则全篇生色"的道理。

2. 比较式阐释

把两种或两种以上的同类知识放在一起加以比较,可加深学生对知识的理解,使学生所学知识更全面、更系统。

〔示例 1〕

讲《柳敬亭传》的写作知识时,教师把学生学过的《廉颇蔺相如列传》、《张衡传》、《信陵君窃符救赵》等传纪文学放在一起进行比较讲解:"分开来看,这些篇子各自独立,内容不同,风格不同,语言特点也不同,这是它们相互间的"异处"。但合起来看,它们都是传记体文章,写法基本一致:都是开篇概括地介绍人物姓名、身分、地位等情况,主体部分写人物的主要事迹以及人物的性格品质,总的线索是以时间为顺序安排材料的。这是它们之间的相同之处。同学们,现在我们归纳出传纪体文章的基本写法如下……

〔示例 2〕

一位历史教师讲授《日本明治维新》一节时,首先让同学们思考前边所学的《大化改革》的知识,并从改革的背景、目的、性质、内容及作用等方面和《明治维新》进行比较,得出相同点是:①两次改革都是天皇进行的自上而下的改革。②都是效仿外国先进制度。前者效仿中国隋唐的封建制度,后者效仿西方资本主义制度。③其标志和作用都是使社会性质发生了改变,都使社会经济得到了发展。接着教师又讲述了两次社会改革的不同点。通过如此比较,使学生更清楚地认识到相距200余年的历史事件之间的内在联系,加强了学生历史知识的整体观。

〔评析〕

比较式阐释有两种:一种是把相异的东西放在一起比较,"异中求同",如示例1;另一种是把相同的东西放在一起比较,"同中求异",如示例2。

3. 归纳式阐释

讲完一段内容后,给学生一个简明扼要的概括总结。这种方法有利于学生消化和巩固所学知识。

〔示例〕

生物教师讲《细胞的分裂》一节时,先设计了几个问题,然后作出归纳。

设计的问题:①细胞如何实现数量的增殖?这对生物的生活及种族的延续有什么意义?②细胞的数量增殖,如何保证新产生的细胞和原有细胞性质上的一致?

经过教师讲解和学生讨论后,教师归纳:①细胞是以分裂方式增殖;②细胞的分裂是生物生长组织更新修补的基础,通过分裂产生生殖细胞,是种族延续的基础。

4. 形象式阐释

对一些抽象的定理、概念等,运用形象化的手段解释说明,可以化难为易,变抽象为具体。

〔示例〕

在讲授"异面直线"定义时,教师说:"大家想一想,铁桥上是从南往北奔驰的列车,河面上是由东向西航行的轮船。请问列车和轮船所走的路线是异面直线不是?如果不是,后果将会是怎么样呢?"同学们在笑声中学到了新的知识。

〔示例〕

化学教师在讲化合物的电子式时,发现学生容易把离子化合物和共价化合物的电子式相混淆。就做了一个生物的讲解:"离子化合物中的成键是'私有制'(归阴离子所有)。因此用'篱笆'(括号)围住,用时标出'贫富'(得失电子数);共价化合物中的成键电子是'股份制',合股经营,围不得'篱笆',分不出'贫富'。"这种解释生动形象,通俗易懂,激发了同学们的学习兴趣。

〔训练〕

1. 对下面几例阐释语进行分析、评议。

① 化学教师在讲"活化能的高低与活化分子百分数大小关系"时,看到同学们想象不出来,就说:"活化能越低,活化分子的百分数就越大。这就像跳高,横杆越低,能跳过去的人所占的比例就越大一样。"

② 语文教师讲授《中国石拱桥》一课时,先设计了几个问题让同学们思考回答:A. 文章开头作者为什么以"虹"作比喻?这样比喻对说明石拱桥起什么作用?B. 作者为什么接着又说拱桥是"彩虹"、"卧虹"、"飞虹"呢?同学们热烈讨论回答后,老师总结说:"'虹'是人们常见的,文章开头是'虹'比喻拱桥,很形象地说明了石拱桥外型美丽;'彩虹'有色彩的美;'卧虹'有静态的美;'飞虹'则有动态的美。下面文章中还说水上拱桥是'长虹卧波',具体写出:水上有桥,桥下有水,桥水相映,有静有动。目的在于强调拱桥造型的优美。"

2. 自选文科、理科、技能科中的一节内容,设计一段阐释语进行试讲。同学们听后进行评议。

(四)小结语

小结语是教师讲完一课内容结束时的教学语言。

一堂成功的课,不仅要有引人入胜的导入语、匠心独运的提问语、生动透辟的阐释语,而且还要有给人印象深刻的小结语。有经验的教师,能随下课铃声给学生留下回味无穷、印象深刻的小结语,这就是一种教学艺术。

下面介绍几种常见的小结语。

1．总括式小结语

对课堂讲授的内容进行概括总结，由博返约，提纲挈领，以加深学生印象和记忆。

〔示例〕

特级教师于漪讲《茶花赋》时的结束语："祖国如此伟大，人民精神如此优美，一朵茶花能容得下吗？能。为什么能？这是由于作者运用丰富的想象，进行巧妙的艺术构思，不断开阔读者的视野，由情入手，而景、而人、而理，水乳交融，意境不断深入。从茶花的美姿和饱蕴春色，我们看到祖国的青春健美，欣欣向荣；从茶花的栽培者身上，我们感到创业的艰难，任重而道远；从茶花的含露乍开，形似新生一代鲜红的脸，我们对未来充满无限希望。这三幅构图又各具一格，十分传神，使人深思，引人遐想。"

这一小结语对《茶花赋》托物言志、借物抒情的特点和巧妙的构思，作了精辟的概括，点出了全篇的主旨。

2．悬念式小结语

当上下两节课内容有密切联系时，小结语设置一个悬念，可以激起学生莫大的兴趣，迫切要求学习。

〔示例〕

一位数学教师讲"一元二次方程"的小结语：

"解一元二次方程，除了刚才讲的因式分解法和配方法，还有一种'万能法'。用这种方法解一元二次方程，就像用钥匙开锁，又灵又准。要知这方法有多奇妙，且听下节讲解。"

3．练习式小结语

教师把小结语要涉及的内容，变成练习形式，让学生回答。这种小结方式体现了教师的指导性和学生的实践性。

〔示例〕

一位语文教师讲《廉颇蔺相如列传》的小结语：

师：下面我们做一个填空练习,看看你们这两节课学习的内容是否都掌握了。

（学生做练习,老师提问）

师：从练习中能找到表现文章中心的词语吗？

生："蔺相如机智勇敢,廉颇勇于改过,以国家利益为重"等词句表示了本文的中心思想。

师：好,这两节课我们就学习到这里。

4. 启发式小结语

教师在讲完某一内容后,用富有启发性又意味深长的言语结束全课。

〔示例〕

一位数学教师讲完《哥德巴赫猜想》一课之后,满怀激情地对学生讲："陈景润在艰苦的环境中,以惊人的毅力、顽强的意志,从事于哥德巴赫猜想的研究,终于取得了辉煌的成就。只要我们学习他那种不畏艰险、百折不回的精神,从现在起打好基础,刻苦钻研,将来也一定能为科学事业作出贡献。"

设计小结语的方法很多,需要每一位教师认真探索,不断总结经验。不管运用哪种小结语,都要自然流畅、干净利落,忌拖拉;要余味无穷、含义深刻,忌平淡;要不拘一格、勇于创新,忌草率。做到"运用之妙,存乎一心",达到完满的艺术境界,应是努力的方向。

〔训练〕

1. 试评论下列课堂结束语有何特点和作用。

①"学习了《苏州园林》一文,这些园林不同凡俗的风采仿佛跃然纸上。使人觉得山光水色天然美,花木亭榭触目新。这真是：苏州的园林美,作者的文笔美、情操美,才写出这样字里行间都洋溢着美的说明文。作者热情地赞颂了祖国秀美的园林风光和劳动人民的艺术创造。如果没有对祖国和人民的无限热爱的情感,怎能

写出这样好的文章呢?你们说是不是?我们伟大的祖国幅员辽阔,还有许许多多悠久的历史文物和优美的自然风景。同学们,爱我们的祖国吧!"

②一位数学老师讲完等差数列,下节课将讲等比数列。他在课结束时提出问题:"数列:20,10,5,2.5,1.25……的第10项是多少?"这时学生马上沃跃起来,有的一项一项地算下去,有的企图寻找什么规律。这时教师抓住学生的心理说:"其实第10项是很容易找到的,等下一节我们讲了等比数列就知道了。"

2. 针对一节课设计几种不同的小结语,进行试讲和评议。

二、适应学科特色训练

中学的课程分文科、理科、技能类学科三大类。文科有语文、外语、历史、政治等;理科有数学、物理、化学、地理、物理等;技能类学科有体育、音乐、美术、劳动技能等。作为一名教师,不仅要掌握一般教学口语的技能,而且还要掌握自己所教专业教学口语用语。

(一)文科教学口语特色及训练

文科教学口语由于受文科教材内容和教学目的、要求的制约,决定了它有如下特色。

1. 形象性

人物形象是文科教学的主要内容。形象的文科教学口语,不仅能吸引学生深刻感知教材、理解教材,而且能发展学生的形象思维能力,引起学生的学习兴趣。

〔示例〕

语文特级教师于漪讲《春》一课时,所用的描述:"我们一提到春哪,眼前就仿佛展现出阳光明媚、东风浩荡、绿满天下的美丽景色!一提到春,我们就会感到有无限的生机,无穷的力量!"

这段描述,绘声绘色,蕴含诗意,形象生动,情景交融。

〔示例〕

一位教师讲授《果树园》时,设计了下面的导入语:"当曙光冲破黑暗,大地刚从薄明的晨曦中苏醒过来的时候,突然,一轮红日跃出海面,将一片金辉洒向人间。于是,村舍、山峦、树木、花草……在地上的一切宛如镀上了一层金色。显得那么富有诗意。那金色彩霞,浅蓝色的薄光,偶尔闪光的露珠,像甘霖沁人心脾,像醇酒叫人心醉。多美的清晨啊!晨光中的大地是美的,那么,清晨的果园,果园的清晨又是一番怎样的美景呢?让我们随着作者丁玲的行踪去观察一下《果树园》清晨的美景吧!"

这一段导入语,运用描述和比喻,将旭日东升的良晨美景,生动形象地展现在学生眼前,真的"像甘霖沁人心脾,像醇酒叫人心醉"。

2. 情感性

文科教学口语从词句到语调,到声音,到表情态势,都自然而然地渗透和显示着教师内心的主观感受和体验。富于情感性的教学口语,能引起学生感情上的强烈共鸣,产生巨大的感染力。这也是文科教学对学生陶冶情操、塑造心灵、培养正确人生观和道德修养的优势,是其他学科无法超越的。

〔示例〕

一位教师讲《人生的价值》时,动情地说:"同学们,无数事实证明,人生的价值在于个人对社会的奉献。在我国历史上有很多令人景仰的人物,像屈原、杜甫、李时珍、孙中山……都以对社会的杰出贡献,实现了自己的人生价值。我们敬爱的周恩来总理,更是为人民鞠躬尽瘁。我手头有这样的一份材料:周总理从住院动手术到逝世共 19 个月,接受大小手术十多次,输血输液 100 多次。但他却忍受着巨大的痛苦坚持工作,接见各级首长并谈话有 200 多次,接见外宾有 63 次。这种无私的奉献,不正是周总理人生价值的光辉体现吗?"这段讲述凝结着教师真挚深厚的情,具有极强的感染力。

〔训练〕

1. 分析下面两例教师口语的特色。

①"京剧讲究脸谱,颜色、线条均有学问。如红脸表示赤胆忠心,黑脸表示憨直无私,白脸表示内心奸险。观众一看舞台上的人物脸谱,就能猜测其好坏,猜测到他的思想性格。这说明,肖像描写是为表现人物性格服务的。孔乙己第一次出场的肖像描写是:高大身材,青白脸色,花白胡子。活活勾画出一个下层知识分子的穷困潦倒、自命清高、好吃懒做的性格特征。最后一次出场,黑瘦、破夹袄、蒲包、草绳,用手爬着走来,突出地塑造了这个受凌辱受摧残的苦人儿形象。"

②"奴才安于做奴才,居功自诩,为得到主子的夸奖而洋洋自得,十足的奴才本性。不仅奴颜,而且脊梁是弯的,骨头是软的,拍马逢迎。而聪明人呢?顺着主子的意思,赞扬奴才安于奴才的地位,叫奴才永远做奴才。至此,他的灵魂世界进一步暴露,原来是主子的帮凶。鲁迅先生用对比刻画人物,对维护旧社会的奴才、聪明人揭露讽刺,对毁坏旧社会的傻子既赞扬,又指出不足。"

2. 总结文科教学口语的特点,并组织小组讨论。

(二)理科教学口语特色及训练

理科研究自然现象及其规律。为了把一些抽象的概念、定理讲得明白易懂,理科的教学语言也需讲求形象和生动。但同文科相比,它的教学口语更讲求准确性、逻辑性和简洁性。

1. 准确性

理科教学口语的准确性是由其教学内容的科学性决定的。理科教材中的许多定义、原理、公式、定律、法则等,都是从客观世界中科学地抽象概括出来的。所以,理科教师解释每一个概念,论证每一个命题,推导每一个公式,都必须用语准确,不能产生歧义。

〔示例〕

一位生物教师在讲《冬眠》一节时,这样阐述"冬眠"的概念:

师:"眠"是什么意思?

生:是睡觉的意思。

师:"冬眠"呢?

生:是冬天睡觉的意思。

师:人冬天也睡觉,这是冬眠吗?

生:不是,冬眠是指动物在冬天不吃不喝,只睡觉。

师:(风趣地)噢,骑兵部队的战马到冬天不吃不喝,睡觉去了,敌人来了怎么办呢?

生:(笑了,补充)冬眠是指有的动物在冬天不吃不喝去睡觉。

师:这样解释就对了。冬眠是指有些动物,如青蛙、蛇在冬天不吃不喝一直睡一个冬天。

这位教师在讲生物课中的"冬眠"概念时,不作直接阐述,而是以环环相扣的提问方式引导学生正确理解"冬眠"的概念。我们从中看到,要正确理解一个概念,用语必须准确,不能有丝毫偏差。

2. 逻辑性

理科教学口语的逻辑性来自科学体系和科学内容本身的条理性与严密性。因此,在表述理科教学内容时,先说什么,后说什么,必须有条有理有序,层次明晰。

〔示例〕

一位数学教师在讲"异面直线所成的角"的概念时这样阐

述:"我们知道,两条相交直线的相互位置关系,可以用角的数量来描述。但是两条异面直线并不相交,我们又怎么用数量对它们的相互关系作进一步的描述呢?我们是不是也能够用度的大小来描述呢?假如要用度的大小来描述的话,那么关键在于如何将两条异面直线转化为相交直线,而根据前面学过的'空间等角定理',可通过平移来实现这种转化的愿望……"

这位教师为了阐述清楚一个概念,由分析到推理直至得出结论,讲述条理清晰,井然有序,具有很强的逻辑力量。

〔训练〕

总结理科教学口语的特色,并组织小组讨论。

(三)技能学科教学口语特色及训练

技能类学科是实践性很强的学科,教学一般是在各种技能、技巧的实际训练中进行的。这就要求它的教学口语带有指导性、演示性。

1. 指导性

教师在学生进行某种技能训练时,多用指导语言,或指示动作要领,或提醒注意之处,对技能训练有导向作用。

指导性口语要简洁、明晰、确切,使学生听后,很快地理解怎样操作,怎样把握要领。

〔示例〕

一位音乐教师在教唱《在你和我之间》时的讲授语:"同学们,我们今天学习新的一首歌《在你和我之间》。这是一首赞美友谊的歌曲。在演唱时要注意演唱的抒情性。第一乐段注意切分音的运用,使流畅自然的旋律更富有活力。第二乐段是合唱部分,高声部作六段大跳,低声部作四段大跳,这样可表现出很强的动力感,也可以恰当地表现少年儿童珍惜友谊的热情。第三、四乐段轻快活泼,要表现少年儿童的性格特征……"

这位音乐教师的讲授,对演唱歌曲的感情技巧作了具体指导,对学生训练很有帮助。

2. 演示性

教师在指导学生演练某种技能时,常常边演示边讲述,讲与做并举。这是技能类学科教学口语的一大特色。

〔示例〕

一位体育教师在上篮球训练课时,边示范边讲解:"大家要看好我的姿势,双手这样拿篮球。放在自己的胸前,不要太靠上了。对,做得不错。继续练。×××同学注意你的动作不对。身体太直了。再向下蹲一些。重心下降。好,正确了。就这样练……"

这位体育教师既讲解动作要领,又指出学生动作的不足之处,语言简洁、直观。符合技能训练的要求。

〔训练〕

总结技能课教学口语的特点,并组织讨论。

〔训练检测〕

一、目标要求

1. 了解教学口语的特征和作用。

2. 把握文科、理科、技能类学科教学用语的特色。

3. 掌握教学环节用语的基本要领,能正确有效地使用"导入语"、"阐释语"、"结束语"。

二、方法步骤

1. 就本学科内容选题写一篇讲稿(500至1000字),经过准备后进行试讲。要求:内容精要、好懂、语言准确、清晰、流畅、生动,态势自然、大方。

2. 教师根据〔训练〕效果和试讲情况评定成绩。

第二节 教育口语

教育口语,是指教师对学生进行思想教育的工作用语。

爱因斯坦说:"只用专业知识教育人是很不够的。通过专业教育,他可以成为有用的机器,但不能成为一个和谐发展的人。要使学生对人生价值有所了解并产生强烈感情,那是最基本的。他必须获得对美和道德上善的鲜明的辨别力。否则,他连同他的专业知识只能像一条受过很好训练的狗,而不像一个和谐发展的人。"(《成功心理》45页)这段话尖锐警策,震聋发聩,使我们认识到思想道德教育在学校工作中何等重要。

教师的职责是教书育人,以育人为本。要使学生具有"对美和道德上善的鲜明辨别力"成为"和谐发展的人",就必须重视并善于对学生进行思想道德教育。

教育口语贯穿于学校工作的各个环节、各个领域。教育口语训练,必须遵循思想工作的客观规律。教师对学生进行思想教育,必须充满爱心,正确引导,循序渐进、率先垂范,通过实际工作不断提高自己教育口语的修养和能力。

一、教师口语的特点和要求

成功的教育口语有以下主要特点。

(一) 针对性

对学生实施教育,是在特定的时间、场合面对特定对象,为达到某个特定目的而进行的一种言语活动,针对性很强。

针对性要求:

(1) 因事施言。首先要考虑解决什么问题,达到什么目的,以便恰当地选择和组织话语,有的放矢。

(2) 因人施言。要根据不同学生的个性特征、认识水平,按照学生思想行为活动的规律,采用不同的方法进行教育。针对群体学生,要抓住学生普遍的、共性问题去组织话语。

(3) 因时施言。进行思想教育,要注意选择时机,因势利导,以求事半功倍。教师要细心观察、准确判断,抓住能够引发学生思想转变的时机和思想教育的主动权。

(4) 因地施言。对学生进行思想教育,要注意场合。切忌不顾场合地批评教育,损伤学生的自尊心。学生的自尊心受到挫伤,就会缺乏上进心,甚至会自暴自弃或产生抗拒心理,使教育难以进行。

〔示例〕

赵德民同学性格开朗,胸怀开阔,但他做事总爱犹豫。有一次他答应负责给班级买窗帘布,过了一个多月在别人一再催促下他才买来,而班长纪磊一个午间就在家里用缝纫机把4个大窗帘做好了。针对这种情况魏老师对赵德民进行教育:

"你做容易的事用了一个半月,人家做难事用了一个午休。差距在哪儿?在于你犹豫,人家果断……

你学习成绩不理想,重要原因在于你的犹豫挡着你的智力,横在前面阻拦你做实事,夺去了你大量时间。"

赵德民说:"我写作业,做练习,写日记真是这样,先犹豫很长时间,实在拖不过了才做。有时已没有时间,只好拖到第二天,下个月。越推越多,就更不愿做了。"

魏老师接着讲:"犹豫是时间的盗贼。许多宝贵的时间在犹豫中溜走了。如果认真计算一下,许多人一生中,会有许多时间被犹豫偷走。

在新的历史时期,人需要从传统型向现代型过渡,办事坚决、果断,讲究效率。排除犹豫,也可以说是时代的要求。

犹豫又是机会的冤家对头。许多良机就是由于人被犹豫占有,它才离人而去的。"

怎么推开犹豫,魏老师曾在语文课上跟全班同学商量了半节课。他说:

"对于'懒'所导致的犹豫,不妨挑自己喜欢做的事,抓过来先干着。干完一件,再找一件喜欢的事。从一大堆事里往外挑最喜欢的,心理会轻松愉快。最终剩两件事时,仍有一件是比较喜欢的。最后只剩下一件,负担轻了,做起来就容易了。

对于两件事不知做哪件好所导致的犹豫,立即采取一种较快的选择方式。不妨用'扔币'(正面朝上则先做)、用'倒尺'(将格尺立起,尺倒向哪边,则先做哪件事)等简单、迅速的方法来确定,这样很容易便把犹豫推到一边。

对于'畏难'导致的犹豫,则用'明知山有虎,偏向虎山行'的话来激励自己。然后数三个数,数完一、二、三,不管多难,立即开始干。这样时间长了,真会养成专找难事干的性格。

对于害怕失败产生的犹豫,则想:'先干,干坏了再重干。车到山前必有路,车先走,没路了再找'。"

(引自魏书生《班主任工作漫谈》)

〔训练〕

1. 结合〔示例〕,分析讨论教育口语的针对性特点。

2. 初中一年级学生对中学功课繁重的情况不能适应,针对这种现象请设计一段教育口语。

3. 初中三年级学生出现了早恋现象，请针对这种情况，设计面对全班学生的教育口语。

（二）诱导性

教育口语的诱导性，是指教师对学生进行思想教育时，给学生以启发、开导和指引，让学生通过自己的思考，提高对事物的理解和认识。

诱导性要求：

（1）要有意识地诱导学生自己分析问题和解决问题。正如苏霍姆林斯基所说："道德准则，只有当它们被学生自己去追求获得和亲身体验过的时候，才能真正成为学生的精神财富。"

（2）诱导要由浅入深，由表及里。可先从人们容易接受的比喻、事例、故事等开始，使谈话步步深入，让学生逐步认识道理，转变思想。

（3）要诱导学生掌握思考的方法，即用辩证统一、一分为二的唯物主义方法去认识问题。

（4）以教育为目的，促使学生思想转化。在教育的过程中，对学生要怀着极大的热情和诚挚的爱心，帮助学生自觉地改造世界观。掌握科学的方法论，调动学生的主观能动性。因此，应该做到不挖苦，不讥笑，不讽刺，不漫骂，不恐吓。要以转变学生的思想认识为目的。

〔示例〕

尊人者，人尊之

魏书生

开学典礼大会上，照例是我第一个讲话。

我问同学们："大家知道不知道在实验中学学习几年，得到最宝贵的东西是什么?"

台下几乎异口同声地回答:"是知识!"我说:"不对!"

台下又回答:"是能力!"我说:"还不对。"

同学们还在回答着,早已不是异口同声,而是七嘴八舌,各抒己见。会场上人声鼎沸。

我说:"同学们静一静。我觉得,在实验中学学习几年,大家得到的最可宝贵的,就是尊重人、理解人、关怀人、帮助人、信任人、原谅人的品质。

每一位同学,每位活在世上的人都有强烈的发自心底的需要,需要别人的尊重、理解、关怀、帮助、信任。偶犯错误时,需要别人的原谅。怎样才能得到别人的尊重?有没有得到别人尊重的秘诀呢?应该说,有秘诀。这个秘诀就是:先从自己做起。培养自己尊重人的品质,首先向对方、向他人输出尊重的信息。

人心与人心之间,像高山与高山之间一样,你对着对方心灵的大山呼唤:我尊重你——,那么,对方心灵高山的回音便是:我尊重你——;你喊:我理解你——,对方的回音便是:我理解你——;你若喊:你恨你——,大家的回音能是我爱你吗?

咱们实验中学的学生,一定要千方百计培养自己尊重、理解、关怀、帮助、信任别人的品质。在现代社会学习、生存与工作,能获得别人的尊重、理解、关怀、帮助、信任是至关重要的。朋友多了,合作的人多了,事业才能成功。

〔训练〕

1. 结合〔示例〕,讨论教育口语诱导性特点。

2. 有些学生贪玩,往往不能抓紧时间学习。为了教育学生加强时间观念,请设计一段教育口语,突出诱导性特点。可从谜语、谚语、格言、故事讲起,诱导学生珍惜学习时间。

(三) 说理性

说理,即用摆事实讲道理的方法说明是非曲直,辨明长短得失。这是向学生进行思想教育最基本的方法,也是教育口语最主要的特点。

说理性要求:

(1) 要以正确的理论为依据。

(2) 说理要抓住问题的本质,不能是空洞说教。不说夸大问题和无限上纲。

(3) 要掌握说理的方法。或正面说理,或以事喻理,或设疑诱导,或层层推进,要晓之以理,动之以情。使学生易于接受,触动心灵,提高认识。

(4) 要以尊重、爱护、热诚的态度,循循善诱地说理。教师要以身作则,言行一致,表里如一,这样才有说服力。

〔示例〕

中学里有一些同学爱评头论足。有些议论往往起消极作用。老师抓住时机对学生进行说服教育:

"我先给大家讲个故事,一天祖孙二人骑着驴去赶集,路人议论说:'俩人骑一驴过于残忍。'于是爷爷下来孙子骑,路人纷纷议论说:'孙子不孝。'孙子赶紧下来让爷爷上去。路人又说:'老人心肠太硬。'后来俩人都不骑了。路人又问:'放着毛驴不骑太傻。'听着听着同学们都笑起来。老师又问:'大家说说,这祖孙二人该怎么办?'同学们都会心地笑着说:'走自己的路,让别人去说吧!'"

从此,爱议论别人的那些同学找不到市场了。

〔训练〕

1. 结合〔示例〕讨论教育口语说理性特点。

2. 放寒假前,老师要进行安全教育,提醒学生注意防火防盗及人身安全。请设计教育口语,突出说理性特点。

(四)感染性

教育口语的感染性,是指教师进行思想教育时,通过一定话语,以情感人,能引起学生思想感情上的共鸣。

教师的精彩言辞,深刻哲理,能直接唤起学生的深刻思索,教师的真挚、诚恳、关怀、信任,能温暖学生的心,能引起学生心灵强烈的共振。

感染性要求:

(1)教师要充满爱心,对学生要晓之以理,动之以情,循循善诱,不厌其烦。语言苍白无力、淡而无味、例行公事的谈话,很难打动学生。

(2)理解学生内心世界。要了解青少年的心理特征,兴趣爱好。要多理解学生,设身处地的为他们着想。只有把心交给学生,学生才能把心交给老师,达到心理相融。

(3)要通过调查,寻找能够拨动学生情感的燃点。教师的语言要力求真实、形象、生动,以增强教育的感染力。

〔示例〕

一位叫林丛的女学生,聪明伶俐,多才多艺。可是,最近交了男朋友,多次旷课,对班上的活动也不感兴趣了。老师找她谈话。

"林丛同学,你的情况我都知道了,我想,你过早的谈恋爱大概也出于无奈。我也是从小无妈,知道失去母爱的痛苦。但我还有父爱,你还不如我。你寄养在姨母家,姨母又病逝,是生活逼得你无亲可投,无温暖可寻……"

这些话引起了林丛对痛苦往事的回忆,眼泪籁籁地流下来。

"恋爱并不算丑事,人人都要谈的。我和你一样大时,也谈过好几个,都是别人介绍的。现在回想起来,觉得好幼稚啊。幸亏都未成,否则不知会带来多少痛苦。著名女作家程乃珊说过:'过早地把自己的未来缠在一个异性身上,是一个沉重的羁绊!它处处妨碍着你投入更广阔的人生。'这话可是经验之谈啊!我现在的妻子是参加工作后找的,我们都感到很满意。林丛同学,你认为你与那位男孩子生活在一起会幸福美满吗?"

林丛抬起了头,用信任的目光看看我,然后说:"老师,其实我也谈不上多么爱他,只是他常来找我,他妈妈又待我特别好,我到他家去感到温暖。最近他妈妈病倒了,我能不管吗?"

"林丛同学,我完全理解你,你旷课犯纪的事我可以给大家谈谈,从轻处分或不处分,你不要有压力。不过我想再提醒你一下:你未来的路还很长,前途也很辉煌。希望你能够珍惜自己的未来,认真处理好目前这一问题。你能答应我吗?"

"能!"林丛显然已很信任我了,回答得很干脆。

〔训练〕

分析〔示例〕中老师谈话成功的原因。可分组讨论。必要时,各组可推选代表在班上发言交流。

二、教育口语类型

教育口语常见类型有:启迪语、暗示语、激励语和批评语等。

(一) 启迪语

启迪语,是指教师在不同的场合开导、指引学生积极思考,启发学生自我教育的口语。

启迪语的特点和要求：

（1）启迪语的最大特点是：可以激发学生积极思考，以正确的道德准则来约束自己，逐渐形成自我教育的能力。

（2）自我教育建立在学生自愿和自我意识的基础上。提高学生的自我意识，可使学生产生自我教育的愿望，主动自觉地用正确的道德标准检查自己的言行，并能坚持不懈，努力把道德要求变为行为习惯。

（3）在启迪学生自我教育的过程中，教师的话语起"催化"的作用。

〔示例〕

开学的第二天，老师没有按惯例给同学们排座位，而是让学生自己讨论排座位的原则。同学们积极响应，大家争先恐后发言。讨论发言告一段落后，老师把排座位的原则归纳为三条：

① 按高低个儿顺序；

② 照顾有生理缺陷的同学；

③ 把方便让给别人。

老师征求同学的意见，同学们一致响亮地回答"同意"。这时，班主任老师用充满信任的语气说："我完全相信同学们说话算数，会把原则变成为每一个人的具体行动。下面这样好了，我们改变过去由老师排座位的老办法，不到外面排队，由你们自己按讨论的三条原则，自邀同位，两人商议共找一个恰当的座位坐好。然后由大家评议，看谁最能按原则办事，谁就是言行一致的好少年。"

办法一宣布，同学们先是感到意外，继而表现出欣喜的神情。全班同学，按照这三条原则很快入座了。

〔训练〕

1. 分析讨论〔示例〕中教师如何运用启迪语启发诱导学生自我教育。

2. 饭厅里,有位学生将一个肉包子一掰两半,啃掉肉馅把包子皮随手扔进泔水桶里,扬长而去。就这一现象设计启迪语进行教育。

要求:启迪学生自己认识问题,思考反省进行自我教育。不包办代替,不乱扣帽子。

3. 有位学生,父母离异后学习成绩下降,常常逃学。但他很喜欢打乒乓球,也喜欢帮助别人。最近他又旷课两天。针对如上情况设计启迪语进行教育。

(二)暗示语

暗示语是指用聊天、故事、笑话、轶闻、寓言等,含蓄、委婉地表达某种意思的言语。暗示语能保护受教育者的自尊心,激发学和自我教育的潜力。

暗示语的特点和要求:

(1)暗示所选用的材料内容应与学生的问题有近似或相通之处。暗示的思维基础是联想,不论选用何种材料,都应该是旨隐意明,能引发学生思考、联想。

(2)暗示的特点是含蓄委婉。结论不能直说出来,要让听的人去体会。

(3)暗示运用有一定的情境性。要针对问题及时暗示,不可失去时机。否则,情境变化后再去暗示,就很难引起学生联想,也起不到教育的作用。

〔训练〕

1. 如果老师选用下面这个故事帮助同学,你认为这个同学有什么缺点?

眉毛、眼睛、嘴巴、鼻子四种器官,都有灵气。有一天,嘴巴对鼻子说:"你有什么能力,位置反而摆在我的上面?"鼻子说:"我能够辨别香臭,然后你才知道什么可以吃,所以摆在你上面。"鼻子又对眼睛说:"你有什么能力,位置反而摆在我的上面?"眼睛说:"我能够辨别美丑,瞭望四方,这功劳不小,应当摆在你上面。"鼻子又说:"你说得对,但眉毛有什么能力也摆在我上面?"眉毛说:"我也不会跟您几位争论位置。不过,如果我生在眼睛和鼻子底下,那不晓得脸庞放到哪里去呢?"

2. 针对下列情况,采用讲故事或赠言的形式设计暗示语教育。

(1) 对学习偷懒的人
(2) 对过分追求打扮的学生
(3) 对不能吃苦害怕困难的学生
(4) 对犯过错误精神不振的学生

(三) 激励语

激励语是指教师通过言语激起学生的荣誉感、责任心和奋发精神的一种教育口语。

激励语的要求:

(1) 激励语要有鼓动性。要抓住学生的优点、闪光点进行鼓励,增强学生上进的信心、勇气,培养他们战胜困难和不甘落后的进取精神。

(2) 激励语必须具备溢美性。得到社会肯定的需求人皆有之。据行为学家试验证明,能力较低的孩子更需要表扬和赞美。恰当的赞美可唤起一个人的自信心和自尊心,改变一个人的言行,在教育过程中有事半功倍之功效。

(3) 激励语要有一定的刺激性。自尊心是一种精神能源。针对特定对象的自尊心可用反话刺激,使其奋发改变现状。刺激在特定情况下能收到"点石成金"的奇效。
〔示例〕
　　　　有位后进生，学习不努力，经常翻墙逃学。虽然班主任多次教育，但转变不大。一天他翻墙进校被领导发现送到班里，同学们议论纷纷。班主任了解是因为他来校迟到，正遇校门口统计各班迟到人数，他怕影响班级荣誉，又怕耽误上课，就翻墙了。这时，班主任便对全班同学说："过去王××翻墙，今天又翻墙，但这不是简单的重复错误。过去，他是向外翻，是逃避上课去玩了；今天，他是向里翻，是为了学习。这中间有进步。试想，这样考虑学习和班级荣誉，我们大家谁能不相信他一定会成为好学生？"老师的话使他激动得流下了热泪，以后上进的步子越来越大。

〔训练〕
1. 美语赞扬训练
美语是对人或事物的一种肯定性评论，人人都需要美语赞扬。教师应善于从学生身上发现可赞美的行为和品质，发现别人不易发现的闪光点，真诚地赞美。
训练要求：
（1）每人为自己熟知的好人好事设计一段赞美语，在班上发言。
（2）根据下面〔示例〕提供的情境设计赞美语，对学生进行激励。
〔示例〕
　　　　学生王明因数理化一窍不通，在家长的请求下转读文科。刚进文科班就干了几件出格的事：上课吃桔子，并把桔子皮扔到正在讲课的历史老师的眼镜上，气得老师把他拖到校长室；上体育课他把排球当足球踢来踢去，同学批评他，他就把球踢到同学身上,气得体育老师大声宣告:"不开除他,我就不上这班的课。"

然而有一次,跟他同桌的学生李华突然患病,脸色苍白,手足冰冷。正在讲课的外语老师不知所措。只见王明一句话也没说,将自己的衣服脱下,披在李华身上,背起就直奔医院。事后才知道李华患了急症,幸亏救治及时才脱险。

老师知道这件事后,对王明同学刮目相看。

〔提示〕

针对上述情况,为老师设计一段对王明同学的赞美语。

〔示例〕

班主任王老师一早起来去班上查自习。他边走边想,纷纷扬扬的大雪下了大半夜,天亮时,又刮起了大风。这样大的雪,路远的孩子一定要迟到了,更不会有人到操场去坚持长跑了……

跨进教室,王老师愣住了。全班同学无一缺席,都坐在座位上等老师辅导早读。不少同学头上还冒着热气呢?一种责任心和兴奋感使他发问:"这么大的雪还有人坚持跑步吗?"只见20多个孩子同时举起了手。

〔提示〕

针对上述情境,为王老师设计一段激励赞美语。

2. 赠言激励训练

名言、警句或有激励作用的话语,可以激励学生积极向上。

学生毕业前夕总喜欢请老师赠言,这是学校教育的最后一个环节,很值得重视。一个好的赠言会对学生产生很大影响,往往成为他人的座右铭。赠言,有的是针对学生某方面缺点或弱点的劝勉,有的是一般性的鼓励;有的是一句话,有的可以是很长的一段话。

〔示例〕

① 认准一条道,百折不回头。
② 凡追求者得,凡探索者获。天道酬勤。
③ 当教师有什么不好?孔子是老师,韩愈是老师,毛泽东是老师,陶行知是老师,他们哪一个不是彪炳千秋?魏书生、钱梦龙、斯霞、霍懋征,都是老师,他们哪一个不是饮誉全国,受到广大学生和人民的崇敬和爱戴!如果没有教师这一行,恐怕中华民族的灿烂文化历史早就衰微或湮灭。你说,教师不伟大吗?应当为自己有幸从事教师这一职业而自豪!

训练要求:
(1)给班上一位经常做好事的同学赠言。
(2)将全班学生名字做成题签,每个同学抽一个签后,为自己选中的同学赠言激励。

3. 反话刺激训练

反话刺激,主要是指用正话反说的"激将法",以刺激学生的自尊心,激发学生积极进取努力向上。

〔示例〕

　　欧阳山美是个独生女,学习上进,就是有点娇气。班级组织爬山活动,大家都跃跃欲试,她却犹犹豫豫,想和病号一起坐缆车上山。班主任见状,走到她跟前,对这个开朗的孩子说:"山美,老师原想给你一个任务,看你望山发愁,拉倒吧!""老师,什么任务?""这任务呀,得让爬山爬得最快,最能吃苦的同学完成。山都把你吓倒了,算了吧……""老师,我行!我一定完成任务!""真行?""真行!""好,那你参加尖兵班,给大家开路。是英雄是好汉,爬上山顶比比看!""好,老师你看看吧!"山美不甘示弱。

训练要求:
①谈谈激将法的特点。
②搜集反语刺激使学生奋起的实例在班上讲评。

③根据下面的情境,练习反语刺激。

情境设计:

陈×粗心大意,每次作业总有一点小错。老师找他正面谈,他笑嘻嘻地答应绝不再粗心了,然而还是免不了有错。请为班主任设计一段反语刺激的话语教育他。

4. 教训陈说训练

讲述一件做错或失败的事,用教训给人以启示和警诫。

〔示例〕

教师在教育学生做题要细心、认真时,讲了这么一个故事。

1979年8月23日,前苏联著名宇航员弗拉迪米尔·科马洛夫,独自一人驾驶联盟一号宇宙飞船,经过一昼夜的飞行,完成了任务,胜利返航。此刻,全国电视观众都在收看宇宙飞船的返航实况。但当飞船返回大气层后,准备打开降落伞以减慢飞船速度时,科马洛夫发现无论用什么办法也打不开降落伞了。地面指挥中心采取了一切可能救助措施帮助排除故障都无济于事。经请示,电视台决定将实况向全国公民播报。当时播音员以沉重的语调宣布:联盟一号宇宙飞船由于无法排除故障,不能减速,两小时后将在着陆基地附近坠毁,我们将目睹民族英雄科马洛夫殉难。在人生的最后两小时,科马洛夫并没有沉浸在悲伤和绝望中,而是十分坦然,从容地用了大部分时间向上级汇报工作,然后再向他的母亲、妻子、女儿作最后的诀别。他对泣不成声的12岁的女儿说:"爸爸就要走了,告诉爸爸你长大了干什么?""像爸爸一样,当宇航员!"

"你真好,可我要告诉你,也告诉全国的小朋友,请你们学习时,认真对待每一个小数点,每一个标点符号。联盟一号今天发生的一切,就因为地面检查时,忽略了一个小数点。这场悲剧,也可以叫做对一个小数点的疏忽。同学们,记住它吧!"

7分钟后,轰隆——一声爆炸,整个苏联一片寂静。人们纷纷走上街头,向飞船坠毁的方向默默地哀悼……

①结合上面〔示例〕谈谈教训陈说的特点和作用。

②针对同学学习或生活中存在的问题,设计一段教训陈说。

(四) 批评语

批评语是针对受教育者的缺点、错误,进行否定性评价的一种言语形式。一般要讲清主要事实、演变过程,分析错误根源和造成的影响,提出处理意见、要求和希望等。

批评同表扬一样是思想政治教育中常用的一种教育手段,可以使学生认识缺点错误,总结教训,明确努力方向,提高思想认识。

批评语要求:

(1) 批评时要调查了解,尊重事实。切忌偏听偏信,盲目批评。批评不能泄私愤,应坚持原则,以理正人。

(2) 从爱护学生的角度,用富有情感而生动的语言批评。教师以平等的态度、爱护的口气,用真情实感耐心地帮助引导,才能使学生平心静气地认识错误。

(3) 表扬与批评结合。在指出缺点错误时,要肯定优点。批评要注意方式,用语恰当。不打棍子,不扣帽子,不无限上纲。

(4) 批评教育要针对被批评者存在问题和心理特点因人而异。批评必须注意方式,讲究分寸,避免造成不良后果。

〔示例〕

一警校指导员的批评讲话:

"同志们,通过值班几天来的观察,发现我们食堂浪费粮食的现象非常严重。早上,潲水缸里满满一缸的稀饭、馒头,中午、晚上,又是满缸满缸的大米饭。据测算,一个中队一天浪费15斤,全校4个中队一天就是60斤,一个月就是1800

斤,一年21600斤。以一个居民口粮每月25斤计算,够72人吃一年。请大家都来算一算这笔账。认真地想一想。一粒粮食,从下种到收获,要经过多长时间,多少工序?'锄禾日当午,汗滴禾下土,谁知盘中餐,粒粒皆辛苦。'这首诗大家都会背,意思也懂得,可为什么还要干出这令人痛心的事呢?我们当中大部分同志来自农村,在家时也种过地,除过草,知道粮食来之不易。可为什么一踏入警校大门就抛洒起粮食来了呢?当前我国人口已达11亿,土地不断减少,人均只有几分地,粮食增产幅度不大,形势非常严峻。可我们却还在这里当阔少爷,在这里心安理得地浪费粮食。不为国家分忧,不珍惜人民的劳动成果,配称人民的子弟兵吗?

这件事今天在这里讲了,请大家引起重视。下去之后,各区队要把反对浪费提到议事日程。要组织讨论,制定措施,做好细致的思想工作,杜绝此类现象的发生。"

〔训练〕
1. 结合批评语的要求对上面〔示例〕进行评议。
2. 根据下面情景提示,设计一段批评语。
一位班里学习很好的女生,有时逃避做课间操,平日也不能锻炼身体,体质明显下降了。

三、适应教育对象训练

教师要针对教育对象个性、能力、心理、兴趣、爱好的差异,从实际出发,有的放矢,区别对待,才能取得良好的教育效果。

(一)对优等生的谈话训练

优等生一般都比较自信,但也常有自傲和自作聪明的缺点。

教师应采用暗示、委婉、诱导的言辞,启发他们正确评价自己,扬长避短,向更高更新的目标迈进。

〔训练〕

1. 选本班的一名优等生,分析其特点和弱点,作一次谈话。
2. 根据下面的情境设计教育谈话内容。

有一位男生,升学考试成绩很好,可入学后,学习成绩一直下降,是什么原因呢?班主任了解到,原来他入学前曾出席过乡和县一级的优秀学生干部代表大会,是一个在乡和县里都有些名气的学生。他自认为到了新学校后一定能继续担任班长职务。谁知入学后只当了一名组长。从此,他便对学校、对班主任有了成见。在这种怀才不遇的情绪支配下,放松了对自己的要求。

(二) 对后进生的谈话训练

对后进生要注意采取"积极教训"、"肯定评价"的策略。同后进生谈话,要充分肯定他们的思想品德行为和学习上的点滴进步。用他们自身的"闪光点"照亮其阴暗面,调动其潜在的积极因素,促使其自我教育。同时要引导他们认识到,任何点滴进步都是他们主观态度的改变和发奋努力的结果。这对促使学生进步会起重要作用。

〔示例〕

于漪老师谈教育后进生经验:

十年动乱期间,我曾教过这名学生。由于享乐思想的腐蚀,他偷窃扒拿,旷课逃夜,聚众斗殴。有次他又逃学了,我和同学整整跑了一天才找到他。尽管累得要命,但我相信,"精诚所至,金石为开",责备无济于事。这个时候他需要的是温暖,是勇气,是力量。当他一再说"我不行了"时,我对他讲:"我还没有丧失信心,你倒没有信心了。你能知道自己不行,承认身上有不少坏东西,分清是非能力已大大提高。这是改过的实实在在的基础,也是进步的开始。我理解你的苦处。你想和同学一起学习,一起前进,可总有看不见的手拖累你,要你跟它做坏事。你要摆脱它又没有力量摆脱。苦得很!我们一起帮你摆脱。我们班级有几十个人,力量大,肯定敌得过那只无形的手。最最重要的是你自己要有信心。你不是已经改了不少坏脾气了吗?"这位学生哭了。他泣不成声地说:"老师,我对不起你。我知道你为我好,我改,我一定改!"

〔训练〕

1. 每人搜集一个优秀教师与后进生谈话的实例,在小组内互相交流。

2. 分析下面〔示例〕,指出其危害。替这位老师重新设计教育话语。

〔示例〕

一位男教师在上数学课。例题讲完后,他指名让一个差生到讲台上做题。这个差生面对算式愣了神,站在那一动不动。同学们在下面议论纷纷,指手划脚。此时,老师走近这位学生,气恨地说:"上去吧,像你这榆木脑子,老师讲简直是对牛弹琴。还当学生?嘿,丢人贼!还不如回家跟你爹妈种那二亩老坟地咧!"

这时同学们偷偷发笑,窃窃私语。那个同学趴在课桌上抹着眼泪,不时怒视着老师。

后来,那个同学离开了学校,再也没有踏过学校的门槛。

(三)对调皮学生谈话的训练

调皮学生大多聪明、活泼、胆大、好动,既有长处又有缺点,常常搞点恶作剧。对这类学生谈话,应给予充分的信任,既肯定优点又入情入理地指出错误所在,动之以情,往往能取得较好的效果。

〔示例〕

一位班主任老师谈教育经验:

我接任过一个人人头痛的班级的班主任。这个班有一个"岛蛋集团"经常惹事生非,闹点恶作剧什么的。但我发现这几个孩子聪明伶俐,讲哥们义气。其中一个很有号召力。他们确实很顽皮,但本质都不坏,不失农家孩子的善良和纯朴。于是,我一改过去班主任惯用下马威的方法。不训斥,不告状,而是进行耐心地个别谈话和家访。在这些工作做得差不多以后,我决定改组班委。让其中那个有号召力的学生担任班长,另两个担任组长。在新成立的班委会上,我说:"我很高兴来当你们的班主任。我觉得咱们班很有朝气,大家活泼热情。在座的同学更是头脑灵活,办事方法很多,争胜心很强。总之,我认为咱们班潜伏着巨大的能量。现在全校都认为我们班是一个不可救药的差班,我不信在座的比别的班的干部差。我不相信大家甘愿当这个猪尾巴!"一席话讲得他们情绪激动起来。此后,这帮"小捣蛋"真的变了。他们积极肯干,事事带头。一学期下来,这个班居然一跃成为全校的红旗班。

〔训练〕

分析以上〔示例〕中调皮学生的特点和教师口语的特点。

四、适应教育语境训练

教育语境丰富多彩,复杂多变。这里只能涉及教师在几种重要场合的口语训练。

（一）班主任与学生首次见面语训练

良好的第一印象，能给班主任开展工作打下良好的基础。与学生首次见面，要真诚、热情，语言要有针对性、激励性。要表示教师对班级工作的热诚和信心，也要表达对同学们的期望和信任。

〔示例〕

某校班主任在上任前，面对全体同学，发表了一篇精彩的就职演说：

亲爱的同学们，朋友们：

当我登上这样的讲台，不，应当说是舞台，我似乎觉得两侧的紫色帷幕正缓缓拉开。最富有生气的戏剧就要开始了。最令我兴奋的是这戏剧拥有一群忠于自己的角色演员——你们，高一（二）班的全体成员！这幕剧也许是世间较长的了，因为要持续三年时间，你们的整个高中阶段。

我想，我这个班主任首先应该是一名合格导演。我渴望导出充满时代气息的戏剧来。团结、紧张、严肃、活泼是它的主调；理解、友爱、开拓、创新应当是它的主要内容；爱着这个集体和被这个集体爱着是它的主要故事。作为导演我将要精心设计出生动的情节，典型的角色，迷人的故事奉献给所有的演员——今天在座的每一位。

这舞台是你们的，你们是当然的主角。我甘心情愿地做一名配角，尽我的力量竭诚为主角服务、效劳。而在你们成功的演出中，我只想默默地分享一点点成功的快慰。

不仅如此，我还要做一名最虔诚的观众，为你们精彩的演出微笑、流泪、鼓掌、欢呼。我愿意握住每一个人的手，诚心诚意地道一句：祝贺你的成功。

三年之后，当你们最后与自己的中学时代告别，将要登上人生的大舞台时，你们会深深地感到这小舞台所给予你的一切,是多么珍贵,这是一段多么难忘的人生旅途!

三年之后,当我们高一(二)班的戏剧舞台徐徐落下帷幕的时候,我愿意听到你们这样评价我的工作:老师,你是我们满意的导演,也是一位不错的配角,更是我们喜欢的观众。(掌声)

谢谢大家的掌声,从掌声中我感到了你们的理解和支持。

预祝我们合作顺利,成功!

〔训练〕
1. 分析〔示例〕讲话成功之所在。
2. 为被任命为中学优秀班的班主任设计同学生见面的讲话。
3. 为担任中学差班的班主任设计一次讲话。

(二)组织课外兴趣活动的口语训练

兴趣是成功的前提。教师应满腔热情地鼓励学生把个人兴趣化作争取成功的动力。要引导学生具有经受困难、挫折、失败的思想准备,具有坚韧不拔、刻苦勤奋的学习精神,以求最终获得成功。

〔示例〕

两种指导讲话:

某中学的初中一年级,成立两个数学兴趣小组。在第一小组成立会上,指导教师说:"数学是一门重要学科,也是难学的一门学科,不是轻易能学好的。在座的同学,有的是看到'海报'上'兴趣'小组二字才报名的。这可不行。你们单纯从兴趣出发,遇到困难就会打退堂鼓。学海无涯苦作舟,不要只想有趣,要准备吃苦……"

另一位教师在第二小组的会上,是这样激发学生参加活动的情趣的。"著名科学家爱因斯坦说过:'兴趣是最好的老师。'大家渴望在'兴趣'这位'最好的老师'引导下,像陈景润那样努力勤奋地学习数学。我做你们的辅导员,为你们服务。我想,兴趣、勤奋都离不开动脑,要勤看、勤读、勤问、勤想和勤做。我在梦中遇见有人问我,'最难拔的钉子,最容易拔的钉子,各是什么样的?用数学知识讲出难与易的道理。'你们想一想,我梦中遇到的这个难题,应该怎样解答呢?"

〔训练〕

1. 比较〔示例〕中两位教师讲话的内容、方式和效果有什么不同。

2. 设计一次组织兴趣活动小组的讲话。(文科、理解内容均可。)

(三) 处理倾向性问题的口语训练

倾向性问题,是指一定时期在学生中存在的带普遍性的问题。教师及时发现,正确引导,则会增强集体的凝聚力,反之则会使集体涣散,影响学生的健康成长。在处理倾向性问题时,班主任应把敏锐的观察力、解决问题的热情和恰当的策略结合起来,把班级的航船引导到正确的方向。

〔示例〕

一位班主任发现不少青年学生躲着吸烟,影响很不好。但他没有正面指责,而是对全班同学说:"今天我想与大家谈谈吸烟的好处。吸烟的好处至少有四:一则可以防小偷。因为吸烟可以引起深夜里剧咳,小偷怎敢上门?二则节省衣料。咳的时间一长,最终成了驼背,衣服可以做短一些。三则可以演包公。从小就开始吸烟,长大后脸色黄中带黑,演包公就惟妙惟肖,用不着化妆了。四则永远不老。据医学记载,吸烟的历史越长,寿命越短,当然永远也别想老了。"

〔训练〕

1. 分析这位班主任讲话的特点。

2. 根据以下所提供的材料,设计班主任讲话。

(1) 冬季到来,天寒地冻,同学们不太愿意到寒风中去锻炼。文体委员的催促几乎没有什么效果。

(2) 校园里的考场上屡屡有作弊现象发生,学生中流传着"学不在深,作弊则灵"。

(3) 随着经济改革开放,一些学生的家庭收入丰厚,学生中出现了消费高档次、互相攀比的现象。

(四) 处理偶发事件的口语训练

教师处理偶发事件的能力,属于"教育机智"。教育机智,是教师在教学教育过程中能利用自己的胆识和智慧,灵活机敏,因势利导地处理各种意外问题的能力。

偶发事件千姿百态、各式各样,从性质上看可以分成两类。一类是教学中非认知因素的。如:某事的突然发生,使学生情绪反常,或亢奋或低落,迫使正常教学中断;学生的恶作剧或其他教学无关人员以及小动物的侵入,引起学生兴奋和哄堂大笑,扰乱了教学秩序;教师因检查作业、课堂提问、学生纪律问题而产生节外生枝,使教学难以进行等等。另一类是属于教学认识因素的。如:学生在课堂上提出的与教学虽然相关,却越出常理的一些古怪问题。其中有的反映了学生智力活动的积极性,有的是故意考老师的。但不论是属于哪一类的偶发事件,都具有二重性:一是给教育教学造成破坏性,二是给教师提供施展教学机智的好机会。要想处理好偶发事件,变坏事为好事,教师应注意以下两点:

(1) 控制情绪,保持冷静。面对偶发事件,体态端庄,语言文明,为解决问题制造一个良好的外部环境。

(2) 实事求是,重在疏导。要从实际出发分清是非,拿出办法,不激化矛盾。

〔示例〕

　　有一位教师去所谓"少林俗家弟子"的"疯狂四班"上课。一进教室,正要开始上课,忽然发现讲台上放着一块木板,用粉笔写着"吴××老师之墓"。他虽然很气愤,但却没有发作,也没有退缩。他转过身,缓缓地对学生说:"同学们,全体起立!让咱们以极其沉痛的心情对吴××同志的不幸,表示最衷心的哀悼。现在,我提议,全体默哀一分钟!"他的这一举动,使同学们大吃一惊。一个个面面相觑,不再挤眉弄眼和偷偷嗤笑。接下来,他又故作吃惊地问:"吴××是谁啊?"他指指鼻梁说:"吴××者,台上新任语文教师是也。他没想到你们这样敬重他,还给他立了'灵牌'。他在九泉之下得到消息很快就起死回生了。现在他就站在你们面前给你们道谢!"说完,还真的向全体学生深深鞠一躬。这一下,同学们都开心地笑了,笑声是那么甜美,充满了深深的敬意和歉意。他用委婉含蓄的语言摆脱了难堪。

〔训练〕

根据以下情境设计处理偶发事件的谈话。

(1)教师正推开教室门去上课,突然几把乌黑的"冲锋枪"对准了老师,接着是严厉的威逼声:"不准动!"老师一愣。刚要抬头看时,几个眼明腿快的学生就弯腰从桌下溜回到自己的座位。最后看到的是为首的李××,仍然还向老师做着刺杀的姿势。

(2)教生物课的老师一走进教室,学生就大笑起来。原来黑板中央挂着一个吹得鼓鼓的猪膀胱,旁边还写了两行字:请老师讲讲猪尿泡是怎样割下来的?猪尿泡有什么功能?

(3)一位担任高三毕业班的班主任,因考虑到临近高考,在元旦前夕没有组织活动。没想到元旦前一天晚上,他七点多去教室看望留校学习的学生时,只见教室内喧闹异常,30多位学生正在兴高采烈地开晚会。

〔训练检测〕

一、目标要求

1. 了解教育口语的特点和要求。

2. 掌握启迪语、暗示语、激励语、批评语使用的基本要领,能解决学生中存在的一般思想问题。

二、方法步骤

1. 每个同学设计教育口语题签(说明具体情境及存在一),然后交换设计一段教育口语公开回答,最后由出题人评议。

2. 检查各个〔训练〕的效果。

3. 根据发言与训练情况评定成绩。

第三节 交际口语

教师交际口语,是指教师因工作需要,同学生家长、领导、同事及社会各界人士交往时的工作用语。

学校工作涉及社会方方面面。教师要做好学校工作,就必须同学生以外的社会人群交往联系,必须能同他们进行成功地交际。过去,不少教师习惯于闭门教书,不善于社会交际,说话常带"学生腔"、"书生气",在社会交往中经常碰壁。一个不了解社会、不善于社会交际的人,怎么能培养出善于社会交际的人,怎么能培养出善于社会交际的社会活动人才!一个社会阅历浅薄、社会知识贫乏的人,怎么能胜任教学工作,怎么能成为受学生欢迎受社会尊敬的优秀教师!

现代社会合格教师,必须具有丰富的社会知识,必须具有适应学校工作需要的良好的社交能力。许多教学、教育工作,本身就同社会有密切联系,就离不开社交工作。因此,掌握"交际口语"的特点和应用规律,不仅是做好校内外各项社会工作的需要,也是出色地做好教学、教育工作的需要,更是全面提高教师素养真正成为现代社会合格教师的需要。

一、教师交际口语的特点和要求

(一) 转换角色

在教育、教学活动中,教师口语交际的主要对象是学生,教师处于主导的权威性地位,容易养成"教育者"的口语表达习惯。在教师其他工作语境中,交际对象变为同事、同志、社会各界人士等,交际双方处于平等地位。因此教师要具备"角色转换"意识,处理好"角色"位置。既要在口语交际中体现教师的学识修养,又不能给对方留下好为人师的印象。

(二) 明确目的

教师的交际口语,不同于日常生活中的随意性交谈,其目的明确,话题集中。说话内容和表达方式都要为一定的工作目的服务。

(三) 针对对象,组织话语

教师交际口语对象多而复杂。关系有亲疏之分,职位有上下级之分,年龄有长幼之分,知识水平、思想觉悟有高低之分,处境心情也有好坏之分等等。因此要因人而异,针对不同对象组织话语,使对方易于理解并乐于接受,以达到交际的目的。

〔示例〕

某校一位青年教师由于经验不足,班主任工作做得不太好,产生了畏难情绪,不想做班主任工作了。在生活中,他善于打台球。

一次,校长邀这位青年教师打台球。校长打得满头大汗,仍以零比三败了。这时,校长向青年教师请教,打台球怎样才能击中。青年教师兴致勃勃地介绍打台球的要领。他说:"要沉住气,瞅准角度;枪头、母球,连同子球的击点保持一条直线;用力要柔中有刚。总之,要把握要领,熟能生巧。"

校长听完青年教师的话,趁势说道:"你讲得好,对我很有启发。我想干别的事儿也是这个理儿,比如做班主任工作。"

青年教师若有所悟,他望着校长说:"校长,今天我上你的当了。您甭管了,班主任我还要干下去,保管给你带出个好班来。"

校长一听喜上眉梢,立刻鼓励他说:"这还像个男子汉。毛泽东说过:'人是要有一点精神的。'你们年轻人来不但要接我们的班,还要比我们干得更好才行啊!"

〔评析〕

这位校长没有以领导身分教训人的口气谈话,而是选择了打台球时,青年教师兴致勃勃讲述打台球要领这样一个最佳谈话时机,趁势点拨、开导,使青年教师乐于接爱,效果极佳。

〔示例〕

一位中学教师与一位老工人的对话。

老师:××师傅,你们家的××的确不错,每次考试,他的成绩总是名列前茅。

工人:嗯……(低着头)。

老师:……在我们班他真是凤毛麟角了……

工人:嗯……,菱角,菱角……(不解地)

老师:不过,我们班成绩好的同学最近如雨后春笋,出了不少,××的优势已不太明显了。我希望他能最充分发挥他的能量……，同时，希望你们家长好好配合我们。

　　工人：能量——？

　　老师：言止于此吧！不知×师傅还有什么好的见解没有？

　　工人：见解……我能有啥办法，去见解，见解……老师能见解的事就听老师的吧！什么菱角，都行……

〔评析〕

"书卷气"，是教师在社会交往中的一种"常见病"。切不要将课堂教学中文诌诌的口语或教育学生的"权威性"口吻，带进社会人际交主中。

二、教师交际口语训练

（一）家庭访问

　　家长是教师教育学生的主要合作者，家庭访问是教师争取家长配合学校教育的重要方式。教师对家长的谈话，包括在家长会上的讲话、家访（包括电话家访）谈话、接待家长来访谈话等。谈话的主要目的，是与家长互通情况，争取配合，共同教育学生。

　　教师与家长谈话的一般要求：

　　1. 分析谈话对象，寻求共同话题。

　　教师要针对不同年龄、性格、爱好的家长选择谈话的契机，自然而然地转入正题。

　　2. 正面称赞，创造和谐气氛。

　　教师同学生家长谈话，应先充分肯定学生的优点，从而创造一种和谐融洽的谈话气氛。对优秀生的称赞要恰到好处，并指出不足和努力方向，过分的称赞会使家长放松教育。对后进生要善于发现他们点滴的进步，让家长看到希望，增强教育子女的信心。

　　3. 争取谈话主动，控制谈话的进程。

在家长谈话离题时,不要生硬地阻止,也不要被动地让对方讲个不停。要善于捕捉时机,转换话题,以控制整个谈话的内容,启发家长说出你想了解的情况,达到谈话的预期目的。

4. 讲话有理有据,以理服人。

教师向家长反映学生在校情况,要有凭据。家长与教师意见发生分歧时,教师应摆事实,讲道理,透彻分析,让家长心服口服。

〔训练〕

1. 下面是一位班主任的家访经验,请认真分析,并总结其成功的原因。

邰新民同学学习成绩忽然下滑,我发现因为他偷偷地看武侠小说,决定家访,查清情况。我首先和他的父母闲聊了一会儿。了解到他是家里最小的孩子,家庭经济比较富裕,家长常给他零钱,我心中有底了。

我告诉他父母:"小邰的脑子反应快,思路开阔,很有潜力,我上课很喜欢向他提问。"他看到我没有向父母告状,微笑着挺了挺胸。我继而说:"你可真有福气呀!每月零花钱就有30多元,快抵上我半月的工资了,你都买什么好吃的了?"他腾地一下脸红了,结结巴巴地说买什么好的东西。我说:"好啊!那你一定是把钱都攒起来了。"我转向他的父母说:"新民真懂事,把零钱都攒起来,将来交学费、买学习用具就不用你们操心。"他父亲高兴地笑了。

我又告诉他父母:"他在学校是个组长,工作认真负责,很热爱劳动。就是学习上毛糙,钻劲不够,所以名次老在25名左右徘徊。今后在学习上还要下些功夫,要持之以恒。"接着我给他规定了作息时间表,帮助他修订了学习计划。建议他父母经常检查一下他的作业,平时不要给孩子太多的零钱,要从小养成艰苦朴素的生活习惯。

第二天,小邰听说我因家访而病倒了,就买了苹果来看我。一进门,他眼里含着泪对我说:"老师,都是我不好,让你病了。"我说:"这怎么能怪你呢!"他说:"你还不是为看小说的事去家访的吗?"停了一会他又问:"老师,可你为什么又不对我父母提这事呢?"我说:"提了又怎样呢?轻则你挨吵,重则打你一顿,这是我的目的吗?你想一想,拿着你父母辛辛苦苦挣来的钱去租武侠小说看,既耽误了学习,又养成了坏习惯,你能从中学到什么呢?你辜负了老师和家长对你的一片苦心,对得起谁呢?"他低下了头,对我说:"武侠小说写得离奇古怪,很热闹,一看就爱不释手,慢慢地就入了迷。我也知道这不好,但老是改不了。你让我父母经常检查我的作业,我也知道目的是检查是否有武侠小说。今后我一定不再看了,希望不要对父母提及此事,保证期末考试成绩进入前20名。"我说:"这可不容易呀,你能做到吗?"他拍了拍胸脯说:"君子一言,驷马难追,你往后看吧!"

  后来,他果然不向家里要零钱了。期末考试,他的学习成绩一跃为全班第16名,小组长工作又十分负责,被评为三好学生。

2. 如果你是班主任老师,请根据下列情境准备家访谈话要点,构拟与家长谈话的内容。

(1) 一位品学兼优的学生,因姐妹多,父亲又有病,家庭经济困难,被迫辍学。家长是位老实厚道的农民,你若去家访,如何劝说家长使学生重返校园?

(2) 一位差生,不爱学习,有时不守纪律,期中考试不会答题,就在卷面上画房子、画小人儿。但他在考试时即使不会也不偷看,不抄袭。他喜欢画画儿,具有一定的模仿力和空间想象力。你若是班主任,如何家访并与差生谈话。

3. 请分析下面电话家访不成功的原因,并模拟成功电话家访。

一次未成功的电话家访:

教师:(拨通电话):×经理吗?我是×老师。有事跟您说一下。×××(学生姓名)在学校——

家长:(打断老师的话)×老师,这件事很急吗?

教师:(犹豫地)……唔,不能说很急,但是——

家长:(再次打断教师的话)不急的话,就以后再说吧!我现在正忙着呢,对不起!(匆匆挂断电话)

(二) 社会劝导

教师生活在社会中,常常会因工作或生活与周转人发生联系。在与社会上各种人的交际中,若遇到了问题,教师以受人尊敬的教师身分,以渊博的知识、深刻的道理去化解矛盾,调解关系,说服劝导,解决问题,能收到很好的社会效果。

〔示例〕

主持学校工作的潘老师想让村里把一些提留款用到改善办学条件上。一天晚上,他登门找到了村支书。下面是他劝说村支书支持办学的谈话:

"前几天,报上登了一则可怕的消息,说南方某县的一个小学因校舍太陈旧,在一场大雨中塌了三座教室,当场砸死儿童13名,砸伤20多名。那情景真是惨不忍睹。看了这则报道我日夜提心吊胆,因为咱们学校也尽是危险房啊!哎,我听说今年的提留款收得不少,你准备拿出两万元翻修教室,是真的吗?(其实村支书根本没这个意思。)听了这个消息以后,我和全校教师们比'绝户头'添个儿子还高兴。这不,我连夜送县广播站的表扬稿子都写好了。等房子盖好,我们还打算在省报或省广播电台上报道一下。(听了这番话,支书有了触动。)

"您要真的决定拿几万元办学校,我算服了您了。这一举动实在高明得很!从大处讲,'百年大计,教育为本',办学条件好了,教师教着心盛,学生学着用功。好老师、好学生都愿意到咱这来。用不了几年,咱就能为国家输送一批优秀人才,这要是名留后代,功在国家的大贡献哪!再说这也很符合党和国家号召大办教育的精神。学校一旦建好,谁不说咱村先进,谁不说冯支书目光远大?从小处讲,几年后,咱们村的大学生毕业分到各地,有管钱的,有管物的,到那时咱们出去联系业务,门路就多得多。咱村的工厂一定越办越红火。过去说'要想发富,修桥、铺路',现在,办教育比修桥铺路带来的利益更大。您想想是不是这个理儿?另外,从个人角度讲,行善积德是基督教徒都懂的道理,一个共产党员更应该行大善,积大德,而当前没有比办教育更大的善事了。有个村的支书每年带礼物到大学看一次他村的大学生并给以经济资助。有个台胞一次给他的故乡捐款50万美金办学校。他们在干什么?他们都在行大善,积大德啊!"

支书被潘老师的这番话感动,不仅把7万元的提留款用到教育上,还带头捐款建校。不出半个月便集资21万多元,终于建起了一座新学校。近几年,该校年年有考上中专和大学的学生。

〔评析〕

劝导忌讳空讲大道理。潘老师把握劝导交谈时机,掌握对方心理,结合生动实例,从不同角度摆事实讲道理,态度热诚,言语真切。可谓晓之以理,动之以情,是一次成功劝导的范例。

〔示例〕

一番话平息了一场恶斗。

某村,有姓王和姓张的两家农户。王家盖房运料需过张家墙边的排水沟,就把排水沟填平了。张家三个儿子一看,怒火燃烧,就拿锄头、铁锹,要把水沟挖开。王家父子随即上前阻拦,双方互不相让,越争越激烈。旁边不少人劝说却无济于事。一场械斗马上就要发生。

　　这时,一位多年从事教育工作的长者站了出来,用手各拍一下两家大儿子的肩膀说:"年轻人血气方刚。我认为你们各自都有一定的理由。不过,我不能不告诉你们,可不要喜事未成,悲剧先演啊!"(双方的争吵被老者震住)老者趁势走到老王头身边:"老头子啊,我看你的福气蛮不错嘛!你看,两个儿子身强力壮,新房不久便可建成,再娶进两个贤慧的媳妇,那才是多喜临门啊!但是,今天动起武来,结局如何,可不好说啊!顶好是两败俱伤。万一哪一位有个三长两短,这是多恼人,多不吉利的事呀!"之后,老者转向张家的三个儿子:"你们的心情是可以理解的。填了水沟,下起雨来就会水漫张家院。不过,修房盖屋,一辈子能有几回呀?大家应该有个支持,有个帮助嘛,更何况,你们今后就是邻居,远亲不如近邻啊!'不走的路走三遭',谁能定住日后不找别人帮忙啊?为一点小事大闹一场,以后见面是什么滋味呢?实际上,大家都有考虑不周之处,你们(指王家)如果事先和他们(指张家)打个招呼,他们不会不同意的。据我所知,张家不是那种不讲情理的人。当然,上午他们家中有人的话,我相信你们一定会与他们商量的。(看着王家父子)你们说对吧?"

　　双方怒火稍减,但尚犹豫不决,退也不是进也不是。此刻,老者当机立断:"好了,这些就不必计较了,这不过是一场误会。我看,你们(指张家)就让他们把原料运进去,运完后,他们一定会把排水沟整好的。假如这两天下雨,他们总不会看着水往你们家里漫吧,他们会采取临时排水措施的。"

　　双方均感到这位长者言之有理,都点头同意他的意见。一场即将发生的械斗,就这样平息了。

〔训练〕

1. 评说上面〔示例〕,说说老师的劝说为什么会有说服力。

2. 如果邻居两家孩子打架,双方家长都袒护自己的孩子,因而争吵起来,你打算如何劝解,平息争吵。试设计一段劝解的话。

3. 汽车上一位青年与一位退休工人因座位的事发生了争吵,你作为教师如何规劝?

(三) 请示汇报

请示汇报是指教师与上级的谈话,谈话的目的是求得上级领导在工作上的理解、信任和支持。

要求:

1. 把握时机

教师与上级领导谈话要选择恰当的时机。

时机适宜,谈话会顺利进行,便于实现谈话目的,否则,会给交际带来困难。

2. 讲究方法

教师同上级讲话,用语要恭敬、坦诚、简明。恭敬可使双方保持良好心态,创造和谐的谈话气氛。坦诚是对工作负责的表现,应该如实反映情况。简明就是把要谈的主要问题,开门见山地说出来,不绕弯子,不拖泥带水。

3. 克服胆怯心理

同领导谈话,要克服胆怯、自卑等心理障碍。态度既谦虚谨慎,又不卑不亢。

〔示例〕

某校负责组织参加全国规范汉字楷书书法大赛的教师与校长的对话。

教师:"×校长,您好!您能挤一点点时间审批一下这份报告吗?"

校长正准备将报告搁在一旁,听了这话,又拿起报告。
校长:"好吧,我看看。"
校长一边看,教师一边用手指点着已用红线划出的重点处,简单说明着这次活动的重要性和组织安排。
校长:"(面有难色)好是好,可现在临近期末考试,而且学校经费也很紧哪!"
教师:"可是这种全国性大赛是建国以来第一次,对师范院校来说是一次大练兵哪。纸张我们已准备好了,时间半小时就够了;活动费总共只有×百元。学校暂时有困难,可不可以先请师生自己出。×校长,你看这样行吗?"
校长:(微笑)"好吧。"随即批字:"同意参赛。……报名费由校语委活动经费支出。×××"

〔训练〕

1. 如果你组织一场师生同台文艺节目演出,你如何向校长和党委书记请示汇反?试拟出讲话提纲。

2. 下例中师范生的谈话为什么不得体?如果是你,应该怎么说?

毕业实习之前,学校派一位同学到一个乡教育组联系实习工作。这位同学来到乡教育组办公室一边拿介绍信,一边对接介绍信的同志说:"我是学校派来联系实习工作的。你们安排吧!"

(四)工作研讨

教师要经常参加教学研讨或工作经验交流活动,如座谈发言、专题讲座、学术报告、经验交流等。在这些活动中讲话要注意:

1. 观点鲜明

工作研讨讲话应观点正确、鲜明,言之有据,言之成理。应发表独到见解,不人云亦云。

2. 条理清晰

工作研讨讲话还应重点突出,主次分明,条理清晰,不可枝蔓横生,漫无边际。

3. 态度谦和

工作研讨讲话是以交流经验,提高学术水平为目的,应态度谦和,语调平稳,语气和缓。允许发表不同意见,但不应抢话头打断对方发言,不能讽刺挖苦激怒对方。

〔示例〕

一位教师参加某市推广普通话研讨会,他在前面六七个人发言后,接着说:

"方才几位同志的发言说得极好。其中一位称她自1972年起从事推普工作,屈指算出,至少已有17个春秋了,可称之为'老推普'(听众大笑),这种坚持平凡工作的韧劲很可贵。另一位说她搞推普用'挤进去'的态度。'挤'得好呀!应当'挤'(听众活跃)。推普要打持久战,要有'韧'劲;还要有'夹缝中求生存'的'挤'劲。但我以为还可以加一条,即'钻'劲。因为推普还有很多学问,非刻苦钻研不可……"

〔训练〕

1. 对上面〔示例〕进行评析。
2. 介绍自己的学习经验,先列出提纲再发言。

(五) 集会发言

这里是指在庆贺、娱乐、凭吊或其他集会活动中,教师作主持致辞或演说时的讲话。这种讲话也可以看作是以教师身分参与的特定社会活动中的即兴演讲或备稿演讲。

集会活动中的讲话要注意:

1. 角度新

即谈话要选取新的表达思路,能从寻常话题中推出新意。

2. 措辞巧

在不同的集会场合,可根据听众的年龄、职业、知识水平等精心选词,体现言辞的风格特色。

3. 情感真

讲话要有真情实感。情动于衷,形之于声,方能打动听众,具有感染力。

〔示例〕

一位教师在毕业晚会上的讲话:

同学们,三年级即将毕业的同学们!今天我不仅以你们师长的身分,更是以你们的朋友的身分,来参加你们隆重的毕业晚会。今天我是带着极为复杂的心情来为你们送行的。尽管此时,我不能辨清在座的每一位同学那被激情烧红了的面颊,但我已经觉察到你们胸脯中那感情的一起一伏;尽管我不能听清楚你们悄悄私语的内容,但是我早感觉到你们喉管中激动的一吸一呼;尽管我不能和你们一道出征,但能够为你们壮行,我已感到巨大的满足。我高兴,千万棵栋梁中,又挺起一排排新竹;我欣慰,三年的心血,已经绘成一张张壮丽的蓝图。你们走吧,"苍山归猛虎,大海还蛟龙"。校外,那溢满丰收馨香的原野,正张开宽厚的胸脯,迎接你们踏上征途。

然而人非草木,孰能无情。三年的朝夕相处,我不能忘记你们用青春的活力给学校带来的勃勃生机。我相信,全校的师生都不会忘记你们。校园的每一个角落保留着你们畅谈学习、生活、人生、友谊的足迹。大家不会忘记,智力竞赛,你们那敏捷的思维;五月文明,你们用汗水换来的锦旗。不可否认,学校也有对不住你们的地方:教学设备差,学习环境差,生活条件差。然而,这一切并没有阻止大家对知识的追求。三年的师范生活,同学们脚踏实地地走过来,没有一个人颓唐,没有一个人沮丧。事实已经证明,你们有资格作为学习和生活上的强者。为此,我向大家致以深切的敬意!(学生鼓掌)

同学们,你们就要离开母校。在这分手之际,我希望同学们能从三年的学校生活中悟出更多、更深刻的生活真谛,以适应社会大熔炉的陶冶和锻炼。愿今后能不断收到你们胜利的捷报。

同学们,你们生逢盛世,船遇顺风。尽管前进的航程中还会有暗礁和风暴,但你们火红的青春、旺盛的生命、执着的追求、坚定的信念,会战胜一切厄运。未来是属于你们的!中国的文化、中国的文明、中国未来的教育事业,将在你们身后延续、发展,勇敢地肩负起历史的重任吧!从此我们将为同一种道义而奋斗!最后祝大家今夜尽情欢乐,明朝一路顺风,日后有所建树,未来前程似锦!

谢谢大家!(学生长时间热烈鼓掌)

〔评析〕

教师的毕业致辞,满腔热情,语重心长,句句称赞,字字激励。意美、言美、情更美。

〔训练〕

1. 以一名乡镇中学教师身分在集资办学动员会上讲话。可写出发言提纲,在班上试讲。

2. 在教师节晚会上,你代表教师致辞。

3. 准备一段元旦晚会主持人讲话。

〔训练检测〕

一、目标要求

1. 了解教师交际口语的特点和要求。

2. 掌握家庭访问、社会劝导、请示汇报、工作交谈、集会发言等教师交际口语的基本方法，能够处理好各"角色"位置，不断提高口语交际能力。

二、检测方法

1. 组织关于教师交际口语特点和要求的讨论，推荐代表在班上发言。

2. 检查各种〔训练〕效果。

3. 根据训练及发言情况评定成绩。